構造設計概論

清宮 理 著

技報堂出版

まえがき

　土木施設を建設する際には，事前に種々の調査を行い設計図書を作成して工事に取り掛かる．設計では，安全性と経済性を中心に適切な構造物ができることを目標に行われる．多くの構造物では類似の形式が多いことから，標準的な設計手法を整備して構造設計を行うことが効率的であり，各種の構造物を対象に設計基準類が多数整備されてきている．一方，新規あるいは重要な構造物では，関係者が集まって新しい知見を加えながら設計方法を検討する手法がとられる．

　構造設計法は，学問的には最先端を行っているとはいえないが，その時代時代の技術を結集し，国力に相応しく変化をしている．大量に公共施設を整備することが要請される時代には，標準的かつ安価で急速に施工できる設計技術が求められ，近年のように周辺環境，景観などの配慮が求められる時代では，自然との共生，デザイン的感覚など新しい概念が設計技術に反映される．また公共施設の整備が主体であるため，発注形態が仕様的な記述で表現されており，設計技術が現存のものを利用して最低限の品質を保証する形態をとっている．

　時代の変化とともに価値観が多様化し，かつ相対的に官庁の技術より民間で優秀な技術が提案，開発されてくると，従来の構造設計の仕様的な記述方式では満足できない状態が出現し，所定の目的達成のためには種々の手法が採用可能となる性能設計的な記述が求められている．また国内の公共施設が対象とはいえ，その設計手法は国際的にも通用しなければならず，設計基準の表現方式，採用する式，係数などが他国と整合する必要がある．構造設計法は，古い印象を一般の技術者にもたれているが，現実には時代の要請にしたがって変貌し，常に新しい知見や感覚をとり入れて進歩していく．

筆者は現在早稲田大学において構造設計学を学生に教えているが，構造設計に関しては構造形式分野ごと，使用材料ごと，あるいは学問体系ごとに図書や基準類がまとめられており，限られた時間内で種々言及できない．また相互の関連も重複したり，共通事項が欠落することが多い．そこで全体を一通り基本事項を中心に整理し，その背景や考え方を説明し，将来構造設計に関連する際の参考になるようにとの趣旨で，学生や若手技術者を対象に本書を執筆した．構造設計の内容は多岐にわたりかつ奥が深く，紙面の制約もありすべてを説明することはできないので，実務でごく限られた場面でしか使用されないことについては極力省くこととした．

2003 年 11 月

清　宮　　理

目 次

第1章 構造設計の概要 …………………………………… 1
1.1 土木構造物の種類 ………………………………… 1
1.1.1 土木構造物の概要 …………………………… 1
1.1.2 土木構造物の特徴 …………………………… 2
1.2 構造部材と構成材料 ……………………………… 4
1.2.1 構 成 材 料 …………………………………… 4
1.2.2 構 成 部 材 …………………………………… 4
1.3 構造設計での主要な考慮事項 …………………… 5
1.3.1 構造設計に与える要因 ……………………… 5
1.3.2 主要な基準類と基準の考え方 ……………… 6
1.3.3 設 計 指 針 …………………………………… 7
1.4 構造設計法の流れ ………………………………… 8
1.4.1 構造物ができるまで ………………………… 8
1.4.2 構造詳細設計の手順 ………………………… 9
1.5 構造設計法の概要 ………………………………… 10
1.5.1 構造設計の主要項目 ………………………… 10
1.5.2 不確定要因 …………………………………… 11
1.5.3 現象のばらつき ……………………………… 13
1.6 設計耐用年数 ……………………………………… 16

第2章 構造物の破壊 ……………………………………… 19
2.1 構造系での破壊 …………………………………… 19
2.1.1 剛体としての破壊 …………………………… 19
2.1.2 構造物ごとの破壊状況 ……………………… 20
2.1.3 破壊の時間的状況 …………………………… 25
2.2 部材での破壊 ……………………………………… 26

第 3 章　設計法の種類 ... 29
3.1　概　　要 ... 29
3.1.1　構造設計の理念 ... 29
3.1.2　許容応力度設計法 ... 30
3.1.3　終局強度設計法 ... 31
3.1.4　信頼性設計での考え方 ... 31
3.1.5　限界状態設計法 ... 32
3.2　許容応力度設計法 ... 35
3.3　限界状態設計法 ... 38
3.3.1　終局限界状態 ... 38
3.3.2　使用限界状態 ... 48
3.3.3　疲労限界状態 ... 51
3.4　信頼性設計 ... 58
3.4.1　理論的背景 ... 58
3.4.2　性　能　関　数 ... 64
3.4.3　安全性指標の考え方 ... 67
3.4.4　信頼性設計での部分安全係数の考え方 ... 69

第 4 章　荷　　重 ... 73
4.1　荷重の分類 ... 73
4.2　荷重の組合せ ... 76
4.3　各　種　荷　重 ... 80
4.4　橋梁での荷重 ... 87
4.4.1　荷重の分類 ... 87
4.4.2　橋梁上部工（桁と床版部分）に作用する車両荷重 ... 87
4.4.3　T 荷重と L 荷重 ... 89
4.4.4　活荷重の動的効果 ... 92
4.4.5　橋梁の桁のせん断振動と曲げ振動 ... 95
4.4.6　鉄道橋での活荷重 ... 99
4.5　地中構造物での荷重 ... 102
4.5.1　地中構造物に作用する荷重 ... 102
4.5.2　カルバートに作用する鉛直土圧 ... 104
4.5.3　水　平　土　圧 ... 106

		4.5.4 地震時土圧	110
	4.6	海洋構造物への荷重	110
		4.6.1 波荷重	111
		4.6.2 船の接岸力	115
		4.6.3 潮流力	116
		4.6.4 動水圧	116
		4.6.5 氷荷重	117
		4.6.6 内部土圧	118
	4.7	最大荷重	118
		4.7.1 起こりうる自然災害	118
		4.7.2 背景となる統計量	119
		4.7.3 再現期間と再現期待値	120
		4.7.4 極値統計での分布形	124
		4.7.5 極値統計の方法	127
	4.8	衝撃荷重	132
		4.8.1 衝突現象	132
		4.8.2 衝突荷重の設計	133
		4.8.3 衝撃応答	134

第5章 材料の性質 137
   5.1 コンクリートの力学的性質 137
   5.2 鋼材の力学的性質 140
   5.3 塑性モーメントと降伏条件 148

第6章 構造モデル 151
   6.1 構造物のモデル化 151
      6.1.1 モデル化の概要 151
      6.1.2 二次元モデルと三次元モデル 154
      6.1.3 線形と非線形 154
   6.2 構造部材のモデル化 155
      6.2.1 部材のモデル 155
      6.2.2 境界条件,固定条件 165
   6.3 材料のモデル化 166

6.4　弾性床上の梁 167

第7章　部材の計算法 171
　7.1　鉄筋コンクリート部材 171
　　7.1.1　鉄筋コンクリート構造の概要 171
　　7.1.2　曲げ耐荷力 174
　　7.1.3　せん断耐荷力 181
　7.2　鋼　部　材 185
　　7.2.1　鋼部材の特徴 185
　　7.2.2　座　　屈 186
　　7.2.3　組合せ応力 193
　　7.2.4　溶　　接 196
　　7.2.5　ボルト接合 207
　　7.2.6　鋼材の腐食と防食 212
　7.3　合　成　構　造 215
　　7.3.1　合成部材の概要 215
　　7.3.2　曲げとせん断耐荷力 218
　　7.3.3　ず　れ　止　め 219

第8章　計　算　例 223
　8.1　梁部材での計算例 223
　　8.1.1　許容応力度法による計算例 223
　　8.1.2　限界状態設計法による計算例 224
　8.2　橋梁上部工での計算例 226
　8.3　海洋構造物の版の計算例 234

第9章　構造設計での意思決定 237
　9.1　ベイズの理論 237
　9.2　期待総建設費 239
　9.3　費用対効果分析 240

第10章　構造景観設計 243
　10.1　景観の概要 243

10.2	景観設計の流れ	244
10.3	橋梁での景観の考え方	248

参 考 文 献 253

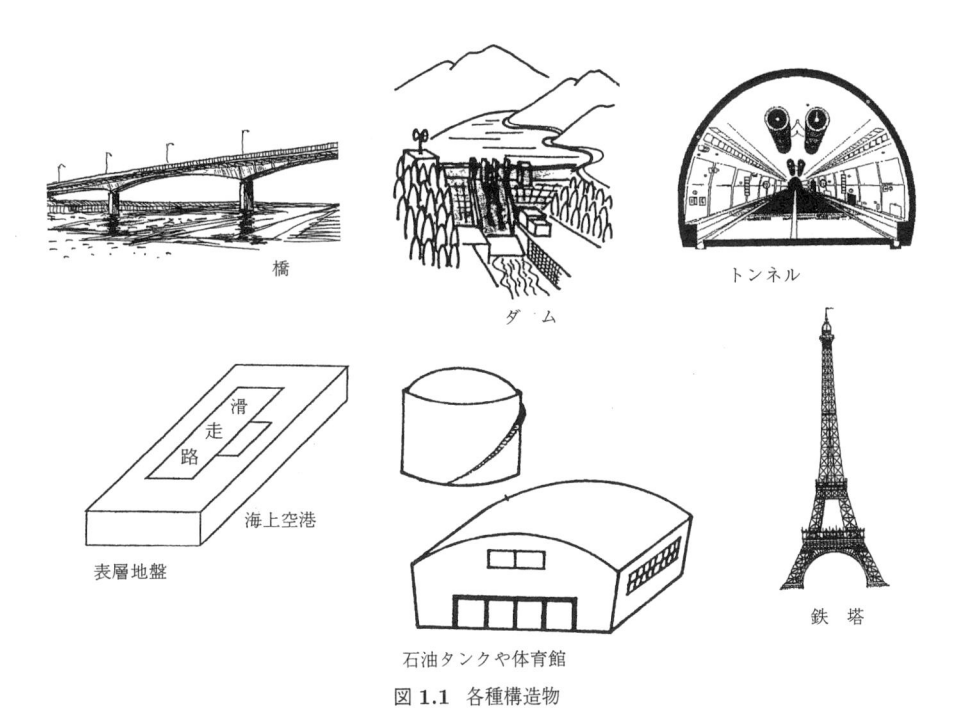

第 1 章

構造設計の概要

1.1 土木構造物の種類

1.1.1 土木構造物の概要

　土木施設は生活と産業の基盤を支えるものであり，構造設計で対象とする土木施設は多岐に及んでいる．各種土木施設を図 1.1 に示す．土木施設は目的ごとに大まかに分類すると以下のようになる．
- 交通施設用の構造物 ─ 橋梁，トンネル，盛・切土，岸壁，滑走路，パイプライン，道路，鉄道

図 1.1 各種構造物

- 水利関係 — 堤防，水門，水槽，パイプ
- エネルギー — ダム，送電塔，共同溝，タンク，パイプライン，地下備蓄トンネル
- 防災施設 — 擁壁，落石工，護岸，防波堤，高潮堤
- 環境保全 — 養浜工，人工干潟，廃棄物処理
- 生活関連 — ごみ処理，上下水道用の管路，ダム，海上都市
- レクリエーション — 展望台，マリーナ，人工海浜
- リサイクル，廃棄物処理 — 埋立地（建設残土），再生材料（舗装）

など

1.1.2 土木構造物の特徴

　土木構造物の種類は多岐におよぶが，自動車，電気製品などの工業製品と異なった特徴を有する．これらの特徴は，構造設計を考える際の重要な要因であり，設計技術者はこのような項目に常に念頭においておく必要がある．

（1）構造物の規模が大きく種類が多い

　各種の構造物の規模は，一般的に大変大きい．たとえば山岳トンネルでは全長が 10 km，橋梁では 1〜2 km，鉄道や道路では何百 km の長さがある．ダムでは高さが 100 m にもおよぶ建設事例があり，大量のコンクリート，鋼材などが使用される．歴史的にみればピラミッド，万里の長城等，現在でもその規模を誇る施設が存在する．

（2）建設期間が長い

　各構造物は計画から完成まで 10 年以上かかる場合が多い．また，非常に長期にわたるときには途中で目的や仕様が変わることもあるし，完成したときには時代が変わり不要になる場合もある．社会の将来，時代の流れを意識した計画，建設が必要である．

（3）建設費用が大きい

　大規模な構造物では建設費用が高額であり，東京湾横断道路などのように 1 兆円をこえるプロジェクトも多数ある．都市部でのトンネルで 1 m あたり 1000 千万円以上，大規模な防波堤では数千万円になるときもある．このように施設の建設には，長期にわたり大きな投資をする必要がある．建設資金の調達，資金の償還方法など配慮する必要がある．

（4）公共施設が多い

　公共のために供する施設では，社会の批判と監視を完成後，施工中，計画段階

にわたり受けるとともに，建設費用は会計検査を受け，費用のむだ使いの監視を受ける．一部の特定の人の施設ではなく，多くの人はもちろん老人，子供などの成人に比べ弱者も利用できることが前提となる．

(5) 寿命が長く維持管理が必要

各施設はいったん完成すると 50～100 年の使用が想定される．一方，使用材料はこの期間で劣化するので，耐久性に関する配慮が不可欠である．一度建設したら維持管理をしないですむのが理想であるが，鋼材，コンクリートなどの劣化，機械類の損傷などは当然起きるので，それらを考慮した設計が必要である．

(6) 個別性

地盤条件，地形，用途により同一の土木施設がほとんどない．構造物ごとに個々に設計製作する必要がある．車，家庭用電気製品などの工業製品とは違い，大量生産されない．

(7) 環境に与える影響大

長良川河口，有明海の干拓など堰，ダム，防波堤などの施設では周囲におよぼす環境問題が議論されている．特に水質，生物に関連する環境問題により工事の進行が遅れたり，中止を求められる場合もある．環境に関する配慮が近年特に求められている．

(8) 破損したときの被害大

ダム，堤防，水門など破壊すると人命の被害，経済的損失が非常に大きいことが想定され，十分な安全性を確保することが求められる．

(9) 自然環境下におかれる

多くの施設は，自然環境下にそのまま設置されるので，地震，風，波浪，気温等さまざまな自然外力を受ける．地盤上，地盤中に建設され土との関連が深い．

(10) 時代，社会変化により陳腐化するが，文化資産ともなりうる

土木施設は，非交換性で簡単に交換できない．一度つくったら再建が難しいが，長期にわたり存在していると，文化財としての価値（ローマの水道橋，錦帯橋など）が生じる．このため，長期にわたる景観を配慮する必要がある．土木施設のなかには芸術的な作品も多いが，技術者個人の名前は多くの場合残らない．歴史上には技術者個人名より，為政者の名前が残る場合が多い．

(11) 日本の土木技術の特徴

世界有数の土木技術を保有しており，トンネル，ダム，橋梁，人工島などは世界最高級の技術力がある．優秀な人材・技術者，豊富な資金力で最高級の施設が建設されてきている．また地震，台風，軟弱地盤など，厳しい環境での設計施工

を求められる．このため，海外から技術を導入するだけでは不十分で，日本独自の技術を開発する能力が必要である．

1.2 構造部材と構成材料

1.2.1 構成材料

土木施設に使用する材料は，鋼（鋼板，鉄筋，PC鋼棒等），コンクリート，土（粘土，砂），石である．そのほか，木，新素材，ゴム，歴青材などが使用される．

材料は地域にふさわしいものが選択され，日本ではかつて土と木，産業が発展した現在は鉄とコンクリートが主流である．ヨーロッパでは石とレンガ等が広く使用されている．日本ではコンクリートは，石灰が豊富に産出されるため，ほぼ必要量が自国で生産できる．鋼材は，鉄鉱石は輸入されるものの，臨海工業地帯の製鉄所から高度の技術によって良質な製品が提供される．

1.2.2 構成部材

土木構造物は主に鋼とコンクリートの部材から構成される．図1.2に各種構造部材の概略を示す．

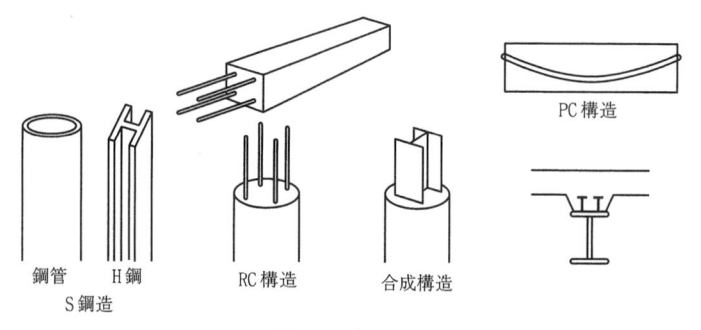

図 1.2 各種部材

(1) 鋼構造 （S構造，steel structure）
鋼管，鋼板，形鋼などの鋼材で構成される部材である．

(2) 鉄筋コンクリート構造 （RC構造，reinforced concrete）
コンクリート内に鉄筋を配置する構造部材である．引張力に対して主に鉄筋で，圧縮力に対してコンクリートで外力に抵抗する．

（3）プレストレスコンクリート構造 （PC 構造，prestressed concrete）

コンクリート内に鉄筋とともに PC 鋼棒や PC ワイヤを配置し，圧縮力をコンクリートに与え力学性状を向上させる構造部材である．

（4）合成構造 （composite structure）

鋼構造と鉄筋コンクリートなど異種の構造部材や構造材料を力学的に合成した構造部材．このうち鉄骨コンクリート構造（SC 構造）はコンクリート内に鉄骨を配置した構造部材で，鉄骨鉄筋コンクリート構造（SRC 構造）は鉄筋コンクリート内に鉄骨を配置した構造部材である．

（5）無筋コンクリート

重力式ダム，橋梁のアンカレッジ，消波ブロックなど，コンクリートのみで製作される構造部材で，一般的に内部に構造用の鋼材を配置しない．

1.3 構造設計での主要な考慮事項

1.3.1 構造設計に与える要因

構造設計を行ううえで注意しておく項目は多い．重要な項目をあげると以下のとおりである．

（1）施設の機能

施設の建設目的を明確に考える．ただし，最近はダム，護岸など使用目的が多目的化している．例えば防災と環境，防災と公園など複合化してきている．

（2）施設の重要度

施設の代替性，施設の建設費，破損が人命，財産，経済，他の施設に与える影響を勘案して重要度を設定する．重要度の高い施設では設計外力を大きく与え，かつ使用材料も耐久性のある良質のものを使用する．

（3）耐用年数

機能，物理的，経済的，計画的な耐用年数を考えて設定する．良質な施設をつくる心意気が大事である．重要な構造物では 100 年，一般的な構造物では 50 年程度，重要度の低い構造物では 30 年程度が設定される．

（4）自然条件

地震，波，風などの自然外力を考える．建設した土木施設の水質，生物，大気への影響を考慮する．

(5) 工期

工期がなるべく短い施工方法を選定する．急速施工の場合は，ブロック化，合成構造化などの工夫が求められる．

(6) 工費

工費は，初期工費と維持管理費を考慮して最小の方法を提案する．万が一被害を受けた場合に，被害程度が大きいと予測されるときには安全性を向上させる．また，補償費，環境対策費で工費は増加の方向にあるので，事前に地元や関連機関と調整するのがよい．

1.3.2 主要な基準類と基準の考え方

各施設の構造設計は，その施設を所管する機関が制定することが多い．例えば橋梁の設計法は「道路橋示方書・同解説」（道路協会）に示されている．また，港湾構造物や海洋構造物は「港湾の施設の技術上の基準，同解説」（港湾協会）に示されており，基本的にはそれぞれの施設の設計はこれらの基準に準拠することが求められる．設計法として，従来は許容応力度設計法による仕様設計法が用いられたが，限界状態設計法や信頼設計法による性能設計表示が導入されつつある．

一方，土木学会では，個別の施設ではなく広く材料別（鋼，コンクリート，地盤等）あるいは外力別（地震，風，波浪等）に基準類を整備している．コンクリートの設計施工に関しては「コンクリート標準示方書」（土木学会）で記述され，最近性能設計表示に改訂された．鋼構造物では「鋼構造物設計基準」（土木学会）で記述されている．

構造設計法には，図1.3 に示すように種々の階層（ヒエラルキー）がある．現在では最上階にISOでの国際標準の設計法が示されており，日本の基準類も世界に通用するものでなくてはならない．ISOでは構造設計の理念や方法を述べており，個々の実務上の数値に関しては各国に委ねられる．日本国内では土木学会の基準が上位に位置し，各機関が個別に基準類を制定している．土木学会の基準は，コンクリート，鋼，耐震設計など共通な項目について記述していると考えてよい．

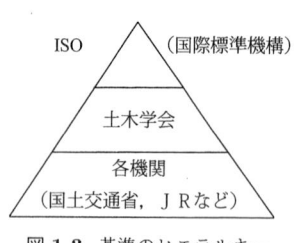

図 1.3 基準のヒエラルキー

これらの設計基準類は，標準設計を基に計算の簡略化，電算化を図っている．これは資格をもった高級技術者であれば，誰にでもできる構造設計法であることを前提としている．この基準により，発注業務量の増加にともなう仕事の効率化，適正な税金の施行に対する会計検査対策ともなりうる．また，技術者の転勤などによる仕事の中断に対する技術の継続性を保証している．一方，社会的に重要な構造物（明石海峡大橋など），大規模構造物（東京湾横断道路など），厳しい自然環境（関西空港での超軟弱地盤など）では，高度な数値計算，模型実験や現地観測を用い有識者の参加を得て，委員会形式により設計基準を独自に整備して事業を進める場合も多い．

最近では性能設計の考え方が導入されてきている．ここでは構造物，施設の目的を明確にし，この目的のために設計技術者や第三者機関による判断のもと設計を行えるようにした表記法がとられる．設計者と施主の裁量がきく反面，現状では新技術の評価が制度上難しい面もある．技術を公正に評価する独自の機構をつくる必要がある．性能設計法の導入により，新しい技術の導入，高規格（安い施設のも）の施設の建設が可能となる．一方，従来の仕様設計では，目的のために規格を守らせる精神がある．標準的で最低限の構造設計はできるが，新しい技術が入りづらい面がある．

1.3.3 設計指針

設計基準で記述する内容は，
①既知の自然法則は書かない（ニュートンの法則など）．
②社会の取り決め，規範，経験値を書く．
③最低限守るべき項目を記述する．

標準的な記述方式は，枠のなかに遵守してもらいたい設計方法，設計理念を述べる．枠外の解説では，この枠の内容を補足説明し，構造設計を行う際の参考となる，考え方，式，図表，参考文献などを記述する．

【書き方】

```
枠の中を守らせる
```

（解説）内容を書く

仕様設計では，枠内に値や式を与えて，これら守らせて標準的な施設をつくる．背景には，守っていれば所期の目的がほぼ達成できることを，発注者側と設計者側で暗黙の了解事項としている．

性能設計では，所定の性能を決めて，式などは参考の方法として提示し，使用する式などは責任設計者に委ねる．最近の設計指針は，性能設計表示が多く採用されてきている．

1.4 構造設計法の流れ

1.4.1 構造物ができるまで

構造物ができるまで基本的には以下の手順を踏む．

①計画 $\Longrightarrow$ ②調査 $\Longrightarrow$ ③設計 $\Longrightarrow$ ④施工 $\Longrightarrow$ ⑤維持管理

基本計画は，国土交通省，都道府県，市町村などにより策定され，この際，地元の要望などが反映される．基本計画では，事業の規模，経済効果，工期，建設費用など，計画を推進して事業全体が所期の目的が達成できるか判断する．ここでは可能な案を提案して比較検討がなされるが，詳細な検討は行わず，既往の資料などをもとに概略的な設計を行う．事業計画が承認されると，具体的な地質調査，自然条件調査，環境調査などがコンサルタント会社や調査会社で行われ，具体的な構造設計に入る際の基礎資料を作成する．この資料をもとに詳細な構造設計に入る．

設計はコンサルタントが実施する．詳細な設計では，比較検討案から工費，工期，環境問題，景観など多方面からの比較検討を行い，最適案に絞り込む．最適案が決定されたら具体的に構造計算を実施し断面などの諸元や構造細目を決定し，使用材料を選定する．ここで作成された設計図書や図表を基に，積算を行い工費の入札前の価格を決定する．その後，入札を経て工事に取り掛かる．

工事に入っても，地盤条件等が事前と異なっていたり，現場での適応が無理な設計になっていた場合などには設計変更がなされる．また，現場の仮設などの設計も，工事に入ってからなされる場合が多い．

工事が完了すると，施設は管理者に移管されるが，ここでは維持管理にかかわる設計業務が必要となる．維持管理では，定期的な点検や，地震など異常事態の後の点検，傷んだ材料や部材の交換，補強などにかかわる構造設計が必要となる．このように構造設計は施設の建設から完成後まで広い期間にわたって関連してくる．

表 1.1　各段階での役割

計画	調査	設計 積算，入札	施工 契約	維持管理
国，県など （施主）	コンサル， 調査会社	コンサル	建設業（ゼネコン）	管理者
地元の要請 国土計画から規模，工費，工期を設定	測量，環境調査，土質調査等を実施	構造設計，景観設計等，最適設計を実施 費用の算出	施主と契約を結ぶ 仮設の設計 工事の実施	耐久性設計，補修・補強設計，等を実施

構造計画と構造の選定は以下のように行われている例が多い．

① 構造物の必要性：
使用目的，自然環境，社会環境，重要性，投資と効果，地元への還元などを総合的に勘案して必要性を明確化する．

② 構造物の規模：
機能，施工条件，構造の制約，技術的要因などを考慮して規模の決定をする．

③ 構造物の形式決定：
案をいく種類か選定して比較概略設計を行う．
この際，優劣は工費，施工の難易，工期，景観などの項目をあげて，各案での長所，問題点を検討して各項目ごと採点をして総合点で判断するのが普通である．表1.2では◎の最良の案1を選定する．

表 1.2　よく行われる決定の仕方

	案1	案2	案3
工　費	○	○	×
施工性	△	△	○
景観など	○	△	×
総合判定	◎	○	△

1.4.2　構造詳細設計の手順

構造設計は，通常設計指針にしたがって施主が発注して，コンサルタント会社が行う．特別な課題で耐震設計，耐風設計，耐久性設計などがあるが，一般的な構造設計の手順は以下のとおりである．

① 前提条件の設定：外力の設定（地震，波，自重等），土質調査，海象・気象など
② 形状，諸元の設定（梁，板の寸法，etc.）
③ 構造解析の実施：部材単位，有限要素法（モーメント，せん断力，軸力などを，剛性マトリックス×変位＝外力で計算）

$$(K)(x) = (F)$$ など

限界状態設計法，許容応力度法等を基に比較設計，最適設計を行う．
④ 安全性照査　　OK（安全率 $F.S. \leq 1.2$, etc.）

⑤ 設計図書を作成，構造細目（配筋，溶接）⟹ 施工図書 ⟹ 発注

また，施設の建設地点では，一般的に種々の制約が存在する．これらの制約について事前に十分検討しておかないと工事が円滑に進まないので注意が必要である．

施 工 条 件 — 近接構造物の存在，製作ヤードの有無，コンクリートプラントとの距離，騒音発生の制約など

構造の制約 — 空港付近での高さ制約，都市部での日照権など関連した高さ制限など

技術的要因 — 橋の長さや橋台付近の地盤など

コンサルタントの提出資料は，各機関の内部審査を受け意見照会と修正が繰り返されるのが普通だが，技術者レベルが低いとチェックが不十分であったり，説明・記述不足となる場合が多くなる．計算間違え，図面の間違いなどが施工中に発見され，手戻りや再計算など施工現場で混乱が生じる場合も多々あり，事前に十分なチェックが必要である．

1.5 構造設計法の概要

1.5.1 構造設計の主要項目

構造設計を行う際には以下の項目を念頭においておく．

① 種々の現象の不確実性：現象を確率論的に考えて安全率を設定する．現在では確定論として計算するのが一般的だが，確率論的に設計する信頼設計法の導入が進められている．

② 設計の目標：景観，工期などを考慮して最小投資と最大効果を目指す．総建設費は初期の建設費とその後の維持管理費や災害に対するリスクの費用の合計を最少にするのがよい．現在では，初期の建設費用を最少にする考え方が主流であるが，次第に総コスト（LCC：life cycle cost）の考え方が導入されつつある．

$$総建設費 = 初期投資 + 維持費 + 被害による損失，修理$$

③ 適切な理論式，設計式を用いる．厳密性より簡易化，合理化を基にする．構造設計では厳密性を考えた複雑な式，一般的な技術者が理解困難な式，高度の数値計算は極力避けるべきである．第三者による設計チェックが困難になるばかりか，ブラックボックス化すると計算間違いが最後まで発見されない場合もある．毎回詳細な計算をできない方法を用いる場合には，簡単

な図表など，計算事例の載った参考文献を添付し，大きく間違えない方法を備えておくべきである．また最近は SI 単位で表記される場合が多いが，古い設計計算書，計算プログラムでは tf, kgf などの重力単位系が用いられており，換算や比較あるいは式の運用に際して十分な注意が必要である．単位の間違いは値が 10 倍ぐらいの差がある計算ミスを起こすことになる．

1.5.2 不確定要因

不確定要因をできるかぎり考慮するとともに，よくわからない事象については安全に対する余裕を見て適宜簡便に処理するのがよい．構造設計では安全係数や安全率としてできる限り考慮する．構造設計に計際して考慮しておくべき不確実性には以下の項目がある．

① 作用荷重の不確実性 —— 荷重は時間的にも空間的にも変動性があり，また人為荷重（船舶，航空機，列車など）では時代の進歩により規模が異なってくる．異種の荷重の重ね合わせにも不確実性がある．

② 強度の不確実性 —— コンクリートや鋼材では材料強度の変動性があり，また部材内での強度の不均一性や部材の大きさによる強度低下や，寸法効果（大きい部材では材料強度が低下する）等の影響がある．

③ 考慮する破壊形態 —— 部材の破壊形態は作用外力，寸法などにより異なる．また，曲げとせん断力等複合した荷重条件下では，複雑な破壊形態となるときがある．

④ 解析方法の不確実性 —— 構造物や構造部材は簡易化，理想化された計算モデルに置換した上で，ある仮定を置いた計算手法で計算を行う．このため計算法やモデル化の方法により解が異なってくる場合がある．

⑤ 設計上考慮が難しいもの —— 局所的な応力集中，施工方法による違い，材料の劣化（経年変化）は，構造物の力学性状に大きな影響があるが，構造設計で十分反映できない．溶接などによるひずみ，気温による変形なども構造設計に十分反映できないので注意が必要である．

⑥ 製作・施工誤差 —— 施工管理と精度の設定と関連するが，実施工での寸法，配筋間隔など図面とは若干異なることがある．

⑦ 人的過誤（設計計算ミス）—— 設計の失敗の大半が人為的ミスである．誤った式の使用，単位，桁数の間違いなどヒューマンエラーが多い．

構造部材の耐荷力もばらつきが多い．図1.4 に鋼構造物の座屈耐荷力のばらつきの一例を，図1.5 には鉄筋コンクリートの曲げ耐荷力のばらつきの一例を示す．

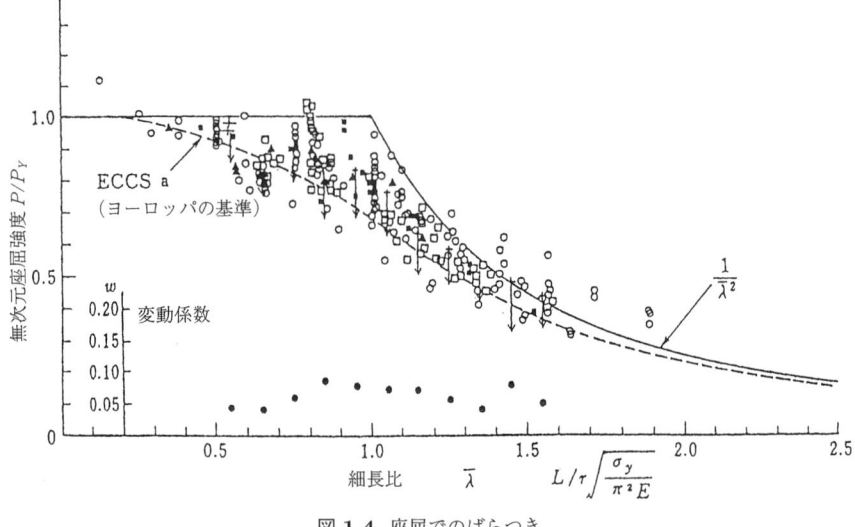

図 1.4 座屈でのばらつき

鋼柱の座屈強度に及ぼす影響因子は多数あげられる．材料の力学的性質としては，公称降伏応力のばらつき，熱間加工と冷間加工の違いがある．熱間加工では降伏点が明瞭に出るが，冷間加工では降伏点が明確にならない．柱の製作方法では，溶接，プレス，ボルト接合の違いがある．また断面の形状では，大きさと形状 $f = $ 全長$/1000$ 以内とすると規定されているが，寸法誤差があり初期たわみがある場合も多い．初期応力（残留応力）も溶接，加工，運搬による変形とひずみがある．部材の固定条件もピン，剛結，ヒンジに分類できるが，理想的な固定条件は少なく，力学の教科書に書いてあるとおりの固定条件とはならない場合が多い．このように列挙するだけでも鋼部材の強度に及ぼす影響はさまざまで，すべての要因を考慮することは困難である．

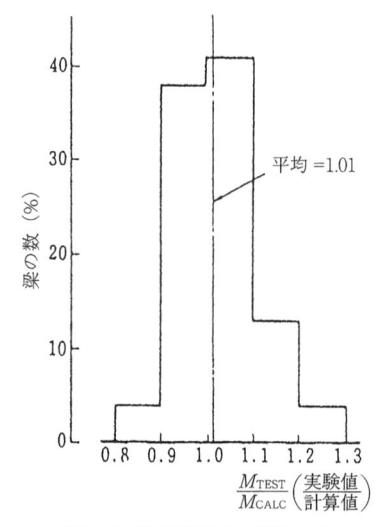

図 1.5 単鉄筋梁でのばらつき

一方，鉄筋コンクリートの曲げ耐荷力のばらつきとしては，鉄筋とコンクリートの材料強度のばらつきがある．曲げ耐荷力は引張鉄筋の強度で決まるので図1.5に示すように比較的ばらつきは小さいが，せん断破壊はコンクリート強度で決まるのでばらつきが大きい．また配筋間隔，かぶりなどの寸法のばらつき，コンクリートの経年変化による強度の変化，乾燥収縮や温度によるひび割れの発生，荷重のかけ方（集中荷重と分布荷重の違い），部材内での骨材の密度の差，コンクリートの打ち継ぎ目の影響などさまざまな要因がある．

1.5.3 現象のばらつき

一般的にばらつきは，大まかには以下の統計量で処理される．

$X_1, X_2, X_3, \cdots, X_n$ の n 個の現象が生じたとき

$$平均値: \quad X_\mu = \sum X_i / n \tag{1.1}$$

$$標準偏差: \quad \sigma = \sqrt{\sum (X_i - X_\mu)^2 / n} \tag{1.2}$$

$$分散: \quad \sigma^2 = \sum (X_i - X_\mu)^2 / n \tag{1.3}$$

$$変動係数: \quad V = \sigma / X_\mu \tag{1.4}$$

標準偏差，分散，変動係数の値が大きいほど，ばらつきは大きい．ばらついた状況を確率密度関数 $f(x)$ で示す．総面積を1としたものを正規確率密度関数（図1.6）という．

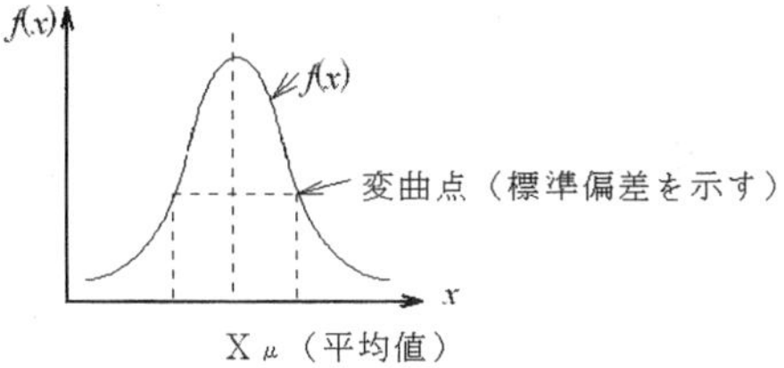

確率密度関数を左から累積（積分；0から ∞ まで）したものを累積確率密度関数 $\phi(x)$ という．$\phi(x)$ は x が x_1 より大きくならない確率をいう．両者の関係は

図 1.6 正規確率密度関数

$$\frac{d\phi(x)}{dx} = f(x) \tag{1.5}$$

あるいは，

$$\phi(x) = \int_{-\infty}^{x} f(x) dx \tag{1.6}$$

で示される．

確率密度関数には t 分布，ξ^2 分布など種々あるが，正規分布が一般的に用いられる．$N(\mu, \sigma^2)$；N(平均値，分散) とすると，正規分布は次式で示される．

$$f(x) = \frac{1}{\sigma\sqrt{2\pi}} \int_{-\infty}^{x} e^{-\frac{1}{2}(\frac{x-\mu}{\sigma})^2} dx \tag{1.7}$$

$N(0,1)$ に変換することを正規化という．上式を $z = (x-\mu)/\sigma$ で変換する．次式は平均値 0，分散 1 の正規分布を示す．

$$f(x) = \frac{1}{\sqrt{2\pi}} \int_{-\infty}^{\frac{x-\mu}{\sigma}} e^{-\frac{1}{2}z^2} dz \tag{1.8}$$

$f(x)$ は，分散が小さいほど形状が鋭くなり，平均値は座標位置を示す．

設計に用いる値は5%のところを基本的に考えている．この値を特性値と呼ぶ．

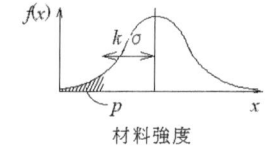

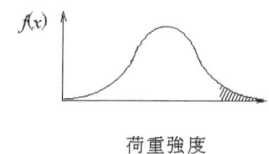

図 1.7　特性値の考え方

特性値 x_p は次式で計算できる．

$$x_p = \underbrace{\mu}_{\text{平均値}} \pm k \underbrace{\sigma}_{\text{標準偏差}} \tag{1.9}$$

k の値は，正規分布では確率 p%として平均値からどれだけずれているかを示している．

　　10%で $k = 1.282$，　　5%で $k = 1.645$，　　1%で $k = 2.326$

一連の測定データ $(X_1, \cdots, X_n)$ があるとき，正規確率紙上で測定データを並べて正規確率と近似してよいか検討できる．正規確率の縦軸は，累積確率 $m/(N+1) = \phi_s(x)$ を示し，$0 \sim 1$ の数であるが，%では 0.0001〜100%で表す．測定データを小さい順に並べて $m/(N+1)$ を計算し，横軸を測定データにする（図1.8）．

この確率紙上で直線にのれば正規確率分布に設定できる．図中で $\phi_s = 0.5$ のところが平均値 μ，直線の勾配 $\sigma = (X_i - X_j)/(x_i - x_j)$ が標準偏差となる．ここで，$\phi(x)$ から x が逆算され，$x = 0$ が $\phi_s(x) = 0.5$ に対応している．確率紙には $\mu \pm \sigma$，$\mu \pm 2\sigma$，$\mu \pm 3\sigma$ の点が入っている．$\phi_s(x)$ と x の関係は統計に関する本の巻末の表で示される．

図 1.8 正規確率紙

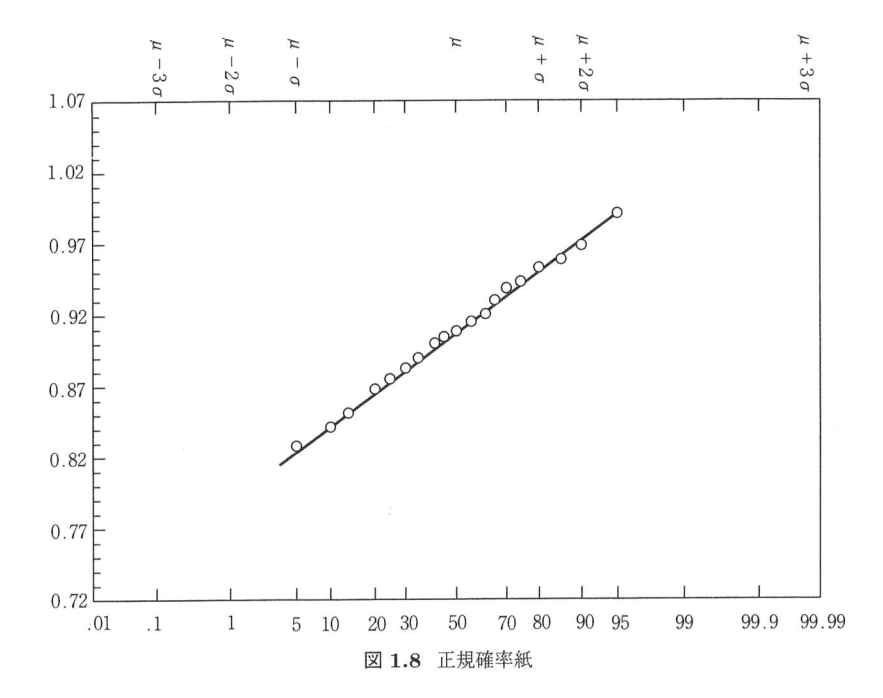

$\phi(-x) = 1 - \phi(x)$ の関係があり，いったんこの正規分布が得られると，a から b の区間にある確率 P は

$$P(a \leq x \leq b) = \frac{1}{\sigma\sqrt{2\pi}} \int_a^b \exp\left[-\frac{1}{2}\left(\frac{x-\mu}{\sigma}\right)^2\right] dx$$

$$= \frac{1}{\sqrt{2\pi}} \int_{\frac{a-\mu}{\sigma}}^{\frac{b-\mu}{\sigma}} \exp\left(-\frac{1}{2}z^2\right) dz$$

$$= \phi\left(\frac{b-\mu}{\sigma}\right) - \phi\left(\frac{a-\mu}{\sigma}\right) \tag{1.10}$$

となる．

（例）いま 19 本のコンクリート梁の曲げ試験を行って，終局荷重を得たとする．この場合の平均値と標準偏差を求めてみる．小さい順に並べなおすと以下の値となる（単位：kN）．

　　　8.27, 8.42, 8.54, 8.69, 8.73, 8.83, 8.91, 8.99, 9.04, 9.17, 9.20, 9.30, 9.32,
　　　9.41, 9.52, 9.60, 9.68, 9.91

計算から，平均値 $\mu = 9.08\,\mathrm{kN}$，標準偏差 $\sigma = 0.43\,\mathrm{kN}$ である．

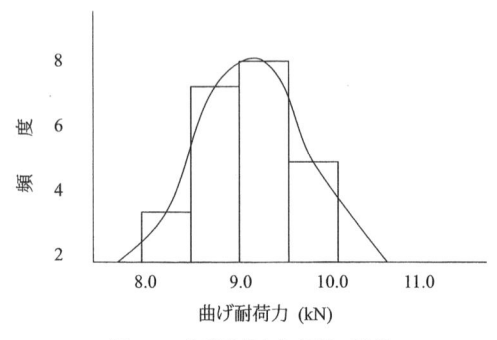

図 1.9 曲げ耐荷力と頻度の関係

グラフから読むと，平均値 $\phi(s) = 0.5$ で $\mu = 9.08\,\text{kN}$，勾配 $0.40\,\text{kN}$ となる．プロットすると，ほぼ直線で正規分布に近似できることがわかる．
(例) 荷重が $9.5\,\text{kN}$ 以上の確率はいくらか？ 計算は以下のとおりとなる．
$$P(x > 9.5) = \phi(\infty) - \phi\left(\frac{9.5 - 9.08}{0.43}\right) = 1 - 0.834 = 0.166$$
荷重が $8.5\,\text{kN}$ と $9.5\,\text{kN}$ の間の確率はいくらか？ 計算は以下のとおりとなる．
$$P(8.5 < x < 9.5) = \phi\left(\frac{9.5 - 9.08}{0.43}\right) - \phi\left(\frac{8.5 - 9.08}{0.43}\right) = 0.745$$

1.6 設計耐用年数

設計耐用年数の定義は，構造物が規定されている使用条件のもとで，施設の機能を支障なく遂行しなければならない使用期間といえる．一般には土木構造物は永久構造物として考えられているが，実際には種々の耐用年数があり，明確な基準はないが 30，50，100 年程度を施設の条件により考える．重要な施設，社会的影響の大きい施設ほど，設計耐用年数を長めに設定する．この期間に合わせて荷重の設定（自然外力の再現期間），荷重の作用回数や材料の選定を行う．構造物の寿命として 3 種類の定義がある．すなわち，減価償却（財産価値）の期間，使用する上での期限（使用者の都合），物理的に劣化する年数である．

減価償却試算の耐用年数に関する財務省令（旧大蔵省令）では，税の対象となる耐用年数を構造物ごとに設定しており，この期間を過ぎると財産価値はなくなる．一般的な土木施設での耐用年数の標準的な値は，

- 建物（RC建物）は60年，工場は26～45年，電気設備は15年
- 土木構造物で，トンネルは60年，RC橋梁は50年，まくら木は20年，港湾構造物は30年あるいは50年，重要構造物では100年を考える．

　港湾施設を例に，個々の耐用年数を**表1.3**に示す．機能的な耐用年数とは，使用物の機能の変更により施設が不要になった場合である．例えば，車両の大きさ等の変更（大型トレーラの出現など）により道路規格を変更したり計画交通量が増加する場合や，船や飛行機の大型化によりバース（係船岸）の長さ，水深を大きくしたり，滑走路長を長くしたりするなど，従来の施設を変更する場合である．

　施設規模を変更できないほどの変化に対しては，新設することになる．橋の架け替え，新規トンネルの掘削，バースの新設などで，旧施設が不要になる場合も多い．

　物理的な耐用年数は，材料の劣化によるものである．補修，補強を適切に行えば使用できる期間は延び，100～200年でも使用可能となる．サンフランシスコの金門橋は

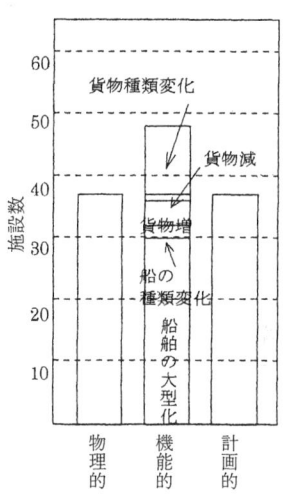

図1.10　係船岸の変化理由

表1.3　「港湾関係補助金等交付規制実施要領について」に規定する耐用年数（抜粋）

種別	名称	規格	耐用年数
工作物	舗床	コンクリート，石	40
		れんが敷	20
		アスファルト舗装	15
		簡易舗装	5
	岸壁，防波堤	鉄筋および無筋コンクリート石造	60
		鋼矢板	25
	橋梁	鉄筋コンクリート造	60
		鉄筋	60
		木造	15
	桟橋	鉄筋コンクリート造，鋳造	50
船舶	ポンツーン	鋼製	20
		木製	15

継続的にペンキ塗が行われており，100年以上経た今でも機能が保持され使用されている．一方，塩害，凍結等の要因で10年ももたない施設もある．

機能の変化の一例として港湾施設をとり上げる．図1.10に示すように，1982施設が昭和31〜40年の間に製作され，その95%で機能が30年以上確保されている．確保できなかった理由として，物理的な鋼材の腐食とコンクリートの劣化，機能的な船舶の大型化，取り扱い荷物の大型化，計画的な新たな港の建設，港の再開発等，港の機能が他へ移転があげられている（表1.4）．

表1.4 昭和31〜41年度に建設された施設の耐用年数

	昭和31〜41年度に建設された施設数(重要港湾以上)	昭和58年度までに機能変化のあった施設数
係船岸	906	44
防波堤	221	22
護 岸	855	20
計	1982	86

ヨーロッパでは，施設ごとのレベルを設定して耐用年数を規定する考え方がとられ始めている．表1.5は重要度による施設をクラス分けの例である．レベル1は，地方や補助的な施設，被害を受けたときの人命の損失が小さく，環境や社会に与える影響が小さい施設，レベル2は，一般的な普通の施設で，レベル3は人命の損失が大きく，環境や社会に与える影響が大きい重要な施設である．

表1.5 レベルごとの耐用年数（単位：年）

	レベル1	レベル2	レベル3
一般構造物	25	50	100
産業構造物	15	25	50

第2章 構造物の破壊

構造設計は部材や構造体の破壊を前提に設計を行い安全性を照査するのを原則としている．

2.1 構造系での破壊

2.1.1 剛体としての破壊

重力式ダム，直接基礎，橋台，ケーソン等の重力式構造物は剛体として取り扱える．剛体は構造物自体の破壊は生じず，全体としての安定性が問題となる．剛体としての安定性は水平力と鉛直力の作用により失われる．鉛直力には自重や上載荷重，水平力には地震，波，風，土圧がある．

「剛体としての破壊」は，例えば構造物が基礎地盤上で滑動や転倒したり，あるいは基礎地盤の沈下やすべりによって剛体が動いてしまい，本来の機能が失われる状態を指す．ダムや堤防などの重力式構造物がひとたび移動すると，これを元の位置に戻すことは容易でない．このため，設計では移動しないことを照査する．図 2.1 に護岸ケーソンでの剛体の移動の状況を示す．

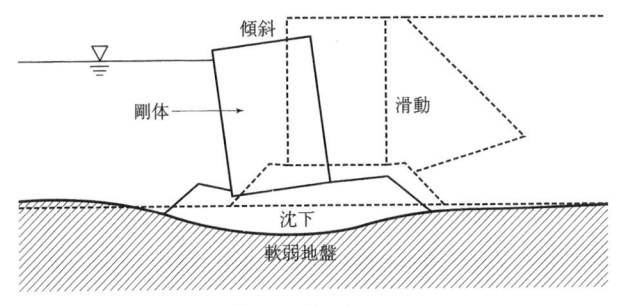

図 2.1 剛体の破壊

2.1.2 構造物ごとの破壊状況

　構造物ごとに多くの破壊様式がある．破壊の原因は，地震，風，波浪，地盤沈下など様々である．この破壊形式，破壊状況を知ることが構造設計では重要である．どのような外力条件でどのように構造部材や施設全体が破壊したかの経験を積むことにより，適正な構造設計法が検証できる．被害についての新たな知見により，構造設計法は修正改良されていく．例えば地震により構造物が破壊することを経験をするが，慣性力で壊れる場合，地盤変位で壊れる場合など要因が異なるうえ，破壊形式も図 2.2 に示す曲げ破壊，図 2.3 に示すせん断破壊など様々である．これらの破壊状況を分析し，個々の破壊が生じる頻度，原因，対策等を整理する必要がある．

　構造物としての破壊のうち，崩壊や転倒等の全体崩壊は避けなくてはならない．想定する外力に対して一部の部材が破壊することを許容することもあるが，この場合には人命が失われないことを前提に，被害を受けたときの修理を容易にすることを考える．地震や風等により構造物が被害を受けた事例は多いが，適正な設計法が用いられた場合には被害が大きく押さえられていることも事実である．

　以下に構造別の代表的な破壊形式や破壊状況について述べる．

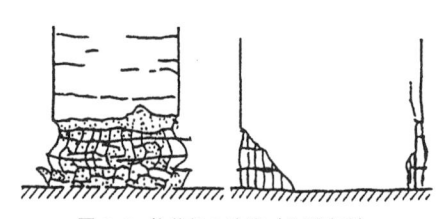

図 2.2　柱基部の破壊（曲げ破壊）

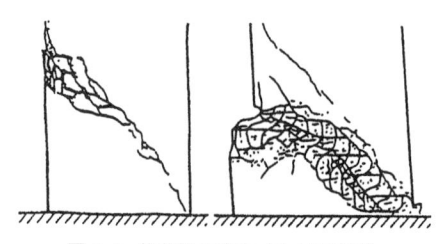

図 2.3　柱基部の破壊（せん断破壊）

(1) 柱床構造（建物，橋梁など）の破壊形式

建築物は構造的には柱，梁と床でできている．床構造は自重などの荷重に耐えるように設計されており，柱部分は地震，風などの水平外力に抵抗する部材である．大規模な地震では柱部材が壊れる場合が多い．特にせん断力が大きな1階や構造形式が異なる階に被害が集中する．図 2.4 に示すように左側から水平荷重が作用すると，左側の柱部材には，引張力と曲げモーメントとせん断力が生じ，右側の柱には圧縮力と曲げモーメントとせん断力が生じる．一般的には，圧縮側部材に座屈やせん断破壊が生じて崩壊する場合が多い．各階で柱部分がつぶれて床部分だけを残した破壊は，その形からパンケーキ破壊と呼ばれている．

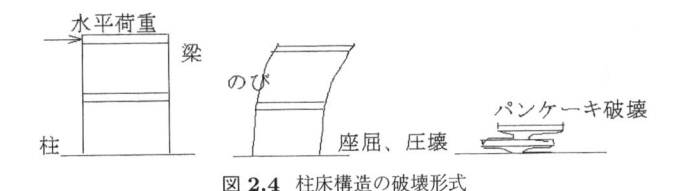

図 2.4 柱床構造の破壊形式

(2) 地震による橋梁の主な破壊形式

兵庫県南部地震等大規模の地震で橋梁が被害を受けたが，耐震設計が十分なされていた橋梁では被害は限定されていた．一方，予想以上の外力の発生や液状化や断層などによる地盤変形の想定が不十分であった橋梁では，大きな破壊が生じた．地震時の破壊形式（図 2.5）としては，橋台の変形，橋脚の破壊，桁の落下等がみられる．加速度による慣性力だけでなく，地盤の変形と関連する破壊形状も構造設計時に考慮する必要がある．

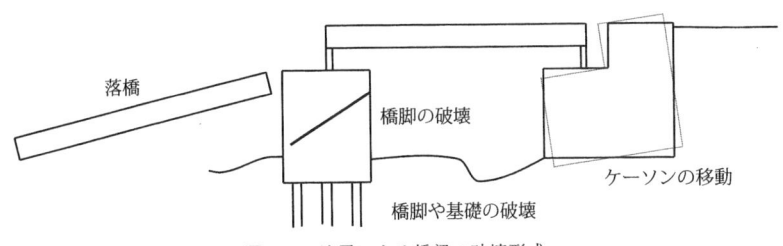

図 2.5 地震による橋梁の破壊形式

(3) 風による橋梁の破壊形式

暴風時に橋梁は風圧を受けるとともに振動を生じる．トラス橋では風圧により部材が破壊され全体破壊に至った例がある．図 2.6 に示す吊橋では，振動による

桁やケーブルの破壊が生じる場合がある．風荷重による損傷は，風洞実験，現地観測により実態が解明されるにつれて，減少してきている．また，風により生じる振動による破壊としては，図 2.7 に示すアメリカのタコマ橋の例が有名である．比較的小さい風速でねじれ振動が起こり，破壊が生じた．振動による破壊は，振動形によっては必ずしも暴風時でなくとも低い風速で，振動が増長されて起こる可能性がある．このため桁の構造により揚圧力等の風力を低減する方法等が工夫されている．また，構造体の振動による部材の疲労が問題となる場合も多い．

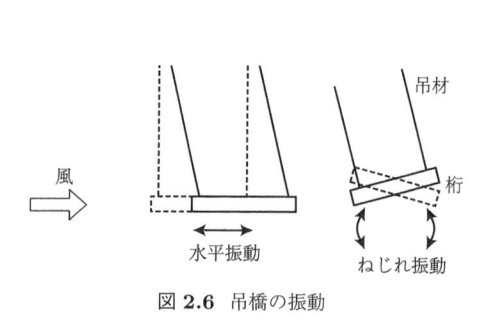

図 2.6 吊橋の振動

図 2.7 タコマナローズ橋の落橋

(4) 車両荷重による床版や桁の破壊

多数の重量車両の走行によって床版に疲労破壊が生じたり，図 2.8 に示す押し抜きせん断破壊が生じる場合が多い．最近は特に重量車両の増加と過積載車の走行が問題視されている．また，鋼桁や鋼橋脚の主に溶接部での疲労破壊も顕在化してきている．そのほか冬期の融雪剤の影響で生じる腐食損傷も問題となっており，耐久性設計，補修補強設計の整備が急がれている．

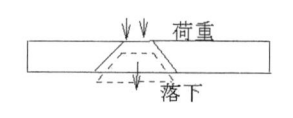

図 2.8 床版の破壊

(5) 海洋構造物の破壊

海洋構造物では波浪の影響が大きい．波浪により構造物が転倒したり，部材が破壊する場合がある．波の周期は数秒から十数秒と比較的長く，部材の振動数とは比較的離れているので，地震のように振動が大きな問題になることは少ないが，

図 2.9 に示すように強力な波力により防波堤などの剛体が滑動したり基礎地盤が破壊され，転倒や沈下を起こす場合がある．

また，強力な波力が働くと，図 2.10 に示すような防波堤ケーソンの壁の破壊が生じることがある．衝撃的な波浪の影響，消波ブロックの衝突は壁の破壊の要因となる．

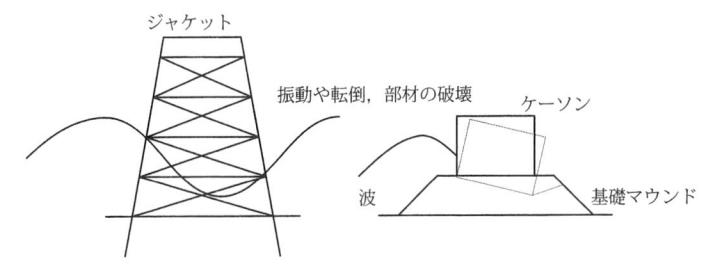

図 2.9 海洋構造物の破壊

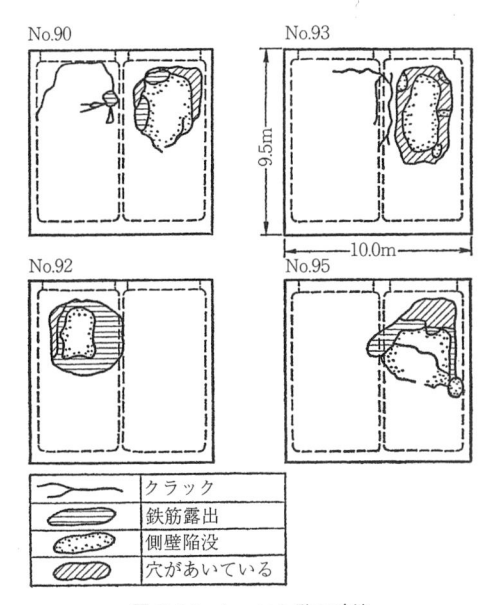

図 2.10 ケーソン壁の破壊

(6) 仮設構造物の破壊

共同溝，トンネルの開削，建築物などでは，掘削時に周辺地盤が崩れたり変形しないように図 2.11 に示す土留めを設ける．この際，水平に作用する土圧による切ばりの座屈，土留め壁の曲げ破壊，転倒が生じるときがある．また基礎地盤がヒービングやボイリングにより安定性がなくなり破壊に至る場合もあり，注意が必要である．ヒービングとは，土留め壁前後の土の重量差に起因して掘削側の土が膨れ上がる現象である．またボイリングとは，間隙水圧の影響で土の有効応力度が低下し強度を失い，地盤の安定が失われる現象である．

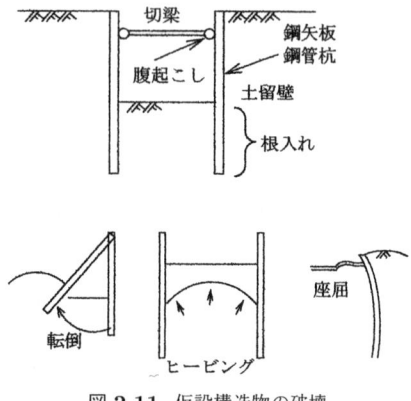

図 2.11 仮設構造物の破壊

(7) トンネルでの破壊

共同溝，地下駐車場，地下鉄等の地中構造物では，周辺の土圧や静水圧により破壊する場合がある．一般的に土圧・水圧は常時に生じており，深い安定地盤の中に地下構造物を建設する場合はさほど問題とならなかった．しかし地表面に近い構造物では，輪荷重の影響，近接構造物の影響などを考慮する必要がある．図 2.12 に示すような地震による部材破壊の事例も最近報告されている．かつては地中構造物は耐震設計をしていなかったが，最近では，表層地盤の液状化や，図 2.13 に示すような断層による破壊等に対しても，検討が行われるようになっている．

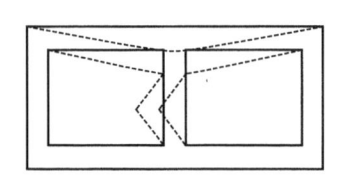

図 2.12 地下構造物での中柱の破壊

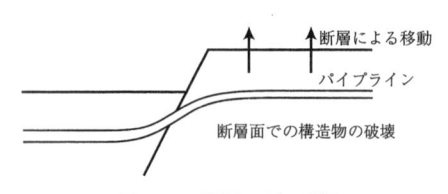

図 2.13 断層による影響

(8) 地盤の液状化

軟弱な砂質地盤が液状化すると，図 2.14 に示すように構造物が浮き上がったり移動したりする．地中構造物の見かけ上の単位体積重量は $12 \sim 15 \, \text{kN/m}^3$ であるが，地盤が液状化すると $18 \sim 20 \, \text{kN/m}^3$ の液体化するからであり，浮力により構

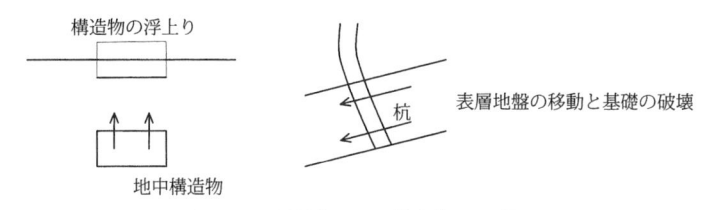

図 2.14 液状化による構造物への影響

造物の浮き上がり現象をひき起こす．また地層や基盤が傾斜していると，液状化により地盤強度が大幅に減少したとき，大きな横移動を起こす危険性がある．

2.1.3 破壊の時間的状況

破壊現象には，図 2.15 に示すように静的な破壊，動的な破壊，疲労的な破壊がある．これらは時間的変動と頻度により分類できる．

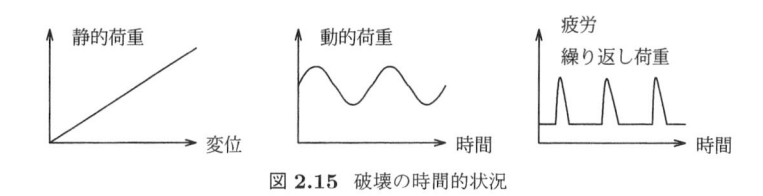

図 2.15 破壊の時間的状況

静的破壊は，静的な土圧，自重などの荷重による破壊であり動的な効果はなく，逆に遅いとクリープ的な破壊となる．クリープ破壊とは，荷重が長期間作用しているうちに，材料強度が次第に低下していく現象である．粘土地盤での破壊や，高応力を受けるボルトや PC 鋼棒定着部の破壊などがクリープ破壊の例である．

動的破壊は地震，風等の振動荷重による破壊であり，この場合には力だけでなく構造物の質量や減衰が影響してくる．

疲労破壊は列車や自動車など小さな荷重が繰り返し作用することにより生じる破壊である．個々の荷重に対しては十分な強度を保有していても，この荷重が繰返し作用していると，溶接部や鉄筋の定着部，コンクリートのひび割れ箇所，隅角部等の応力集中や欠陥の生じやすい箇所から進行性の破壊が生じる．これが疲労破壊であり，荷重の振幅と繰返し回数が設計を決める主要因となる．

2.2 部材での破壊

構造部材での破壊形状を整理したものを表2.1に示す．鋼部材と鉄筋コンクリート部材の部材に与えられる断面力の性質により整理してある．

表 2.1 部材の破壊形式

部材	鋼部材	鉄筋コンクリート部材
圧縮破壊	弾性座屈　提灯座屈　局部座屈 （象の足）	（やや柔らかい）　（硬い） 圧壊
引張破壊	延性破壊／脆性破壊 破断	コンクリートひび割れ後の 鉄筋の破断
曲げ破壊	座屈／降伏 局所座屈，鋼材の降伏のび	コンクリートの圧壊／鋼材の降伏 曲げひび割れ コンクリートの圧壊と鋼材の破断
せん断破壊	面外せん断／鉄筋等 面内せん断による局部座屈	コンクリートの圧壊／トラス破壊 せん断ひび割れ 押し抜きせん断，面内せん断 （面外せん断）

（1）圧縮破壊

圧縮力を受ける鋼部材では，座屈が問題となる．部材長が短く板厚が厚い場合には生じないが，鋼材の降伏応力度に達する前に部材の形状を保持できなくなり破壊する．座屈には部材全体が変形する弾性座屈と局所的に鋼板が座屈する局部座屈がある．また柱部材基部で押しつぶされたような座屈もあり，これは破壊形状から提灯座屈あるいは象の足と呼ばれている．鋼管杭打設時の先端や地震を受ける鋼製橋脚の基部に生じる．コンクリート部材でも比較的短い柱ではコンクリートが圧壊するが，長くなると斜め方向にひび割れが生じて破壊したりする．細長い柱や梁部材では座屈が問題になる．

（2）引張破壊

鋼部材の引張破壊では，力を増加すると鋼材の一部の断面が狭くなりこの部分が延びて切断される．材料の性質や載荷状況により，延性破壊と脆性破壊が生じる．延性破壊は金属が延びて破壊し，脆性破壊は延びが小さいまま瞬時に破壊する．高速の載荷，低温での載荷，繰返し荷重下での載荷等のときに脆性破壊が生じる．脆性破壊は極力避けるようにすべきである．コンクリート部材では，ひび割れが部材を貫通して生じ作用外力を鉄筋などの内部にある鋼材が負担して，最終的には鋼材の破断で破壊する．コンクリートは，引張強度以上は抵抗部材とならず，一般的には設計時に考慮しない．

（3）曲げ破壊

鋼部材に上方から鉛直荷重により正曲げモーメントが作用すると下縁では引張力が上縁では圧縮力が生じる．この結果上縁では圧縮力により局部座屈が生じ，下縁では降伏してひずみが増加し破断に至る．コンクリート部材では，下縁は荷重の小さい段階でひび割れが生じ，鋼材が引張力に抵抗する．一般的には鋼材が延び圧縮側のコンクリートが圧壊して部材の破壊に至る．最終的には引張側の鋼材が破断する．

（4）せん断破壊

鋼部材にせん断力が働くと，狭い範囲でせん断破壊する．ボルト，鉄筋などは一面で破断される．大きな部材ではせん断破壊よりも曲げ破壊が卓越するが，部材長が短いとせん断破壊する場合がある．また板など薄い部材では周辺の縁にせん断力を受けると局部座屈を生じる．鉄筋コンクリート部材でも一面でせん断される場合もあるが，鉄筋が配置されている梁では，載荷点と支点を結ぶ方向にひび割れが生じて，この面のコンクリートが圧壊して部材の破壊に至る場合が多い．また板部材に局所的に集中荷重が作用する場合には，押し抜きせん断破壊と呼ば

れるような，コンクリートが抜け出すような破壊形状となる．また板要素の端に荷重が作用する場合には，面内にせん断力が作用しコンクリートにひび割れが生じた後，コンクリートの圧壊，鉄筋の降伏と破断により部材が破壊する．面内せん断破壊と呼ばれる．部材にとって直交方向の荷重によるせん断破壊は，面外せん断破壊と呼ばれる．

第3章 設計法の種類

3.1 概要

3.1.1 構造設計の理念

構造設計法の主要な理念は以下の項目である．

① 耐用年数中に構造物の機能性と安全性を確保する．
② 荷重は多種，不規則だが，整理して簡易化して取り扱う．材料も多種だがばらつきや製作性を考え簡略化して強度を計算する．
③ 破壊状況，不都合さを構造物の種類ごとほぼ一定内にするが，施設の重要性で差を付ける．
④ 危険状況を安全率や安全性指標で評価する．

具体的な構造設計法には以下の4種類ある．

- 許容応力度設計法　allowable stress design method
- 終局強度設計法　　ultimate strength design method
- 限界状態設計法　　limit state design method
- 信頼性設計法　　　reliability design method

表 3.1　各構造設計法の比較

	材料特性	安全率	計算法	背景
許容応力度法	弾性	許容応力度	線形	経験
終局強度法	非線形	部分係数法	塑性	破壊力学
限界状態設計法	非線形	部分係数法	非線形	確定論
信頼性設計	非線形	安全性指標	非線形	確率論

	現状	将来性	合理性	手間
許容応力度法	残っている	なし	少ない	少ない
終局強度法	なし	なし	ややあり	少ない
限界状態設計法	増えつつある	あり	あり	かかる
信頼性設計	将来	微増	あり	かかる

表 3.1 に各構造設計法の特徴を示す．現在は許容応力度法がまだ使用されているが，基準類の改正時には順次限界状態設計法に書き換えられている．信頼性設計法は航空機，宇宙産業などで用いられているが，土木施設への適用例は限られている．将来は導入が進むと予想される．

3.1.2 許容応力度設計法

許容応力度法では，構造物を構成する各材料に発生する応力度が，その材料の許容応力度を超えないことを照査する．

$$\sigma_a \geqq \sum_{j=1}^{n} \sigma_j \qquad (3.1)$$

ここで，σ_a：許容応力度 = 強度/安全率，σ_j：各荷重による発生応力度である．

設計法の流れは以下のとおりで，構造物に作用する荷重を選択重ね合わせた後，断面に生じる応力度を構造計算により求め，この値が許容応力度以内となるようにする．許容応力度は，材料強度を安全率で除して設定する．安全率は，鋼でおおよそ 1.7，コンクリートでおおよそ 3 程度である．

　　荷重の選定 → 荷重の組合せ → 構造解析 → モーメント，せん断力 etc
　　　→ 応力度 ≦ 許容応力度 ← 材料強度（荷重，寸法，材質等を考慮）

ただし，許容応力度は，材料が弾性範囲内であることを前提に過去の事故例などを参考に値を設定しており，たわみ，変位，振動等も合わせて間接的に反映されている．静的な強さだけでなく，耐久性，疲労，クリープ等も許容応力度で判断する．かつては構造物の破壊に対する知見も少なく，構造物にとって安全でかつ解析しやすい弾性域で設計が行われていた．また，一時的な荷重に対しては許容応力度の割増しを行う．許容応力度の割増しは，異常時荷重に対して主に行われ，材料の降伏ぎりぎりまで可能である．参考までにおおよその割増の程度を以下に示す．

　　常　時　1.0
　　温　度　1.15　　　　常時＋温度
　　地　震　1.5　　　　 常時＋地震
　　施工時　1.5 あるいは 1.25

構造計算は線形，弾性理論でする．この構造設計法の長所は，計算が容易なこと，長年の経験によりかなり信頼性があること，材料が弾性範囲内であるので工

学的に正解が得られ，被害や不都合を生じた場合に許容応力度の低減で対応できること等を挙げられる．一方，短所として部材の破壊，靱性等の非線形性状を考慮できないこと，荷重や応力を単純に重ね合わせるので個々の荷重の寄与は不明確であること，等を挙げることができる．

3.1.3 終局強度設計法

構造物の安全性設計は，破壊に対して行うのが合理的であるという考え方から，塑性設計が主にヨーロッパで導入された．しかし，塑性設計は日本ではほとんど用いられていない．この設計法では，断面抵抗を塑性理論で評価し，強度係数 (ϕ) で割引き，この値が線形計算で求めた断面力以上となるよう設定する．

$$\phi R_u \geq \sum_{j=1}^{n} \gamma_j S_j \tag{3.2}$$

ここで，ϕ：強度係数（< 1.0），R_u：塑性理論による断面強度（抵抗）であるが，実験による値でもよい．γ_j：荷重係数（> 1.0），S_j：各荷重による断面力である．

強度係数 (ϕ) の値の推奨値は，引張部材の降伏では $\phi = 0.88$，柱の座屈で 0.86～0.65，梁のモーメント，せん断力で 0.86，すみ肉溶接の強度で 0.80 と設定されている．

前述の許容応力度法では破壊に対する余裕が評価できないが，終局強度法はそれを評価できる長所がある．しかし，断面力を塑性を考慮して計算すると，脆性的な破壊がある場合，塑性の粘りを評価できず危険となる．また，断面力も小さく評価するので経済的な断面となるが，設計的に危険側となる等の欠点がある．ただし構造部材に粘りがあることが確認されている場合には，塑性理論によって断面力を算出してもよい．梁部材やラーメン部材で塑性ヒンジ形成後の断面耐荷力を計算する極限荷重設計法も提案されているが，現実の設計ではあまり使われていない．終局強度設計法の考え方は，後述する限界状態設計法に発展を遂げている．

3.1.4 信頼性設計での考え方

信頼性設計は基本的には各種ばらつきを統計量で表示し，破壊確率を求めて構造物が安全か判断する方法である．信頼性設計では，確率の取扱い方で以下の 3 段階（レベル）がある．

①水準レベル III（高いレベル）： 荷重，耐力等の設計時の不確定性について確率分布（正規分布，対数分布，二項分布など）を求め，耐用期間中の破壊確率を計算し，それを許容確率以内とする．

②水準レベル II（中位）： 荷重，材料等の確率分布を正規分布あるいは対数正規分布に仮定し，平均値と標準偏差から求まる安全性指標が，目標（許容）安全性指標を上回るとする．重要な構造物（原子炉，海洋構造物）で使用されている．

③水準レベル I（低いレベル）： 荷重，材料等を安全係数で評価する．安全係数では平均値と標準偏差を考慮する．現状の限界状態設計法はこのレベル 1 に対応している．

3.1.5 限界状態設計法

限界状態設計法では以下の 3 種類の状態を照査する．

終局限界状態　　使用限界状態　　疲労限界状態

① 終局限界状態： 構造物が使用できなくなる状態に至る破壊や変形に対して照査する．以下の項目等を設計対象として照査する．

・部材断面の破壊（曲げ破壊，せん断破壊，座屈など）
・剛体安定　（滑動，転倒，沈下）
・変位・変形（不等沈下，クリープ，塑性流動）
・メカニズム（不静定からヒンジができる），等

② 使用限界状態： 構造物は強度的には使用できるが，種々の観点から不都合を生じることに対して照査するもので，以下の項目がある．

・コンクリートのひび割れ…耐久性，水密性，景観
・変位・変形…使用上の不便，鉄道や道路での走行性，使用者の不快感
・振動…構造物自体，周囲への影響，音の発生，使用者の不快感
・軽微な損傷，等

③ 疲労限界状態： 終局限界の一種類であるが，応力レベルの低い繰返し荷重による破壊を照査する．鉄道，車，波，風等の振動外力が原因となる．

現在の限界状態設計法では，確率論的な考えを安全係数に置き換え，毎回確率計算をしない．この考え方は，鋼分野とコンクリート分野で表示法が異なっている．鋼構造物での基本式は以下のとおりである．

$$\phi R_0 \geqq \gamma S_0 \tag{3.3}$$

ここで，ϕ：耐力の安全係数，R_0：耐荷力，γ：荷重の安全係数，S_0：荷重である．これらは以下の関係がある．

$$S_d = \gamma S_0, \qquad R_d = \phi R_0, \qquad \gamma_i \frac{S_d}{R_d} \leqq 1 \tag{3.4}$$

ここで，S_d：設計荷重，R_d：設計耐荷力，γ_i：構造物係数である．

コンクリート構造物での基本式は以下のとおりである．

$$\frac{R_d}{S_d} = \frac{R(f_k/\gamma_m)/\gamma_b}{\gamma_a S(\gamma_f F_k)} \geqq \gamma_i \tag{3.5}$$

ここで，R：耐荷力，S：荷重，f_k：材料の特性値，F_k：荷重の特性値である．

上式は5個の安全係数，γ_m：材料係数，γ_b：部材係数，γ_a：構造解析係数，γ_f：荷重係数，γ_i：構造物係数，から構成されている．荷重選定，構造計算等の各項目で安全係数が必要となる．

限界状態設計法での設計の流れを次に示す．

設計用値

荷重選定 → 荷重の組合せ → 構造計算 → モーメント，せん断力等の設計値 ≦
(荷重係数 γ_f)　　　　(構造解析係数 γ_a)　　　　(構造物係数 γ_i)

モーメント，せん断力等 ← 材料強度（特性値）

終局耐力の計算

(部材係数 γ_b)　　　　(材料係数 γ_m)

各項目に安全係数があり，個々の精度，重要度により係数が異なる．設計用値は設計の際に使う値であり，次の関係がある．

$$\text{荷重の設計用値} = \text{荷重係数}(\gamma_f) \times \text{荷重の特性値}$$

$$\text{材料の設計用値} = \text{材料の特性値}/\text{材料係数}(\gamma_m)$$

材料係数

コンクリート部材での材料係数の意味は次のとおりである．すなわち，特性値は材料実験によるばらつきを示し，多数の試験値から統計処理して5%の未超過確率から求める．設計用値は，材料実験以外の要素，例えば長期的変化，供試体と実物との差，施工の良否を経験的に安全率で除して設定した数値である．経験的に1.3とする．特性値は以下の式から計算する．

$$f_k = f_m - K\sigma, \qquad f_k = f_m(1 - KV) \tag{3.6}$$

ここで，γ_m：平均値，V：変動係数，σ：標準偏差，K：係数 1.64 である．
　一般的に材料係数の標準値は以下のとおりである．鋼材料では規格降伏値を下回る材料試験結果はまずない．

　　　コンクリート 1.3，　　鉄筋，PC 鋼棒 1.0，　　鋼材 1.05

荷重係数

荷重係数についても同様に統計処理して設定し，以下の値が標準である．

　　　永久荷重 0.9 あるいは 1.1（作用側では 1.1，抵抗側では 0.9），　　変動荷重 0.8 あるいは 1.2，　　偶発荷重 1.0

　各種安全率，係数は表 3.2 に示すように各限界状態の種類によって異なる．上記の値は終局限界状態に対する値であり，使用限界状態では安全係数はすべて 1.0 に設定される．疲労限界状態では，終局限界状態の一形態と考え，材料係数でコンクリートを 1.3，鋼材を 1.05 と設定し，これ以外の安全係数は 1.0 が標準である．

表 3.2　標準的な安全係数

安全係数		限界状態の種類		
		終局限界	使用限界	疲労限界
材料係数 (γ_m)	コンクリート	1.3	1.0	1.3
	鉄筋および PC 鋼材	1.0	1.0	1.05
	上記以外の鋼材	1.05	1.0	1.05
荷重係数 (γ_f)	永久荷重	1.0〜1.1 (0.9〜1.0)	1.0	1.0
	変動荷重			
	波力	1.3	1.0	1.0
	施工時変動荷重	1.0	—	—
	上記以外の荷重	1.0〜1.2 (0.8〜1.0)	1.0	1.0
	偶発荷重	1.0	—	—
構造解析係数 (γ_a)		1.0	1.0	1.0
部材係数 (γ_b)		1.0〜1.3	1.0	1.0
構造物係数 (γ_i)		1.0〜1.2	1.0	1.0

注 1) 表中（ ）内の数値は荷重を小さく考えたほうが危険な場合に適用する．
　 2) 終局限界状態検討時の部材係数は，以下の値を用いることができる．
　　　・曲げおよび軸方向耐力を算定する場合・・・・・・・・・・・・・・・・・・・・・・・・・・・・・・1.15
　　　・軸圧縮耐力の上限値を算定する場合・・・・・・・・・・・・・・・・・・・・・・・・・・・・・・1.3
　　　・コンクリートのせん断耐力分担分を算定する場合・・・・・・・・・・・・・・・・1.3
　　　・せん断補強鋼材のせん断耐力分担分を算定する場合・・・・・・・・・・・・・・1.15

コンクリート部材での部材係数 γ_b (member coefficient) は，部材耐力のばらつきを示している．曲げ破壊は 1.15，せん断破壊は 1.3 であり，せん断破壊の方が曲げ破壊より載荷実験でのばらつきが大きいことを考慮している．鋼板ではせん断破壊では 1.15 としている．

構造解析係数 γ_a (analysis coefficient) は，断面力を計算するときの構造解析の不確実性を示すが，一般的に 1.0 としている．構造物係数 γ_i (important coefficient) は，構造物の重要度，破壊したときの社会へ与える重要度を示す．以下に示す 3 ランクに設定される．

$\gamma_i = 1.2$ 　　重要構造物：トンネル，国道の橋等多くの人が出入りする施設
$\gamma_i = 1.1$ 　　一般構造物：防波堤，市町村の橋等やや重要性が少ない施設
$\gamma_i = 1.0$ 　　低い重要度：私道，民間用の構造物

3.2 許容応力度設計法

許容応力度法では，外力により部材の構成材料に生じる応力度を許容値以内にする．許容応力度法によるコンクリート部材の設計では，設計基準強度 σ_{ck} が基になる．設計基準強度は多数行った一軸圧縮試験から得られた圧縮強度分布の 5% の確率分布値である．

圧縮強度試験では，図 3.1 に示すように応力 (σ) とひずみ (ε) が曲線状の非線形の関係を示し，圧縮の許容応力度は，最大圧縮応力度のほぼ 1/3 の値を採用している．この範囲内では応力とひずみの関係がほぼ直線的で，弾性範囲で荷重が取り除かれるとほぼ原点に戻り，残留ひずみが生じない領域で設定されている．

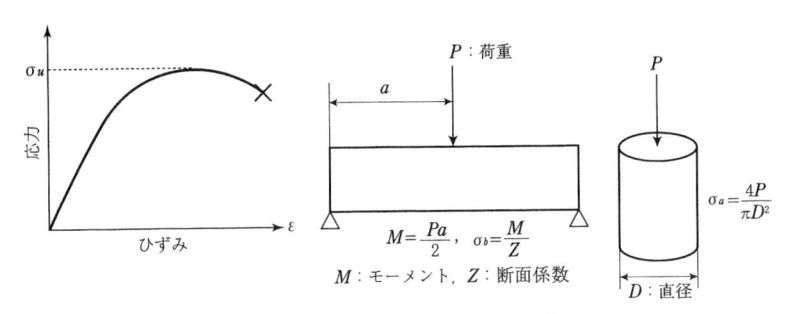

図 3.1 コンクリートの一軸圧縮試験結果

表 3.3　コンクリートの圧縮応力度および許容せん断応力度 (N/mm^2)

応力度の種類		コンクリートの設計基準強度 (σ_{ck})			
		21	24	27	30
圧縮応力度	曲げ圧縮応力度	7.0	8.0	9.0	10.0
	軸圧縮応力度	5.5	6.5	7.5	8.5
せん断応力度	コンクリートのみでせん断応力を負担する場合 (τ_{a1})	0.22	0.23	0.24	0.25
	斜引張鉄筋と共同して負担する場合 (τ_{a2})	1.6	1.7	1.8	1.9
	押抜きせん断応力度 (τ_{a3})	0.85	0.90	0.95	1.00

表 3.4　無筋コンクリートの許容応力度 (N/mm^2)

応力度の種類	許容応力度	備　考
圧縮応力度	$\dfrac{\sigma_{ck}}{4} \leqq 5.5$	σ_{ck}：コンクリートの設計基準強度
曲げ引張応力度	$\dfrac{\sigma_{tk}}{7} \leqq 0.3$	σ_{tk}：コンクリートの設計基準引張強度 (JIS A 1113 の規定による)
支圧応力度	$0.3\sigma_{ck} \leqq 6.0$	

　表 3.3 に鉄筋コンクリート部材でのコンクリートに対する許容応力度を示す．

　許容応力度は設計基準強度が大きくなると大きな値を設定する．圧縮応力度に関しては，軸力部材と梁での圧縮応力度で許容応力度が異なる．部材内の応力度分布や破壊過程などを考慮して差がついている．鉄筋コンクリート部材での曲げ圧縮応力度は圧縮縁での応力度である．

　許容せん断応力度もせん断破壊の状況により異なる．この際，鉄筋の効果を考慮すると許容応力度を大きく設定できる．許容応力度は付着力などにも設定されているが，引張応力度に関しては明確に規定されていない．これは鉄筋コンクリート部材では，ひび割れの発生を前提として強度を計算するからである．また内部に鉄筋を配置しない無筋コンクリートでの許容応力度を表 3.4 に示す．無筋コンクリートは，消波ブロック，重力式アンカー等の部材である．このとき圧縮応力度の許容応力度は，設計基準強度の 1/4 とするが，最大でも $5.5\,\mathrm{N/mm^2}$ 以下とする．曲げ引張強度は割裂試験から求めた値の 1/7 とするが，最大でも $0.3\,\mathrm{N/mm^2}$ 以下とする．支圧に関しても同様な考え方をしている．

　鉄筋に対する許容応力度（表 3.5）は引張試験を基に設定されており，おおよそ降伏応力度の 1.7 で割った値であるが荷重の作用状況により値が異なる．また，せん断の許容応力度はこの許容引張強度の $\sqrt{3}$ で除した値を用いる．表中の SD

図 3.2 異形鉄筋の形状

表 3.5 鉄筋の許容応力度 (N/mm^2)

応力度,部材の種類		鉄筋の種類	SR235	SD295A SD295B	SD345
引張応力度	荷重の組合せに衝突荷重または地震の影響を含まない場合の基本値	1) 活荷重及び衝撃以外の主荷重が作用する場合 (梁部材等)	80	100	100
		2) 一般の部材	140	180	180
		3) 水中または地下水位以下に設ける部材	140	160	160
	4) 荷重の組合せに衝突荷重または地震の影響を含む場合の基本値		140	180	200
	5) 鉄筋の重ね継手長または定着長を算出する場合の基本値		140	180	200
	6) 圧縮応力度		140	180	200

注) ここでの鉄筋の許容応力度は,直径 51 mm 以下の鉄筋を対象としている.

表 3.6 構造用鋼材の許容応力度 (N/mm^2)

応力度の種類		鋼種	SS400 SM400 SMA400	SM490	SM490Y SM520 SMA490	SM570 SMA570
軸方向引張応力度 (純断面積につき)			140	185	210	255
軸方向圧縮応力度 (純断面積につき)			140	185	210	255
曲げ引張応力度 (純断面積につき)			140	185	210	255
曲げ圧縮応力度 (純断面積につき)			140	185	210	255
せん断応力度 (純断面積につき)			80	105	120	145
支圧応力度	鋼板と鋼板		210	280	315	380
	ヘルツ公式で算出する場合		600	700	—	—

は図 3.2 に示す異形鉄筋を,後の数値は鉄筋の引張強度を表示している.SR は丸鋼である.圧縮側と引張側で許容応力度は同じであるが,これは通常コンクリート内に鉄筋が配置されている場合,座屈が起こりにくいからである.鉄筋の疲労強度に対しては,実験結果から値を 20 N/mm^2 程度低減している.鋼材の許容応力度を表 3.6 に示す.SS は一般構造用鋼材,SM は溶接用鋼材を示し,後ろの数

表 3.7 許容応力度の割増し係数

荷重の組合せ	割増し係数	
	鉄筋コンクリート構造 無筋コンクリート構造	鋼構造
1) 主荷重 (P)+主荷重に相当する特殊荷重 (PP)	1.00	1.00
2) 主荷重 (P)+主荷重に相当する特殊荷重 (PP)+温度変化の影響 (T)	1.15	1.15
3) 主荷重 (P)+主荷重に相当する特殊荷重 (PP)+風荷重 (W)	1.25	1.25
4) 主荷重 (P)+主荷重に相当する特殊荷重 (PP)+温度変化の影響 (T)+風荷重 (W)	1.35	1.35
5) 主荷重 (P)+主荷重に相当する特殊荷重 (PP)+制動荷重 (BK)	1.25	1.25
6) 主荷重 (P)+主荷重に相当する特殊荷重 (PP)+衝突荷重 (CO)	1.50	1.70
7) 活荷重および衝撃荷重以外の主荷重+地震の影響 (EQ)	1.50	1.50
8) 施工時荷重 (ER) の組合せ　完成後の応力度が著しく低くなる場合	1.50	1.50
8) 施工時荷重 (ER) の組合せ　完成後の許容応力度と同程度になる場合	1.25	1.25

字は鋼材の引張強度を表示する．ここでは圧縮側と引張側で許容応力度は同じであるが，後述する座屈の許容応力度に注意する必要がある．

表 3.7 に各荷重の組合せに対する許容応力度の割増しを示す．主荷重のみの場合，割増しをしないが他の一次荷重が作用する場合，荷重のレベルや性質により割増しの程度が異なる．地震時や施工時のように短期間に作用し，その後は荷重がかからない場合には 5 割増しになっている．

3.3 限界状態設計法

3.3.1 終局限界状態

構造物の終局限界状態には前述したように，構造部材の破壊，構造系全体の破壊，構造物の大変形やたわみ，剛体としての移動，転倒などがある．構造物の破壊形式は第 2 章で述べたように様々である．構造形式ごとあるいは荷重作用の種

類ごとに様々な要因で終局限界を迎える．構造設計では，設計対象の構造物で想定される破壊形式を選択して，所定の荷重に対して破壊するかを照査する．鉄筋コンクリート部材では曲げ破壊，せん断破壊，圧縮・引張破壊等を検討する．鋼部材でも曲げ破壊，せん断破壊，圧縮・引張破壊等を検討するが，細長い部材や薄い部材では座屈の照査が重要となる．これら構造部材の個々の照査方法は7章に示す．

一般に終局限界状態設計法では，コンクリート部材ではひび割れが入ること，鋼構造物では大変形を起こすことなどから，温度，クリープ・収縮，常時作用していた比較的小さな荷重作用については設計上考慮しないのが普通である．

終局限界状態では，材料の応力－ひずみの関係が非線形であったり，幾何学的に大変形を生じる場合を対象とするので，線形解析より非線形解析が主体となる．ただし非線形解析法は，設計手法として一般化するにはモデル化，入力条件など問題がある場合が多く，すべての構造に対して適用できない状態にある．このような場合には構造物の剛性を，非線形性を考慮して低下させたりして，線形計算で構造設計を行う場合もまだある．また破壊したとき，すなわち塑性状態での力，変形の釣合いから塑性計算で梁機構やスラブの耐荷力を計算する方法もある．

ここでは剛体での終局限界の照査法と梁構造体の崩壊の照査について述べる．

(1) 剛体の照査

剛体は，重力式ダム，直接基礎，橋台，ケーソンなどのように部材としては硬く，重量物として地盤上に置かれ，その安定性により役割を果たす構造物体である．剛体としての破壊は，地震や波力などの水平力（P）と，自重などの鉛直荷重（W）により引き起こされる．鉛直力は自重や上載荷重，水平力は地震（慣性力），波，風，土圧（分布荷重）により与えられる．剛体の安定性は以下の式と，図 3.3 に示すように滑動，転倒，沈下に対して照査する．

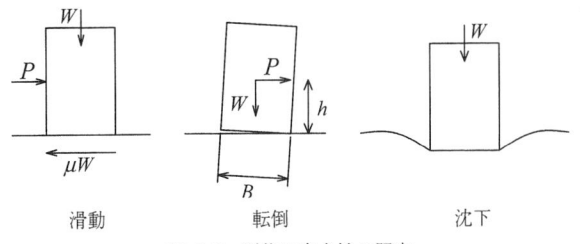

図 3.3 剛体の安全性の照査

滑動　　$P \geqq \mu W$
転倒　　$Ph \geqq W \cdot B/2$
沈下　　支持力

ここで，B：剛体の幅，h：剛体重心から地盤までの高さである．

　水平力を受けると剛体底面には摩擦力（砂質土）と粘着力（粘性土）の抵抗力が働く．$\mu W + cB$ で示されるが，μ は剛体と地盤間の摩擦係数，c は粘性土の粘着力である．一般的には砂質地盤に置かれた剛体が多く，この場合の摩擦係数は $\mu = \tan\phi$ で与えられる．地盤の内部摩擦角は 30〜40 度程度であり一軸圧縮試験などから求まる．またコンクリートと割石での摩擦係数は 0.6 程度であり，接する物質により表 3.8 に示すように摩擦係数が異なるので注意が必要である．

表 3.8　静止摩擦係数

コンクリートとコンクリート	0.5
コンクリートと岩盤	0.5
水中コンクリートと岩盤	0.7〜0.8
コンクリートと捨石	0.6
捨石と捨石	0.8
木材と木材	0.2（湿）〜0.5（乾）
摩擦増大マットと捨石	0.7〜0.8

注）水中コンクリートと岩盤の場合，標準的な条件のもとでは，0.8 とする．ただし，基岩が脆弱もしくは亀裂が多い場合，基岩を覆っている砂の移動が激しい場合等では，それらの条件に応じて 0.7 程度まで低減させる．

　転倒に関しては，剛体の先端での水平力と鉛直力のそれぞれのモーメントを求め，水平力による作用モーメントが，鉛直力による抵抗モーメントより大きくなると転倒する．この場合偏心量が重要となる．偏心量は $e = M/W$ で示され作用モーメントと鉛直力の比で定義される．

　構造設計では，転倒に関しては，地盤反力分布から偏心率 ε（底面の作用荷重の合力位置と底面の図心の差の底面幅 B に対する率）を許容値以内にする．$\varepsilon = e/B$ で示され，許容値は常時で 1/6，地震時で 1/3 を標準としている．

　直方体の剛体が地盤上に置かれたとき，底面から地盤反力を受けるが，水平荷重と鉛直荷重の比率により分布形状が異なる．地盤反力の一般式は次式で示され，

鉛直荷重と曲げモーメントの成分の重ね合わせとなる．

$$p_i = \frac{W}{A} \pm \frac{M}{I}x \tag{3.7}$$

ここで，W：鉛直荷重，A：断面積 $B \times L$，M：作用モーメント，I：断面二次モーメント $B^3L/12$（B は剛体の幅で，L は奥行き）である．偏心量を $e = M/W$ とおき，剛体端部での地盤反力は $x = \pm B/2$ とおくと次式で計算できる．

$$\begin{pmatrix} P_2 \\ P_1 \end{pmatrix} = \frac{W}{BL}\left(1 \pm \frac{6}{B}e\right) \tag{3.8}$$

また，e の意味は次式で説明できる．

$$e = \frac{\int x dA}{A} = \frac{\int_{-B/2}^{B/2}\left(xP_1 + \frac{P_2 - P_1}{B}x^2\right)dx}{\frac{P_1 + P_2}{2}B} = \frac{P_2 - P_1}{6(P_1 + P_2)}B$$

$P_1 = 0$ であると $e = B/6$ となる．

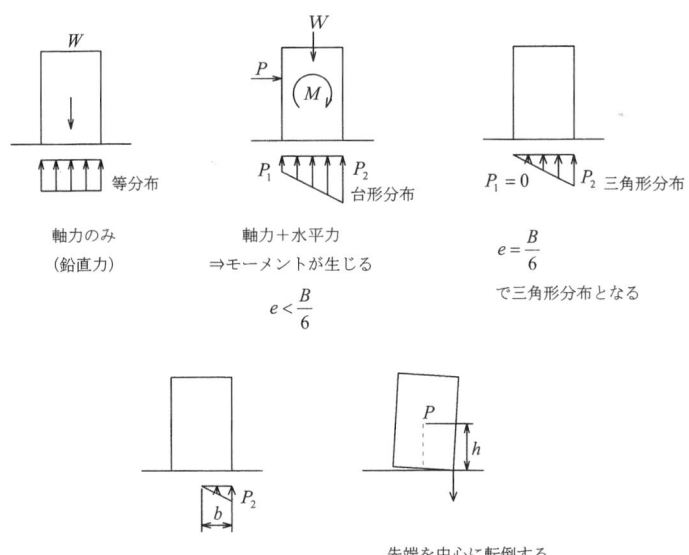

軸力のみ
（鉛直力）

軸力＋水平力
⇒モーメントが生じる
$e < \dfrac{B}{6}$

$e = \dfrac{B}{6}$
で三角形分布となる

$e > \dfrac{B}{6}$ と三角形分布が底面内に入る

先端を中心に転倒する．
$M > W\dfrac{B}{2}$

図 **3.4** 水平力と鉛直力による地盤反力の分布の変化

図 3.4 は, 鉛直荷重 (W) が作用している剛体に, 水平荷重が順次増加されていく場合, それに伴って地盤反力の分布がどのように変化するかを説明したものである.

鉛直力すなわち軸力のみ作用しているときは, 地盤反力は等分布となる. この状態で水平力が作用すると, 作用点の反対側に地盤反力が増加し作用点側は減少し台形分布となる.

$e < B/6$ の条件下では地盤反力は台形であるが, $e = B/6$ のときは三角形分布となる. すなわち $P_1 = 0$ となる. さらに $e > B/6$ となると三角形分布が底面内に位置し, 剛体の一部が地盤と離れる. そして最後には以下の条件下で先端を中心に転倒する.

$$M > W\frac{B}{2} \tag{3.9}$$

ただし, モーメント $M = Ph$ である.

ダムのように底面の止水が問題になるときは, 地盤反力により引張応力が生じないように設計する. すなわち $e = B/6$ を限界とする.

図 3.5 は, 剛体の転倒の一般的な物理現象として, 普通の構造物先端の回転を示している. 地盤の受圧面積が小さくなると, 地盤反力が大きくなり, 基礎の支持力が不足して地盤の沈下が生じることがある.

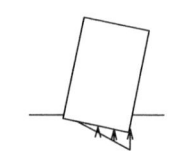

図 3.5 剛体先端での沈下

支持力公式を使用するため台形分布, 三角形分布を直方体すなわち等分布形に置換する. これを図 3.6 に示す. この方法は各指針により若干異なる. 簡単な置換方法は以下のとおりである.

台形分布では $e + b' = B/2$ とおき

$$q = \frac{P_1 + P_2}{2} \times \frac{B}{2b'} = \frac{(P_1 + P_2)B}{4b'}$$

三角形分布では, 台形分布に準じて平易に

$$q = \frac{P_2 B}{4b'}$$

とし, 上式で $P_1 = 0$ とおき計算する. ただし, $e + b' = b/2$ とおくのは同じである.

この等分布形をもとに支持力の照査をする. 図 3.7 に示すように剛体が地盤に押し込まれると, 地盤中にすべりが生じ, このすべり面での抵抗力が支持力とな

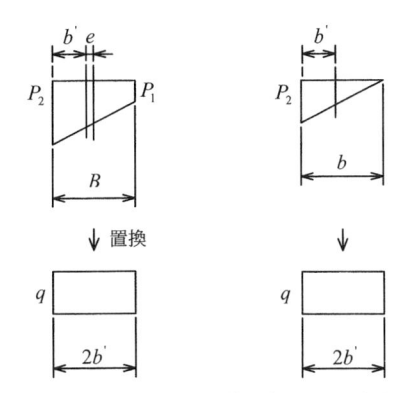

図 3.6 地盤反力を等価な等分布形状に置換する

る．すべり面での抵抗を計算するのは容易でないので，簡易式と数表を用いて計算を行う．静力学公式で定められる基礎底面地盤の極限支持力は次式により求める．

$$q_d = \alpha c N_c + \frac{1}{2}\beta \gamma_1 B N_\gamma + \gamma_2 D_f N_q \tag{3.10}$$

ここに，
- q_d ：基礎底面地盤の極限支持力度 $(\mathrm{kN/m^2})$
- c ：基礎底面より下にある地盤の粘着力 $(\mathrm{kN/m^2})$
- γ_1 ：基礎底面より下にある地盤の単位体積重量 $(\mathrm{kN/m^3})$
  ただし，地下水位以下では水中単位体積重量とする．
- γ_2 ：基礎底面より上にある周辺地盤の単位体積重量 $(\mathrm{kN/m^3})$
  ただし，地下水位以下では水中単位体積重量とする．
- α, β ：基礎底面の形状係数．表 3.9 参照．
- B ：基礎幅 (m)
- D_f ：地中に基礎が埋まっているときの基礎の有効根入れ深さ (m)
- N_c, N_q, N_γ ：支持力係数．図 3.8 より求める．

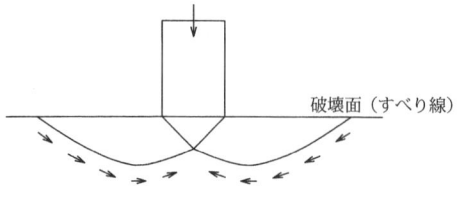

図 3.7 支持力の概念

支持力係数は，地盤のせん断抵抗角（内部摩擦角と同じ）の関数となり，角度が大きくなる，すなわち地盤が固くなるほど大きな値となる．式 (3.10) の第 1 項は粘性土，第 2 項は砂質土での支持力係数である．第 3 項は基礎の土被りの影響を加味した項で，地盤に直接剛体が置かれた場合は無視してよい．また，基礎の底面の形状により各項に係数をかける．この形状係数を表 3.9 に示す．

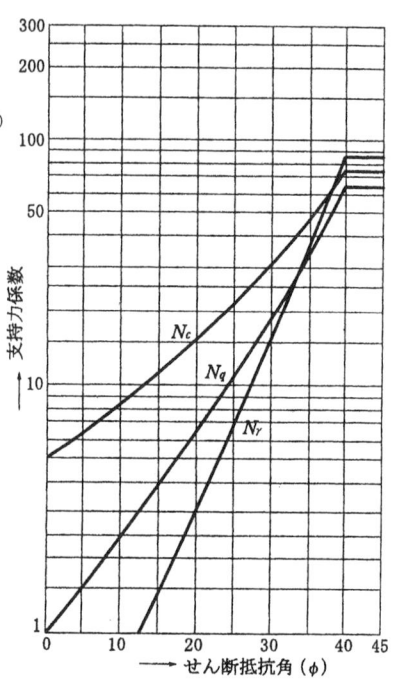

図 3.8 支持力係数を求めるグラフ

表 3.9 基礎底面の形状係数

形状係数	基礎底面の形状		
	帯状	正方形, 円形	長方形, 小判型
α	1.0	1.3	$1 + 0.3\dfrac{B}{D}$
β	1.0	0.6	$1 - 0.4\dfrac{B}{D}$

D：基礎の前面幅 (m)，B：基礎の側面幅 (m)
ただし，$B/D > 1$ の場合 $B/D = 1$ とする．

(2) 梁機構の崩壊の照査

骨組構造では，断面が降伏しても形状を保持することが可能である．しかしその断面が全塑性モーメントに達すると，力（モーメント）を加えても，変形（回転）が進むだけで構造体としての機能がなくなる．全塑性モーメントに達したところを塑性ヒンジという．

いま梁部に鉛直荷重と水平荷重が作用する門型ラーメンを考えると，梁の鉛直載荷点と柱の基部と上端に塑性ヒンジができる．ただし接合点（隅角部）では剛性の小さい方の部材に塑性ヒンジが形成される．柱基部の両方に塑性ヒンジが形成されると，門型ラーメンは崩壊することが容易に想像できる．全体としては基部，隅角部，荷重載荷点の5箇所が塑性ヒンジ形成可能な箇所である．構造系としては3箇所あるいは4箇所に塑性ヒンジが形成されると崩壊する．

構造物の塑性崩壊荷重を求めるには2種類の解法がある．すなわち静力学的方法と動力学的方法である．

前者は，作用荷重下で，力の釣合いよりすべての断面で曲げモーメントを算出し，その最大値が塑性モーメントに等しいとして崩壊荷重を求める方法である．この場合，真の崩壊荷重より等しいか小さくなるので下界定理ともいわれる．後者は仮想仕事の原理から崩壊荷重を求める方法で，真の崩壊荷重より等しいかそれ以上であることから上界定理とも呼ばれる．力の釣合い，塑性条件，塑性ヒンジの数から決まる崩壊機構条件の3条件が決まれば真の崩壊荷重となる．

このとき力の釣合い条件，崩壊機構条件と降伏条件を満足する必要がある．力の釣合いでは外力と内力は常に釣り合っていなければならず，$\sum$水平方向の力 $= 0$，$\sum$鉛直方向の力 $= 0$，$\sum$曲げモーメント $= 0$ である．また崩壊時には以下の釣合い式を満足する必要がある．ラーメン機構では梁機構，層機構，組合せ機構の基本機構があり，梁機構は横梁の崩壊，層機構は柱の崩壊，組合せ機構は，柱と梁の両者の崩壊と考えてよい．

$$\sum \theta_{kj} M_j = \alpha E_k \tag{3.11}$$

ここで，θ_{kj}：ラーメンの j 節点に生じた塑性ヒンジの回転角，M_j：j 節点でのモーメント，α：荷重係数，E_k：$\sum P_j \delta_{kj}$ で節点 j に作用する荷重（P）と仮想変位（δ）である．

基本機構の全数 m は全節点数 s から不定次数 r を引いて求める．

$$m = s - r \tag{3.12}$$

また機構崩壊条件では，構造物にいくつかの塑性ヒンジが生成されたとき，各節点の仮想回転角と仮想仕事外力は線形に単純累加されるとする．降伏条件は，塑性ヒンジでは全塑性モーメント以上の曲げモーメントは作用しないと仮定する．

いま図 3.9 の2点支持1点載荷の梁で上記のことを考える．静力学的方法では梁中央に P なる荷重が作用したとき長さ L の梁中央点での最大曲げモーメント

は $PL/4$ で与えられる．このモーメントが塑性モーメント M_u に等しいとすると $P = 4M_u/L$ となる．動力学的方法では，塑性後の梁のたわみの増加は塑性ヒンジの回転のみとすると，両支点での梁の回転角を θ で表せば，梁中央部の折れた箇所すなわち塑性ヒンジでの回転角は 2θ となる．これを図 3.10 に示す．崩壊の最中は梁一般部では弾性エネルギーが変化しないので，荷重によってなされる仕事は塑性ヒンジで消費されるエネルギーに等しい．鉛直荷重 P のなす仕事は，移動量が $L\theta/2$ なので $PL\theta/2$ となる．一方，塑性ヒンジは 2θ 回転するので，塑性ヒンジの消費エネルギーは $2M_u\theta$ となる．両式を等しいとおき $P = 4M_u/L$ となる．この場合，両方法での崩壊荷重の値は等しい．

図 3.11 は両端固定の梁である．この場合は図 3.12 に示すように，まず梁の中央が全塑性モーメントに達し，次に両固定端に塑性ヒンジが生じて梁機構は崩壊

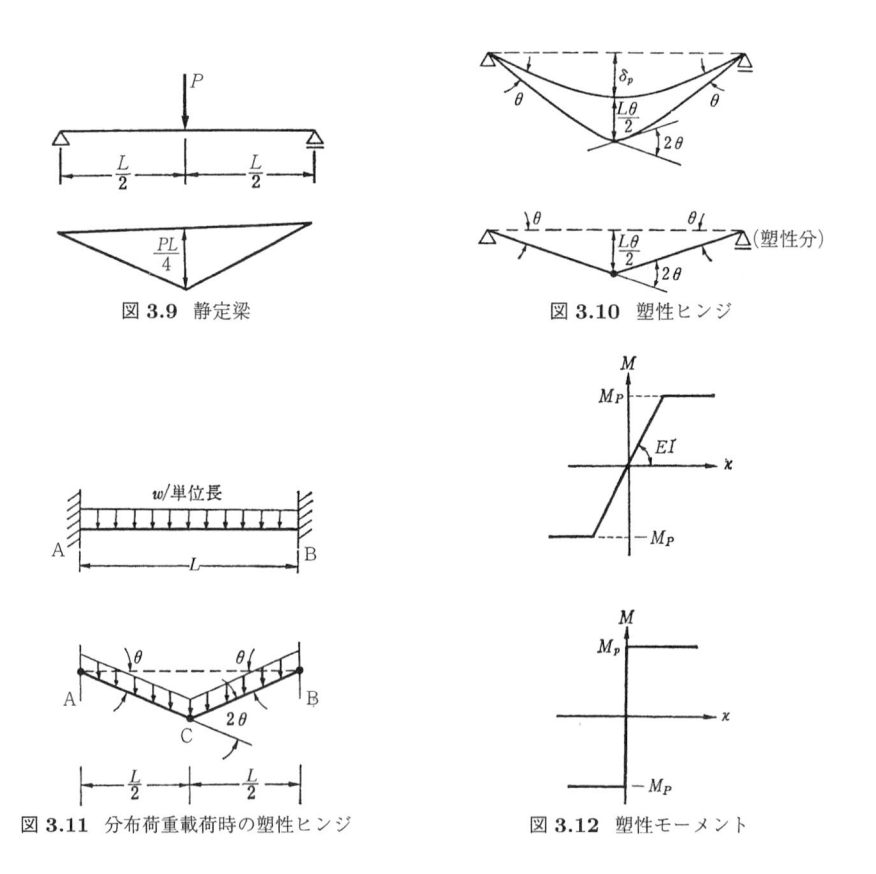

図 3.9 静定梁

図 3.10 塑性ヒンジ

図 3.11 分布荷重載荷時の塑性ヒンジ

図 3.12 塑性モーメント

する．梁中央が全塑性モーメントに達すると，その点ではピン構造的となり片持ち梁2本の機構となる．片持ち梁の基部で曲げモーメントが $wL^2/16$ となると崩壊する．

　図3.13の1層ラーメンは梁と2本の柱からなる機構である．ここでは，高さ L の柱上端，すなわち梁の横から水平荷重 H，全長 L の梁の中央に鉛直荷重 W が作用するものとする．ただし，梁と柱の塑性モーメントを M_p とし，θ の符号はラーメンの内側の細線側が引張となるときを正とする．ヒンジが細線側に移動するときに正と考える．

　図3.14のように，梁機構では載荷点と両端に，層機構では柱の両端に塑性ヒンジが掲載されて崩壊する．梁機構と層構造は基本機構と呼ばれ，両者を組合せた機構では，この場合，載荷点下と他の3箇所で塑性ヒンジが形成されても崩壊する．各崩壊機構でヒンジの回転角と塑性モーメントの内部仕事を整理し合計する．これを表3.10に示す．B点では見かけ上，塑性ヒンジが形成されないことになる．

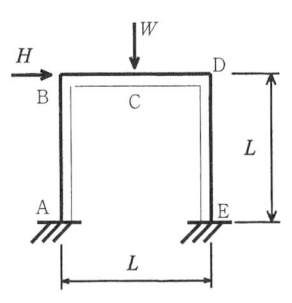

図 **3.13** ラーメン構造

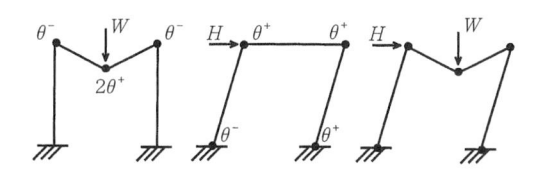

図 **3.14** ラーメンにおける塑性ヒンジ

表 **3.10** 塑性ヒンジの消費エネルギー

部材断面	梁機構		層機構		組合せ機構	
	回転角	内部仕事	回転角	内部仕事	回転角	内部仕事
A	—	—	θ_-	$M_p\theta$	θ_-	$M_p\theta$
B	θ_-	$M_p\theta$	θ_+	$M_p\theta$	—	—
C	$2\theta_+$	$2M_p\theta$	—	—	$2\theta_+$	$2M_p\theta$
D	θ_-	$M_p\theta$	θ_-	$M_p\theta$	$2\theta_-$	$2M_p\theta$
E	—	—	θ_+	$M_p\theta$	θ_+	$M_p\theta$
合計	—	$4M_p\theta$	—	$4M_p\theta$	—	$6M_p\theta$

　各機構での仮想仕事は以下のとおりとなる．

$$\text{梁機構} \quad W(L\theta/2) = 4M_p\theta \tag{3.13}$$

$$\text{層機構} \quad HL\theta = 4M_p\theta \tag{3.14}$$

$$\text{組合せ機構} \quad HL\theta + W(L\theta/2) = 6M_p\theta \tag{3.15}$$

いま $W = 3H$ と仮定する．この場合，この3機構で最少の H を求めると，組合せ機構の $H = 12M_p/5L$ となる．組合せ機構において点 B, D の軸力を R_b, R_d とし，梁部での釣合いを考えると，以下の関係式が得られる．

$$M_c = M_p = R_d L/2 - M_p = M_b + R_b L/2 \tag{3.16}$$

この関係式より $M_b = -0.6M_p$ で $|M_b| < M_p$ となり塑性条件を満足し真の崩壊荷重となる．このように梁構造，柱梁のラーメン構造の終局限界すなわち崩壊荷重が計算できる．

3.3.2 使用限界状態

使用限界状態は，構造物の使用中の不都合さに対する照査であるが，特に，コンクリート構造物ではひび割れ幅の照査，鋼構造の橋梁等では桁のたわみや部材の振動の照査が行われる．

(1) コンクリート構造物の使用限界状態

基本的には，ひび割れに起因するコンクリートの劣化の問題に帰着する．この考え方には議論が多いが，劣化の進行を押さえる方法として，構造設計的には間接的にひび割れ幅の制限を行っている．ひび割れ幅が大きいと水分，空気などが浸入し鉄筋を腐食させ，かぶりの剥離，鉄筋の錆による断面力低下が懸念されるからである．ひび割れの原因は多数あるが，力学的には曲げひび割れ，せん断ひび割れ，軸引張ひび割れがある．また乾燥収縮，温度ひび割れ，アルカリ骨材反応（シリカ質岩石＋セメント）などによるひび割れの発生もある．

これらの要因の中で，構造設計では現在，曲げひび割れに着目している．他は制御が難しいので良い設計式が提案できないことや，構造部材では曲げがせん断より卓越している場合が多いことがその理由である．また一般のコンクリート梁では，せん断スパン比が大きく曲げ破壊するように製作されていることもある．せん断破壊が優先する場合は，せん断によるひび割れ幅の算定式も提案されているので参考にできる．

曲げひび割れでは，コンクリートと鉄筋の付着に関して実験的に検討した式が提案されている．ここではかぶり，鉄筋の間隔・径，鉄筋の応力度をもとにひび割れ幅を制限する．

$$w = K_1\{4C + 0.7(C_s - \phi)\}\left(\frac{\sigma_s}{E} + \varepsilon_\phi\right) \tag{3.17}$$

ここで，K_1：係数で異形鉄筋 1.0，PC 鋼棒・丸鋼で 1.3（付着と関係で大きい値となる），C：かぶり，C_s：鋼材の中心間隔，ϕ：鋼材の径，σ_s：鋼材の応力度，ε_ϕ：乾燥収縮（一般的に $150\,\mu$，水中，湿潤状態では $0\,\mu$），E：鋼材のヤング係数である．

使用限界状態の構造計算での荷重係数，材料係数はすべて 1.0 とするが，考える荷重は以下のようにする．

$$S_e = S_p + K_2 S_r \tag{3.18}$$

ここで，S_p：永久荷重，S_r：主たる変動荷重で，累加するときの係数は $K_2 = 0.5$ が多い．曲げモーメント（M）による使用限界における鉄筋応力（σ_s）は次式で計算できる．

$$\sigma_s = M/A_s j d \tag{3.19}$$

ここで，j：$7/8 \sim 8/9 d$，d：有効高さ，A_s：引張鉄筋の断面積である．

一般的には鉄筋のコンクリートの最小かぶりは，部材が置かれた環境により設定されており，腐食環境が厳しい海水と接する場所や干満帯の A 区分では 7 cm，腐食環境の影響が大きい大気中の B 区分で 5 cm，その他一般で 3 cm が標準である．

許容ひび割れ幅ひび割れ幅をどの程度にすればよいかは議論のあるところだが，表 3.11 に示すように，A 区分で $0.0035\,c$，B 区分で $0.0040\,c$，その他で $0.005\,c$ と設定する．おおよそ 0.2 mm ぐらいのひび割れ幅が目安となる．

表 3.11 許容ひび割れ幅

鋼材の種類	鋼材の腐食に対する環境条件		
	一般の環境	腐食性環境	特に厳しい腐食性環境
異形鉄筋・普通丸鋼	$0.005c$	$0.004c$	$0.0035c$
PC 鋼材	$0.004c$	—*	—*

* ひび割れを発生させない設計がよい

構造物の中に水を貯蔵するタンク，周囲を水に取り囲まれた地下構造物等では，漏水条件をひび割れ幅で設定する．この際，ひび割れの自癒効果（目づまり）を考慮して 0.15〜0.2 mm 程度に設定する場合が多い．景観の観点からはひび割れ幅に明確な基準はないが，一般の人が目に付きやすい箇所にある構造物では 0.2〜0.3 mm くらいに押さえておくのが良い．

(2) 鋼構造物の使用限界状態

鋼構造物では変位，変形や振動がコンクリート構造物よりも大きくなる傾向がある．構造物のたわみの照査は，$\delta \leqq \delta_u$ で行う．δ_u は限界変位（たわみなど），δ は死荷重を除いた活荷重，低い風速，中小規模の地震等による変位である．限界変位量は，橋梁ではスパン長や車・列車により異なるが，新幹線の橋梁では桁の長さ（L）を基に，おおよそ以下のように設定している．

新幹線	δ_u (m)
$L \geqq 100$	$L/2\,000$
$50 < L \leqq 100$	$L/2\,500$
$40 < L < 50$	$L/2\,000$

鉄道橋では許容たわみを走行性（乗り心地）やレールの応力度等から決めている．また一般の橋梁では，鋼桁はたわみやすく舗装を傷める場合があるので，同じように制限を設けている．表3.12は，橋梁の種類や桁の長さに応じたおおよその標準値である．

表 3.12 たわみの許容値 (m)

橋の形式			桁の形式	
			単純桁および連続桁	ゲルバー桁の片持部
鋼桁形式	コンクリート床版を持つ鋼桁	$L \leqq 10$	$L/2\,000$	$L/1\,200$
		$10 < L \leqq 40$	$\dfrac{L}{20\,000/L}$	$\dfrac{L}{12\,000/L}$
		$40 < L$	$L/500$	$L/300$
	その他の床版を持つ鋼桁		$L/350$	
吊橋形式			$L/350$	
斜張橋形式			$L/400$	
その他の形式			$L/600$	$L/400$

L：支間長 (m)

鋼構造物では風による振動も重要である．例えばケーブル，煙突，パイプ（ジャケット等）では，部材の背面に形成されるカルマン渦による振動が問題となる．細長比の大きい鋼管で問題が大きく，一般的には構造部材の固有振動数が1.5～2.3 Hzを避ける寸法としている．風力に対しては，構造部材のたわみは $L/600$ 以下，生じる加速度は $0.1\,g$ 以下にしている．特に構造部材の固有振動数と，自動車の通行や風などの外力の振動と一致させない工夫が必要である．加速度（あるいは速度）については人に不快感を与えたり，安定性が欠けるのを防ぐため，制限値が設定されている．構造部材の流体中での振動数は以下の式で計算できる．

$$f = \frac{SV}{D} \quad \text{(Hz)} \tag{3.20}$$

ここで，f：振動数，S：ストローハル数（パイプ 0.2，形鋼 0.15〜0.18），V：速度（風などの流体），D：物体の長さである．

横断歩道橋では人が約 2 Hz の強制振動力を与えるので，歩道橋の 2 Hz の固有振動数に近づけないようにする．ここで歩道橋の振動数 f はおおよそ以下の式で推定できる．

$$f = \frac{1}{2\pi}\left(\frac{n\pi}{L}\right)^2 \sqrt{\frac{EI}{m}} \tag{3.21}$$

ここで，EI：歩道橋の曲げ剛性，m：歩道橋の質量，L：歩道橋の長さ，$n = 1, 2, \cdots$ である．

3.3.3 疲労限界状態

(1) 疲労の概要

疲労限界状態は終局限界状態の一種類で，1 回の荷重作用では破壊しない程度の小さな変動荷重が繰返し加わることによる破壊状況を指す．構造物は完成後，常時かかる死荷重に加えて自動車，波浪などの変動荷重が載る．一般的には変動荷重は振動し，また，上限荷重（$\sigma_{\max}$）は 死荷重＋変動荷重 で，下限荷重（$\sigma_{\min}$）＝ 死荷重 となる．一般には変動荷重を正弦波で表示できる．このときの変動波形を以下のとおりに定義する．

$$\sigma_m = \frac{\sigma_{\max} + \sigma_{\min}}{2} \quad \text{：平均応力} \tag{3.22}$$

$$\sigma_r = \sigma_{\max} - \sigma_{\min} \quad \text{：応力振幅} \tag{3.23}$$

$$R = \sigma_{\max}/\sigma_{\min} \quad \text{：格差} \tag{3.24}$$

図 3.15 に変動荷重の状況を示すが，作用荷重 $R \geq 0$ を片振り，$R < 0$ を両振りとする．両振りでは荷重の符号が正負に交番する．

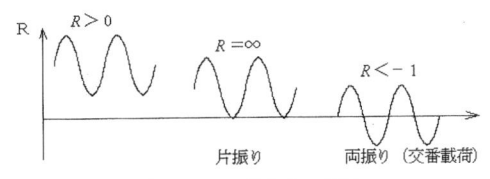

図 **3.15** 変動荷重の状況

土木構造物の設計で疲労が対象となるのは，主に以下の構造物である．なお，地震よる何回かの振幅による破壊は低サイクル疲労と呼ぶ場合もあるが，狭義の定義では疲労限界状態に入らない．繰返し荷重の作用によって部材性能が次第に低下し最後に破壊するが，荷重は使用限界状態レベルを対象とする．

	＜場所＞	＜原因＞
道路構造物	……橋梁床版，橋脚	……自動車
鉄道構造物	……橋梁の桁	……列車
海洋・港湾構造物	……防波堤等の壁	……波
エネルギー施設	……鉄塔，煙突	……風

疲労限界の照査では長期間作用することから，荷重作用と材料の耐久性（気象・化学作用；凍結融解，コンクリートの劣化，鋼材の腐食……）とが関連づけられる場合もある．一般的には疲労破壊の安全性は高く，通常の設計をしておけば十分であり，ときには終局限界状態と使用限界状態を照査して，疲労限界状態の照査を省く場合が多い．しかし材料の劣化による鋼材の腐食，コンクリートのひび割れ等の発生により，疲労破壊の危険性は増加している．また道路や鉄道では，社会的事情の変化により，荷重の増大，回数の増加により頻度と荷重振幅が増大したり，維持補修の不足（道路の凹凸，etc）が原因で振動荷重が大きくなり，疲労破壊の危険性が増す場合がある．

特に，自動車用橋梁の床版の疲労は，疲労限界状態の照査で大きな問題となる．車両の種類は種々様々であるが，床版の構造設計は一般的には後述する T 荷重により行われている．T 荷重は平成 5 年度の改正により重量 25 tf のトラックとなったが，小さい T 荷重で設計された古い橋では，荷重増加により疲労の危険性が増加している．さらに，現在の問題点は通行車両の増加だけでなく，実際には 30 t，ときには 50 t を超える過積載のトラックが多く通行していることであり，このことは極めて重大である．

道路橋のコンクリート床版の破損状況を見ると，曲げモーメントで橋軸直角方向に鉄筋沿いにひび割れが生じ，次第に格子状にひび割れ網を形成する．ひび割れが床版を貫通すると，漏水や遊離石灰が生じ，コンクリートの剥離すなわちかぶりが取れる．そして最終的には床版の陥没に至る押し抜きせん断の現象が見られる．疲労に及ぼす影響の主要因は過積載車両であるが，自動車の高速化により空気圧が高くなってタイヤの接地面積が減少したために荷重が集中化し，せん断力，曲げモーメントが増加することや，路面の凹凸や伸縮継手の段差による衝撃係数の増加も指摘されている．段差が 2 cm 以上あると，衝撃係数が設計値を上回

る可能性がある．また路面の排水が悪いと，水が床版中にたまり，疲労強度が低下する現象がある．水中では気中に比較してコンクリートの疲労強度が2～3割低下するからである．排水工，防水工の完備が必要である．

鉄道用橋梁では疲労は列車荷重のみである．蒸気機関車，電気機関車，ディーゼル機関車，新幹線用車両が対象であるが，それらは荷重がほぼ一定で，回数も決まっている．鉄道施設の設計では耐用年数は50年だが，100年の疲労耐力を計算している．

海洋構造物では波浪による疲労破壊が対象となり，波の範囲と波数が大きく関係する．構造物に作用する年間の総波数は，小さい波を入れて約800万波，1回台風時の有意な波は1000～2000波程度である．

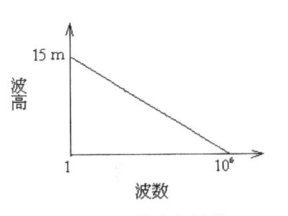

図 3.16 波高と波数

(2) 疲労設計の基本的な流れ

疲労限界状態の照査は以下の手順で実施する．

　　橋等，構造物の供用期間の想定　50～100年
　　　↓
　　供用期間中の荷重の推定
　　　例 (通過交通重量の推定　　○○ kN
　　　　　 波高　　　　　　　　　○○○ m
　　　↓
　　荷重と頻度の推定
　　　例 (車両重量，輪荷重の台数　○○万台
　　　　　 波高（有意な）の波数　　○○ m
　　　↓
　　部材の受ける応力の計算（応力分布）　σ_i
　　　↓
　　鋼，鉄筋，コンクリートの各応力での疲労に至る回数：疲労強度 n_i 回
　　　↓
　　マイナー則により各応力レベルでの損傷度の計算

$$\sum_{i=1}^{k} \frac{n_i}{N_i} \leq 1 \tag{3.25}$$

応力振幅 S_r と破壊に至る回数 (N) との関係を疲労曲線 (S–N 曲線) という．疲労曲線は，ある応力振幅（荷重振幅）が何回加わると壊れるかを載荷試験により求めたもので，同じ材料に対して，変動荷重の振幅と疲労破壊する回数を図にする．一般に疲労試験での破壊回数は非常にばらつくが，ある疲労回数以上になるといくら載荷回数を増加してみても破壊しない回数があり，これを疲労限と呼

ぶ（図 3.17）．疲労限は通常，図のように 2 本の直線で疲労曲線を作成すると，2 直線の交点を指す．疲労限以降の直線は水平となる．疲労限の回数は 100 万回，200 万回，1 000 万回などが考えられるが，材料や荷重の回数などを勘案して決められる．通常の載荷試験では実験時間などの制約から 100 万回を一つの目安にしている．

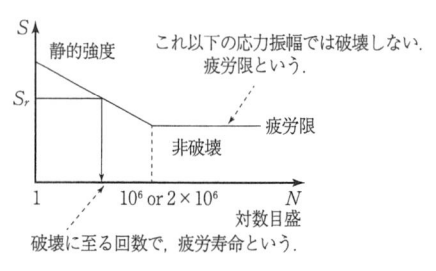

図 3.17 S–N 曲線

マイナー則は，変動荷重が不規則な場合，その成分をいくつかに分割し，その応力レベルごとの損傷に対する比率を S–N 線図より求め，これらを単純累加して損傷率を計算する方法である．損傷率が 1 ならば疲労破壊すると判断する．

一般に，応力段階があまり変化しない列車に対しては設計疲労回数（50 年間に○○回）を設定し，このときの疲労強度応力 f_{rk} と設計応力振幅 σ_{rd} を求め，これより安全性を照査してよい．

$$\gamma_i \left(\frac{\sigma_{rd}}{f_{rd}/\gamma_b} \right) \leqq 1.0 \tag{3.26}$$

ここで，γ_b：部材係数，γ_i：構造物解析係数である．

（3）材料の疲労強度

以下にコンクリート，鉄筋，鋼板の材料の疲労強度を示す．
コンクリートの疲労強度は次式で計算する．

$$\sigma_r = \kappa_1 f_d \left(1 - \frac{\sigma_{\min}}{f_d} \right) \left(1 - \frac{\log N}{\kappa} \right) \tag{3.27}$$

$\sigma_{\min} \rightarrow \sigma_p$：永久荷重による応力度

$f_d \rightarrow f_\kappa$：コンクリートの強度．$f'_{cd} = f'_{ck}/\gamma_c$，材料係数 $\gamma_c = 1.3$ とする．

$\sigma_r \rightarrow f_{rd}$：設計疲労強度（振幅）

疲労回数 N は次式で計算できる．

$$\log N = \kappa \frac{1 - S_o}{1 - S_u} \tag{3.28}$$

ここで，S_o：最大応力度/静的強度の比，S_u：最小応力度/静的強度の比，κ および κ_1：係数であり，水中コンクリートは $\kappa = 10$，一般のコンクリート（気中）は $\kappa = 17$ にとる．$\kappa_1 = 0.85$：圧縮，曲げ圧縮作用時，$\kappa_1 = 1.0$：引張，曲げ引張作用時．コンクリートは，水中だと疲労強度が小さいことに注意する必要がある．この現象の理由として，ひび割れ中の水圧の影響，骨材とモルタルとの付着力の低下等が指摘されているが，十分には解明されていない．

鉄筋の疲労強度は次式で示される．

$$f_{srd} = 190 \frac{10^\alpha}{N^\kappa} \left(1 - \frac{\sigma_{SP}}{f_{ud}}\right) \Big/ \gamma_s \quad (\mathrm{N/cm^2}) \tag{3.29}$$

ここで，f_{srd}：設計疲労強度，σ_{SP}：永久荷重による応力度，f_{ud}：鉄筋の設計引張強度であり，$\kappa = 0.12$，$\alpha = (0.82 - 0.003\phi)$ とする．ϕ は鉄筋径で，太い鉄筋だと疲労強度は弱くなる．一般的には鉄筋に溶接はしないが，これは鉄筋を溶接すると最大で 30～50% 疲労強度が低下するからである．鉄筋の溶接に関しては注意が必要であるが，十分注意して行えばさほど低下しないことも指摘されている．溶接鉄筋網が省力化施工と関連して使用される機会も増えている．

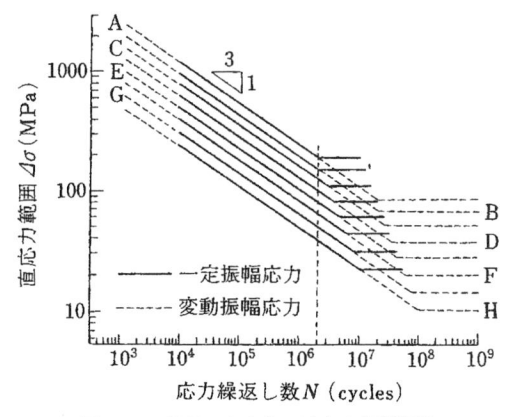

図 **3.18** 鋼板の直応力に対する疲労強度

図 3.18 の，鋼板の直応力に対する疲労強度は次式で示される．

$$\Delta\sigma^m \cdot N = C_o \tag{3.30}$$

ここで，$\Delta\sigma$：直応力，N：繰返し回数，m：$S-N$ 線図（両対数）の勾配で，$m = 3$ を標準とする．また，C_o は定数（$= 2 \times 10^6 \Delta\sigma_f^m$）で，$\Delta\sigma_f$ は 2×10^6 に対する応力振幅である．

強度等級		応力範囲の打切り限界 (MPa)	
名称	2×10^6 回基本許容応力範囲 $\Delta\tau_f$ (MPa)	一定振幅応力 $\Delta\tau_{ce}$ (N)	変動振幅応力 $\Delta\tau_{ve}$ (N)
S	80	67 (5.0×10^6)	42 (5.0×10^7)

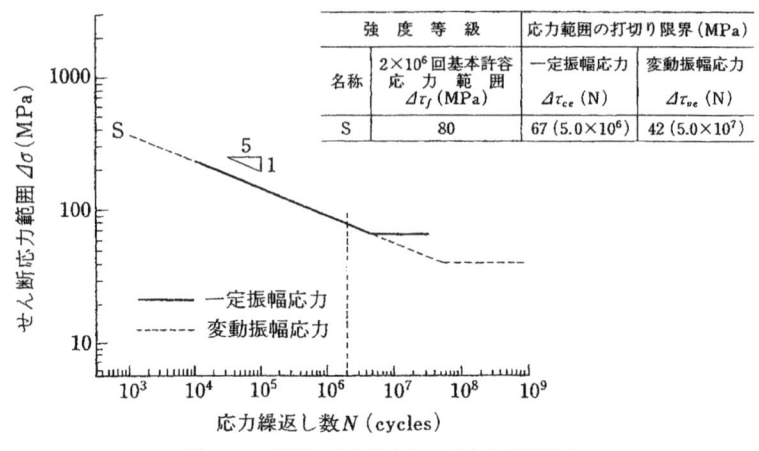

図 3.19 鋼板のせん断応力に対する疲労強度

図 3.19 の，せん断応力に対しては次式で照査する．

$$\Delta\tau^m \cdot N = D_o \tag{3.31}$$

ここで，$\Delta\tau^m$：せん断応力で，m は 5 を使用する．

これらの関係式は，板厚や溶接方法，平均応力等により補正する．$\Delta\sigma_f, \Delta\tau$ に補正係数 C_R, C_T を乗じる．ここで C_R は平均応力の補正，C_T は板の補正である．平均応力の補正は次式で行うが，一般には小さいので無視する．

$$C_R = \frac{1-R}{1-0.9R} \tag{3.32}$$

ここで，R：最小応力/最大応力である．

板厚の補正 ($t > 25\,\mathrm{mm}$) を次式で行う．$t < 25\,\mathrm{mm}$ のとき $C_T = 1.0$ である．

$$C_T = \sqrt[4]{\frac{25}{t}} \tag{3.33}$$

t (mm) は板厚で，厚いと許容応力度を低下する．また溶接方法により応力の打切り範囲が決まり，強度の等級が A～H の 8 本用意されている．表 3.13 に例を示す．一定振幅の場合表面仕上げが，A 級：良質な開先溶接，B 級：溶接端の仕上げ，C 級：仕上げしない―とクラス分けされている．変動振幅の場合も同様である．

表 3.13 強度等級

強度等級		応力範囲の打切り限界 (MPa)	
名称	2×10^6 回基本許容応力範囲 $\Delta\sigma_f$ (MPa)	一定振幅応力 $\Delta\sigma_{ce}$ (N)	変動振幅応力 $\Delta\sigma_{ve}$ (N)
A	190	190 (2.0×10^6)	88 (2.0×10^7)
B	155	155 (2.0×10^6)	72 (2.0×10^7)
C	125	115 (2.6×10^6)	53 (2.6×10^7)
D	100	84 (3.4×10^6)	39 (3.4×10^7)
E	80	62 (4.4×10^6)	29 (4.4×10^7)
F	65	46 (5.6×10^6)	21 (5.6×10^7)
G	50	32 (7.7×10^6)	15 (7.7×10^7)
H	40	23 (1.0×10^7)	11 (1.0×10^8)

表 3.14 縦方向溶接の継手

継手の種類		強度等級 $(\Delta\sigma_f)$	備考
1. 完全溶込み溶接継手（溶接部が健全であることを前提とする）	(1) 余盛削除	B (155)	
	(2) 非仕上げ	C (125)	
2. 部分溶込み溶接継手		D (100)	
3. すみ肉溶接継手		D (100)	
4. 裏当て金付き溶接継手		E (80)	
5. 断続する溶接継手		E (80)	
6. スカラップを含む溶接継手		G (50)	※ (1.(2), 2., 3.) 棒継ぎにより生じたビード表面の著しい凹凸は除去する．
7. 切抜きガセットのフィレット部に接する溶接	(1) $1/5 \leq r/d$	D (100)	※ (2., 3.) 内在する欠陥（ブローホールなどの丸みを帯びたもの）の幅が 1.5 mm，高さが 4 mm を超えないことが確かめられた場合には，強度等級を C とすることができる．
	(2) $1/10 \leq r/d < 1/5$	E (80)	

（4）マイナー則（線形被害則）

不規則な変動荷重を受けるときには，実験室で行われる単純な応力振幅一定の結果を用いて，種々の独立した応力波の損傷を線形的に累積させる．一般に荷重はランダムであるので，応力振幅が異なる．例えば，自動車には重車両から軽車両まであり，不規則波浪は波高が周波数成分ごとに違うし，風も同様に周波数ごとに風速が違う．この場合，応力レベルを何段階か（$1 \sim N$）に分ける．すなわち j 番目の応力振幅 S_j で n_i 回の疲労回数を荷重として受ける．この応力振幅での疲労に至る回数を N_j とする．

j 番目の損傷率を

$$\Delta M_j = n_j/N_j \tag{3.34}$$

全損傷率を

$$M = \sum_{j=1}^{N} \frac{n_j}{N_j} < 1.0 \tag{3.35}$$

とする．$M=1$ で疲労破壊するが，安全率として 3，あるいは 5 をとることもある．

実験荷重の取扱い方法

応力レベル	作用回数	σ_i で疲労破壊に達する回数	損傷度
σ_1	n_1	N_1	n_1/N_1
σ_2	n_2	N_2	n_2/N_2
σ_3	n_3	N_3	n_3/N_3
σ_4	n_4	N_4	n_4/N_4
...	...	...	...
σ_k	n_k	N_k	n_k/N_k
			合計 $\sum_{i=1}^{k} n_i/N_i < 1.0$

3.4 信頼性設計

3.4.1 理論的背景
（1）信頼性設計の定義

荷重，耐荷力など不確実な現象を確率で表現し，どの程度事故が生じるか確率的に表示する．各々の破壊がどの程度の確率（一定値以内）で破壊するか調べ許

容破壊確率以下にする．信頼性設計の長所は，不確実性を確率的に評価できることと，各破壊モードを横並びで見られるので統一した安全性を評価できることである．例えば鉄道は，橋梁，トンネル，盛土等と種々の構造物の連続的な使用によって成立しているが，このうちでどれが弱点かわかる．すなわち現行では橋梁本体の安全率は高いが，盛土・切土など土に関するところは相対的に弱いとった評価などが可能となる．信頼設計の設計の最終目的は，目標評価関数・期待総建設費最小化の評価にある．

・総建設工事費 ＝ 初期投資 ＋ メインテナンス ＋ 破壊確率 × 修理費

施設の効果の最大化を費用便益評価に結びつけている．信頼性設計の流れは以下のとおりである．

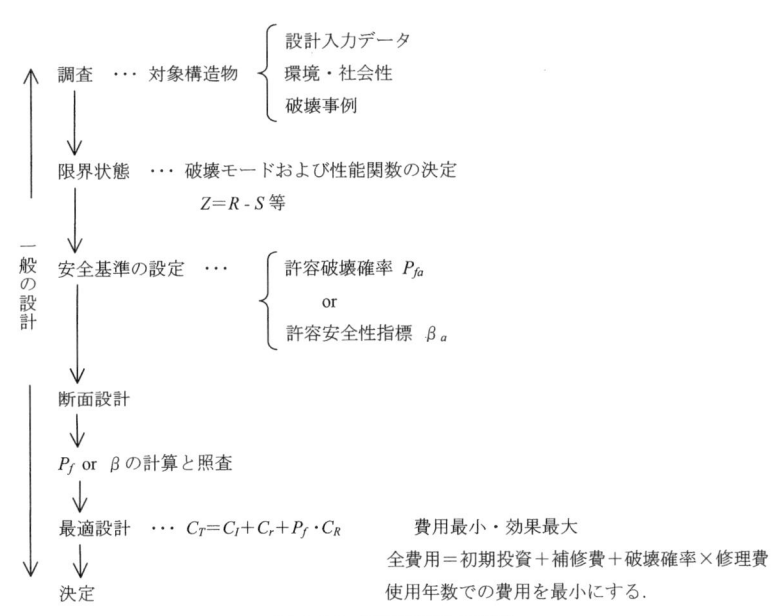

図 3.20 信頼性設計の手順

(2) 信頼性理論の背景

設計変数（材料強度，荷重，寸法，etc.…）X_i $(i = 1, 2, \cdots, n)$ を取り上げる．構造物の安全性を示す関数 Z は，これら設計変数の関数となる．

$$Z = g(X_1, X_2, \cdots, X_n) \tag{3.36}$$

破壊の限界を Z_0 とすると，$Z > Z_0$ だと安全になる．すなわち，

$$Z - Z_0 > 0 \quad 安全$$
$$Z - Z_0 \leqq 0 \quad 破壊$$

と定義できる．

破壊に対する安全性の指標 (β, P_f) の考え方は直感的には，図に示すように，耐荷力に対して荷重が上回る確率を計算することになる．荷重と耐力が確率変数で表示できるとすると，ある耐力以上に荷重が作用する確率を求めることになり，これを破壊確率という．

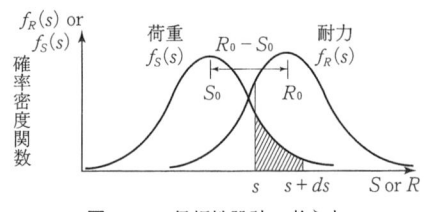

図 3.21 信頼性設計の考え方

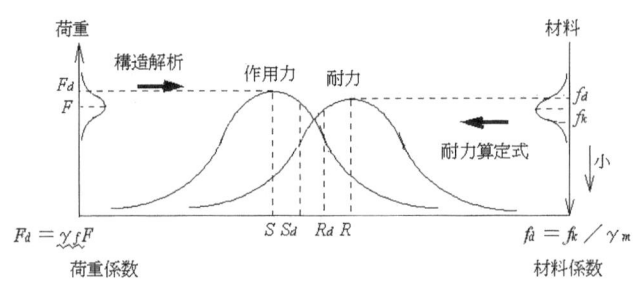

図 3.22 信頼性設計と各種安全率の関係

荷重 S が s と $s+ds$ 間にある確率は，$f_S(s)ds$（確率密度関数）で，耐力 R が s より小さくなる確率は，$F_R(s)$（確率分布関数）で示される．R と S は独立なので，同時に生起する確率は積で示される．

図 3.23 確率分布関数

$$F_R(s) \cdot f_S(s)ds \tag{3.37}$$

これを全域にわたって積分すれば P_f が求まる．

$$P_f = \int_0^\infty F_R(s) f_S(s) ds \tag{3.38}$$

$X_1, X_2, \cdots$ は確率変数とするので，各々の確率密度関数は $f_{x1}, f_{x2}, \cdots$ とする．この意味は，白抜きが安全な確率を斜線が破壊確率の領域を示す（図 3.24）．両者の合計は 1 である．

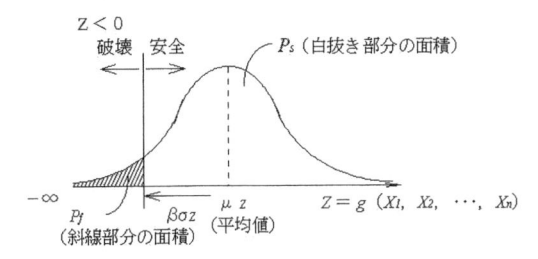

図 3.24 破壊と安全の確率の関係

斜線部分の面積は，多変数のとき以下の式で示される．

$$P_f = \text{Prob}[Z \leqq 0]$$

（↖ 確率）

$$= \iint f_{x1}, \cdots f_{xn}(x_1, x_2, \cdots, x_n) dx_1 \, dx_2 \cdots dx_n \tag{3.39}$$

この多重積分は難しいので，設計変数を強度 R，荷重 S とし，独立とする．

$$P_f = \text{Prob}[R \leqq S] = \int_0^\infty \text{Prob}[S = x]\text{Prob}[R \leqq x]dx$$

上式は $S = x$ および $R \leqq x$ のときに破壊なのでこれを累加する．

$$P_f = \int_0^\infty f_s(x) F_R(x) dx \tag{3.40}$$

すなわち，強度 R と荷重 S の確率関数が与えられれば破壊確率が計算できる．

耐力を R，荷重を S とすると，破壊関数は $Z = R - S$ と定義される．ただし，この破壊関数の考え方は種々ある．次にその例を挙げる．

$$Z = R - S \tag{3.41}$$

$$Z = \log R/S \tag{3.42}$$

$$Z = R/S - 1 \tag{3.43}$$

$Z < 0$ になれば破壊と考えると，その条件は上記の 3 式に対して

$$\begin{cases} R \leqq S \\ R/S \leqq 1 \\ R - S \leqq 0 \end{cases}$$

と定義される．

耐力 R, 荷重 S が各々正規分布に従うとする．図 3.25 の斜線部の面積は次式で示される．

$$p = \frac{1}{\sqrt{2\pi}\sigma_Z} \int_{-\infty}^{0} e^{-\frac{1}{2}\left(\frac{z-\mu_Z}{\sigma_Z}\right)^2} dz \quad (3.44)$$

ここで, μ_Z：平均値, σ_Z^2：分散, σ_Z, σ_R, σ_S：標準偏差である．

性能関数を $R(\mu_R, \sigma_R) > S(\mu_S, \sigma_S)$ とすると，破壊関数 Z は，

$Z = R - S$ で 平均値 $\mu_Z = \mu_R - \mu_S$,
$\sigma_Z^2 = \sqrt{\sigma_R^2 + \sigma_S^2}$

と変換される．

図 3.25 耐力側と荷重側の確率

$$Z(\mu_Z, \sigma_Z) = Z\left(\mu_R - \mu_S, \sqrt{\sigma_R^2 + \sigma_S^2}\right) \quad (3.45)$$

$t = \dfrac{z - \mu_Z}{\sigma_Z}$ とすると

$dt = \dfrac{dz}{\sigma_Z}$, $\displaystyle\int_{-\infty}^{0} f(Z)dz \begin{array}{l} \nearrow f(Z) = e^{-\frac{1}{2}t^2} \\ \searrow \sigma_Z \int_{-\infty}^{-\mu_Z/\sigma_Z} f(Z)dt \end{array}$

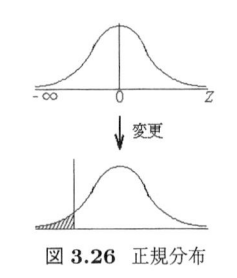

図 3.26 正規分布

R, S が独立ならば Z も正規分布に従う．破壊モードの生起確率 p_f は，次式で示される．

$$p_f = p(Z \leqq 0) = \frac{1}{\sqrt{2\pi}} \int_{-\infty}^{-\mu_Z/\sigma_Z} e^{-\frac{1}{2}t^2} dt = \int_{-\infty}^{-\mu_Z/\sigma_Z} \phi(z) dz \quad (3.46)$$

標準正規確率分布関数 p_f でこの値は数表で与えられている．ここで, $\phi(Z)$ は変数 Z の確率密度である．ϕ の値は統計関係の本の巻末の表に与えられている．

$$p_f = \phi\left(-\frac{\mu_Z}{\sigma_Z}\right) = 1 - \phi\left(\frac{\mu_Z}{\sigma_Z}\right) \quad (3.47)$$

これは，構造物の破壊確率が μ_Z/σ_Z によって規定できることを示している．また破壊が生じない確率（P_s）は，次式で計算できる．

$$P_s = 1 - P_f \tag{3.48}$$

すなわち安全性指標 β は，荷重と耐力の平均値の差（$\mu_R - \mu_S$）を，各々の標準偏差の平方根で割った数となる．これは $Z_0(=0)$ の破壊点から平均値が σ_Z の β 倍離れているとも言い換えられる．

$$\beta = \frac{\mu_Z}{\sigma_Z} = \frac{\mu_R - \mu_S}{\sqrt{\sigma_R^2 + \sigma_S^2}} \tag{3.49}$$

β が大きいと安全性が高く破壊確率が小さいことを示す．もし設計で安全性指標を β_a と決めれば，$\beta > \beta_a$ の設計をすることになる．

いま，耐力の変動係数を V_R，荷重の変動係数を V_S とし，$V_R = \sigma_R/\mu_R$（標準偏差/平均値），$V_S = \sigma_S/\mu_S$ で表すとする．上式は，次式に書き換えられる．

$$(\mu_R - \mu_S)^2 = \beta^2(\sigma_R^2 + \sigma_S^2) = \beta^2(V_R^2 \mu_R^2 + V_S^2 \mu_S^2) \tag{3.50}$$

$\theta = \mu_R/\mu_S$（：古典的な安全率）とすると，

$$\theta^2(1 - \beta^2 V_R^2) - 2\theta + (1 - \beta^2 V_S^2) = 0 \tag{3.51}$$

この 2 次方程式を解いて θ を求める．θ と変動係数の関係を図 3.27 に示す．

$$\theta = \frac{1 + \beta\sqrt{V_R^2 + V_S^2 - \beta^2 V_R^2 V_S^2}}{1 - \beta^2 V_R^2} \tag{3.52}$$

図からわかるように，変動係数が大きい（ばらつきが大きい）ほど安全率を高くする必要がある．よくわかっている現象ほど安全率を小さくしてよい．安全率の大小は安全性の大小と逆に考えた方がよい．すなわち安全率が高いとは，ばらつきが多く現象がよくわかっていないことを示す．

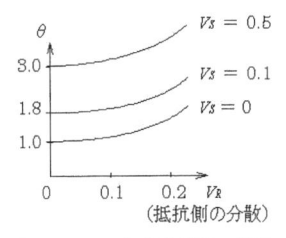

図 3.27 θ と変動係数の関係

(例) $N(\mu_S = 25\,\mathrm{kN}, \sigma_S = 5\,\mathrm{kN})$ なる引張荷重が抵抗力（$\mu_R = 40\,\mathrm{kN}, \sigma_R = 4\,\mathrm{kN}$）なる等断面棒に作用する場合の破壊確率 P_f は式 (3.47) を使って，次のように計算できる．

$$P_f = 1 - \phi\left(\frac{40 - 25}{\sqrt{5^2 + 4^2}}\right) = 1 - \phi(2.34) = 0.00964 \tag{3.53}$$

ここで，β と P_f の関係を以下に示す．

表 3.15 β と P_f の関係

P_f	β	β	P_f
10^{-1}	1.29	1	1.59×10^{-1}
10^{-2}	2.32	2	2.27×10^{-2}
10^{-3}	3.09	3	1.35×10^{-3}
10^{-4}	3.72	4	3.17×10^{-4}
10^{-5}	4.27		
10^{-6}	4.75		

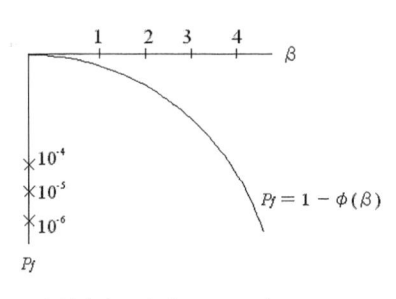

β が小さいときは P_f は大

3.4.2 性能関数

設計変数（材料変数，荷重，寸法等）$X_1, X_2, \cdots, X_n$ をとりあげる．破壊モードと性能関数を整理する．

$Z_i = g_i(X_1, X_2, \cdots, X_n) \geqq 0$　破壊しない
　　　　　　　　　　　　　　　　　　安全である

$Z_i = g_i(X_1, X_2, \cdots, X_n) < 0$　破壊する
　　　　　　　　　　　　　　　　　　安全でない

Z_0：破壊の限界とする

いま，例として両端固定の長柱の座屈を考える．このときの座屈荷重は

$$R_{cr} = \frac{4\pi^2 EI}{L^2} \leqq S$$

で計算できる．

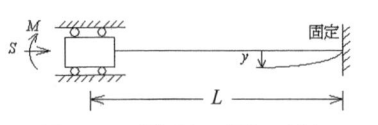

図 3.28 両端固定の長柱の座屈

E：ヤング率
I：断面二次モーメント
L：長さ
S：外力

したがって性能関数は次式となる．

$$R_{cr} - S = \frac{4\pi^2 EI}{L^2} - S \leqq 0 \tag{3.54}$$

耐力 < 外力（荷重側）ならば破壊する．

ここで，E, I, L, S の確率変数を X_1, X_2, X_3, X_4 とすると次式が得られる．4 個の要因はすべてを確率論的に考える．

$$Z = \frac{(4\pi^2)X_1 X_2}{X_3^2} - X_4 \leqq 0 \tag{3.55}$$

破壊モード i の生起確率は,式 (3.46) から

$$\begin{aligned}
P_{fi} &= P(Z_i \leqq 0) \\
&= P\{g_i(X_1, X_2, \cdots, X_n) \leqq 0\} \\
&= \iint \cdots \int f_{X_1, X_2, \cdots, X_n}(x_1, x_2, \cdots, x_n) dx_1\, dx_2 \cdots dx_n
\end{aligned} \tag{3.56}$$

という結合確率密度関数となり,$x_1 \sim x_n$ に関する n 重積分で表される.しかし,この方法では,一般的に相互作用が明確化されない限り解けない.そこで,次の3ステップの線形化を行う.

① **性能関数 Z_i の線形化**(2次項以上を非線形性を示すものとし無視する)

Z_i を $X_1, X_2, \cdots, X_n$ に関して任意の点 x_i^* 回りでテーラー展開して級数を1次の項で打ち切る.

$$Z_i \doteqdot g_i(x_1^*, x_2^*, \cdots, x_n^*) + \underbrace{\sum_{j=1}^{n}(X_j - x_j^*)\frac{\partial g_i}{\partial x_j^*}}_{\text{この項のみ}} + \frac{1}{2}\sum_{j=1}^{n}\sum_{k=1}^{n}(X_j - x_j^*)\underbrace{\frac{\partial^2 g_i}{\partial x_j \partial x_k} + \cdots}_{\text{省略}} \tag{3.57}$$

② **正規化近似**

各 $x_i, \cdots$ には種々の確率密度関数があるとしているが,すべて正規確率変数とする.

$$P_{fi} = P(Z_i \leqq 0) = 1 - \phi(\mu_{Zi}/\sigma_{Zi}) \tag{3.58}$$

ϕ は平均値 0,標準偏差 1 の正規確率分布関数である.

破壊点で確率分布関数の値と確率密度関数の値(面積)を同じにする.

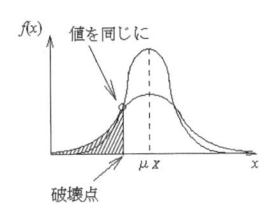

図 3.29 確率密度関数の変換

この方法で各種の確率密度関数を正規確率密度関数に変換できる.

③ **変数変換**

性能関数 Z_i を,$X_1, X_2, \cdots, X_n$ で相互に相関をもたないように新たな確率変数とする.テーラー展開の1次の項を考慮すると,Z_i の平均値と分散は各々次のようになる.

$$\mu_{Xj} = E[X_j] \tag{3.59}$$

であるので,Z_i の平均値は

$$E[Z_i] = \mu_{Zi} \fallingdotseq g_i(\mu_{X_1}, \mu_{X_2}, \cdots, \mu_{X_n}) + \sum_{j=1}^{n}\{(E[X_j] - \mu_{X_j})\frac{\partial g_i}{\partial x_j}\}$$
$$\fallingdotseq g_i(\mu_{X_1}, \mu_{X_2}, \cdots, \mu_{X_n}) \tag{3.60}$$

すなわち，平均値は各々の平均値で元の式に代入して求める．

Z_i の分散は $\sigma_{Z_i}^2 = E[Z_i^2] - E[Z_i]^2$．この式を少し計算した後，2 項以降と相関関係を省略して，次式を得る．

$$\sigma_{Z_i}^2 = \sum_{j=1}^{n} \sigma_{X_j}^2 \left\{ \left.\frac{\partial g_i}{\partial x_j}\right|_{\mu_X} \right\}^2 \tag{3.61}$$

このことは，Z_i での確率変数の確率密度関数を特定しなくても，各確率変量の平均値と分散が推定できれば上の各式を用いて Z_i の生起確率が近似的に求まることを示す．

次に，上の関係式を用いて長柱の座屈問題を考えてみよう．問題は P_f あるいは β を求めることである．

確率変量　　（平均値，標準偏差 σ_X）
E　X_1　　$(21\,000\,\mathrm{kN/cm^2},\ 1\,000\,\mathrm{kN/cm^2})$……ヤング率
I　X_2　　$(50\,000\,\mathrm{cm^4},\ 24\,\mathrm{cm^4})$　　　　　……断面二次モーメント
L　X_3　　$(15.0\,\mathrm{m},\ 0.01\,\mathrm{m})$　　　　　　　……長さ
S　X_4　　$(1\,000\,\mathrm{kN},\ 200\,\mathrm{kN})$　　　　　　……外力

$$E[Z_i] = g_i(\mu_{X_1}, \mu_{X_2}, \mu_{X_3}, \mu_{X_4}) \tag{3.62}$$

$$F_{cr} = \frac{4\pi^2 EI}{l^2} \leqq S \tag{3.63}$$

$$\mu_Z = (4\pi^2)\mu_{X_1}\mu_{X_2}/\mu_{X_3}\mu_{X_1} - S \quad \text{単位を合わせて} \tag{3.64}$$
$$= (4\pi^2) \cdot 21\,000 \times 50\,000/(15.0 \times 100)^2 - 1\,000$$
$$= 840\,\mathrm{kN}$$

$X_1,\ X_2,\ X_3$ および X_4 でもとの式 (3.55) を微分する．

$$\sigma_Z^2 = \underbrace{\sigma_{X_1}^2\left\{(4\pi^2)\frac{\mu_{X_2}}{\mu_{X_3}^2}\right\}^2}_{X_1\text{で微分}} + \underbrace{\sigma_{X_2}^2\left\{(4\pi^2)\frac{\mu_{X_1}}{\mu_{X_3}^2}\right\}^2}_{X_2\text{で微分}} + \underbrace{\sigma_{X_3}^2\left\{(4\pi^2)(-2)\frac{\mu_{X_1}\mu_{X_2}}{\mu_{X_3}^3}\right\}^2}_{X_3\text{で微分}}$$
$$+ \underbrace{\sigma_{X_4}^2 \cdot 1^2}_{X_4\text{で微分}} = 4.776 \times 10^4 \tag{3.65}$$

$$\therefore \quad \sigma_Z = 218\,\text{kN}$$

安全性指標は，$\beta = \mu_Z/\sigma_Z = 840/218 = 3.85$

破壊確率は，
$$P_f = 1 - \phi(\beta) = 1.12 \times 10^{-4} \tag{3.66}$$

この場合，$L < I < E < S$ の順に破壊確率の影響が大きくなる．基本的には変動係数が一番大きい S の変化で決まる．L の影響は小さいため，L を一定値としても P_f はほとんど変わらない．

3.4.3 安全性指標の考え方

構造設計で安全率の目標（β_a）や破壊確率（P_{fa}）をどう設定するかは現在難しい問題となっている．考え方としては以下の項目を挙げられる．

① 被害事故統計に基づく……被害事故が 1 年間に発生する確率を計算して設定する
② 現行基準とのキャリブレーション……現行の設計法と同一の安全性をとる．構造設計の継続性がある．
③ 人的損失と投資との関連……被害を金額に換算し，補償する．日本では被害・保険の概念は乏しいが説得力はある．
④ 建設費と修復費との関連……期待総費用の最小化，すなわち
　Cost = Cost（初期）＋ P_f（Cost 損失）を最小とする

これらの項目はまだ十分に検討されていない．被害，事故統計は自然現象や社会現象を相手にしているので，現状では十分な情報の蓄積がない．また③の人的損失は日本では社会的にあまり馴染まない．費用の最小化は石油プラットフォームの構造設計などで使われているが，社会の変化とともに変わる．現在は②を中心に現行設計法より良い安全率を設定したり，安全率が過大な場合の修正に使用している．構造物の重要度，破壊モードと破壊確率，安全性指標との関係を表 3.16 に示す．重要度が高い施設ほど，破壊モードを考える必要のある施設ほど，破壊確率を小さく設定する必要がある．

原子炉では破壊確率を $10^{-6} \sim 10^{-7}$（$\beta = 4.75 \sim 5.20$）とし，普通の構造物より 2 桁高い安全性を確保している．またさらに小さい値を設定するときもある．海洋構造物では $\beta = 2.5$ 程度としている．これは石油掘削リグなどは 20 年くらいしか使わないこと，使用目的が狭く人的損失が限定されることによる．

米国では原子炉での危険率に対し，次の考え方がとられているようである．

表 3.16 構造物の重要度と考慮する破壊モード

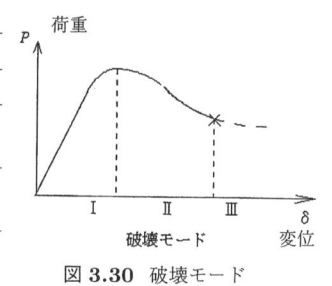

		考慮する破壊モード		
		I 耐力あり・弾性	II 耐力なし・塑性	III 破壊・終局
重要度	低い	10^{-3} $\beta_a = (3.09)$	10^{-4} (3.71)	10^{-5} (4.26)
	普通	10^{-4} (3.71)	10^{-5} (4.26)	10^{-6} (4.75)
	重要	10^{-5} (4.26)	10^{-6} (4.75)	10^{-7} (5.20)

図 3.30 破壊モード

① 一般公衆個人としては，他の事故（自動車……）の危険性の合計の 0.1% を超えない．
② ガンの発生率も他の理由によるガン（タバコ……）の 0.1% を超えない．
③ 利益と費用で 1 人当り（1 レム減少させるため）1 000 ドルを超えない．（投資の意味）

この結果，原子炉発電は商業ベースに乗りづらいと判断された．安全率を落として事故を発生させれば大損害となると判断し，次第に原子力の開発を制限するようになってきた．安全性指標では，他の災害との比較を行うと，ある特定の構造物が他の施設と比較してどのくらい安全かが評価できる．

死亡率に対する人々の反応や考え方を，現状の統計から得られたもので大まかに整理すると以下のようになる．

「死亡/年・人」に対して

10^{-3}　病死，スポーツ死　容認したくない
10^{-4}　交通事故，火災　　容認される
10^{-5}　航空機事故　　　　〃
10^{-6}　ハリケーン，雷　　〃

「個々の現象」に対して

自動車　　　　　　　3×10^{-4}　⎫ 社会として必要悪として認めている．
殺人　　　　　　　　1×10^{-5}　⎭ この場合，保険や裁判で対応
航空機　　　　　　　1×10^{-6}　→原因を追求して補償し対策を立てる．
竜巻，ハリケーン　　4×10^{-7}　→自然への畏怖を感じる．設計すると費用高い
原子炉，隕石　　　　3×10^{-9}　→ 1, 2 度の事故で人間社会が破滅になる．
　　　　　　　　　　　　　　　　　　→核廃絶へ向かう．隕石だとあきらめる．

信頼性設計での許容破壊確率 P_{fa} を計算するのに CIRIA の式 Construction Industry Research & Information Association (米) が提案されている.

$$P_{fa} = 10^{-4} K_s T / n_r \qquad (3.67)$$

ここで,T:耐用年数 (年),n_r:破壊時に構造物の中あるいは周辺にいて被災するかもしれない人数,K_s:社会的基準係数 (重要度的な係数,今までの被災から推定) で以下の値を考えている.

タワー,マスト,海洋構造物 (人のあまりいない施設)	5
橋梁等の構造物	0.5
一般建物	0.05
公共施設,病院,学校	0.005

(厳しくなる ↓)

土木施設において危険に対する破壊確率は,$10^{-4} \sim 10^{-6}$ の範囲にある.この値は重要度係数と関連してくる.値が小さいほど重要度は小さいと考える.一般的に土木構造物では,$\beta_a = 3.0 \sim 3.5$ に設定されている.

表 3.17 β と P_{fa} の関係

β	3.0	3.25	3.5
P_{fa}	1.35×10^{-3}	5.85×10^{-4}	2.33×10^{-4}

(例) 海洋構造物,プラットフォームでの許容破壊確率 P_{fa} を式 (3.67) を使用して計算してみる.

耐用年数 20 年,作業員 100 名とすると,

$$P_{fa} = \frac{10^{-4}}{100} \times 5.0 \times 20 = 1.0 \times 10^{-4}$$

3.4.4 信頼性設計での部分安全係数の考え方

荷重強度係数設計法では,信頼性理論に基づいて,部分安全係数を設定する.この方法は各国の規準で用いられ,限界状態設計法の中心となっている.

部分安全係数は,全荷重をその変動特性に応じ個々の荷重に分割し,各々の荷重に対して信頼度 (安全性指標,破壊確率) に基づき設定される.すなわち,設計強度 (R_n),設計荷重 (S_n) の公称値あるいは平均値に対して部分安全係数 (partial safety factor) を定め，これを設計基準式 (design criterion) とすることにより，決定論的に設計を行う．確率関数のままの安全性指標はつくらない．

簡単のため，いま，単一荷重を考える．

$$\phi R_n \geqq \gamma S_n \tag{3.68}$$

信頼度として，安全性指標 β が許容安全性指標 β_a 以上，破壊確率 P_f が許容破壊確率 P_{fa} 以下とする．性能関数は $Z = R - S$ で示される（R：抵抗, S：荷重）．

前回行ったように安全性指標は

$$\beta = \frac{\mu_R - \mu_S}{\sqrt{\sigma_R^2 + \sigma_S^2}} \geqq \beta_a \tag{3.69}$$

となればよい（μ：平均値）．

許容破壊確率 P_{fa} を用いて $P_f \leqq P_{fa}$ となるので，R, S が正規確率変数で示されるなら，破壊確率 $P_f = 1 - \phi(\beta) \leqq P_{fa}$ になるように断面を決定する．

β に関して，

$$\frac{\mu_R - \mu_S}{\sqrt{\sigma_R^2 + \sigma_S^2}} = \beta \geqq \beta_a \tag{3.70}$$

とすると．

$$\mu_R - \mu_S \geq \beta_a \sqrt{\sigma_R^2 + \sigma_S^2} \tag{3.71}$$

となる．ここで 2 乗の項を簡略化すると（$\alpha_R = \alpha_S = 3/4$ とするとよい），

$$\mu_R - \mu_S \geqq \beta_a(\alpha_R \sigma_R + \alpha_S \sigma_S) \tag{3.72}$$

$$\mu_R - \alpha_R \beta_a \sigma_R \geqq \mu_S - \alpha_S \beta_a \sigma_S \tag{3.73}$$

<背景>
$$\frac{\sqrt{1+t^2}}{1+t} \fallingdotseq \frac{3}{4}$$

変動係数 $V_R = \sigma_R/\mu_R$, $V_S = \sigma_S/\mu_S$ に変換する．

$$(1 - \alpha_R \beta_a V_R)\mu_R \geqq (1 + \alpha_S \beta_a V_S)\mu_S \tag{3.74}$$

この式と，$\phi R_n \geqq \gamma S_n$ を比較する．

$$\phi R_n = (1 - \alpha_R \beta_a V_R)\mu_R$$

$$\therefore \quad \text{強度係数：} \quad \phi = (1 - \alpha_R \beta_a V_R)\frac{\mu_R}{R_n} \tag{3.75}$$

$$\text{同じく} \quad \text{荷重係数：} \quad \gamma = (1 + \alpha_S \beta_a V_S)\frac{\mu_S}{R_S} \tag{3.76}$$

3.4 信頼性設計

<R の特性値>　<S の特性値>

κ_R, κ_S は R_P の関数となる．
1.65〜2.5 位

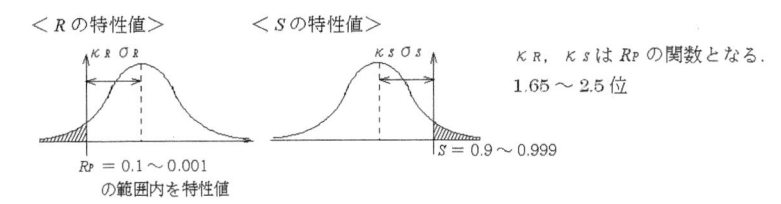

$R_P = 0.1 \sim 0.001$ の範囲内を特性値

$S = 0.9 \sim 0.999$

図 **3.31** R, S の特性値

R_n, R_S として平均値や特性値を用いる．ここで μ_R：平均値，R_n：特性値とする．

いま公称値 R_n として平均値を用いれば，$S_n = \mu_S, R_n = \mu_R$ なので

$$\phi = 1 - \alpha\beta_a V_R \tag{3.77}$$

$$\gamma = 1 + \alpha\beta_a V_S \tag{3.78}$$

となる．公称値として特性値を用いれば，（未超過確率）$R_n = (1 - \kappa_R V_R)\mu_R$，（超過確率）$S_n = (1 + \kappa_S V_S)\mu_S$ を代入するので

$$\phi = \frac{1 - \alpha_R \beta_a V_R}{1 - \kappa_R V_R} \tag{3.79}$$

$$\gamma = \frac{1 + \alpha_S \beta_a V_S}{1 + \kappa_S V_S} \tag{3.80}$$

となる．強度係数は 1 よりやや小さい値に，荷重係数は 1 よりやや大きい値に設定される（κ_R, κ_S：式 (1.9) 参照）．

荷重作用が 2 つ以上，たとえば死荷重＋活荷重を考えるときは

$$\phi R_n \geqq \gamma_d S_{dn} + \gamma_l S_{ln}$$

とする（d：dead load，l：live load）．

一般的には S_d と S_l が独立であり，R_n も独立であるので，

$$\text{平均値：} \quad \mu_S = \mu S_d + \mu S_l \tag{3.81}$$

$$\text{分　散：} \quad \sigma_S = \sqrt{\sigma_{Sd}^2 + \sigma_{Sl}^2} \tag{3.82}$$

もとの式に入れれば，

$$\mu_R - (\mu_{Sd} + \mu_{Sl}) \geqq \beta_a \sqrt{\sigma_R^2 + \sigma_{Sd}^2 + \sigma_{Sl}^2} \tag{3.83}$$

(直接値を入れてもよいが，σ_R^2 の値が小さいので近似解でよい.)
$\sqrt{}$ に近似式を使うと，

$$\mu_R - (\mu_{Sd} + \mu_{Sl}) \geqq \beta_a\{\alpha_R\sigma_R + \alpha_S\sqrt{\sigma_{Sd}^2 + \sigma_{Sl}^2}\}$$
$$\geqq \beta_a\{\alpha_R\sigma_R + \alpha_S(\alpha_d\sigma_{Sd} + \alpha_l\sigma_{Sl})\} \qquad (3.84)$$

係数，$\alpha_R = \alpha_S = \alpha = 3/4$, $\alpha_d = \alpha_l = \alpha'$ とすると，$\alpha' = \dfrac{\sigma_{Sd}^2 + \sigma_{Sl}^2}{\sigma_{Sd} + \sigma_{Sl}} = \dfrac{3}{4}$
$R > S$ の関係から，

$$\begin{array}{cc}\text{抵抗側} & \text{荷重側}\end{array}$$
$$(1 - \alpha_R\beta_a V_R)\mu_R \geqq (1 + \alpha_S\alpha_d\beta_a V_{Sd})\mu_{Sd} + (1 + \alpha_S\alpha_l\beta_a V_{Sl})\mu_{Sl} \qquad (3.85)$$
$$\downarrow$$
$$(1 - \alpha\beta_a V_R)\mu_R \geqq (1 + \alpha\alpha'\beta_a V_{Sd})\mu_{Sd} + (1 + \alpha\alpha'\beta_a V_{Sl})\mu_{Sl} \qquad (3.86)$$
$$\therefore \quad \phi = (1 - \alpha\beta_a)\frac{\mu_R}{R_n} \qquad (3.87)$$
$$(\text{死荷重}) \quad \gamma_d = (1 + \alpha\alpha'\beta_a V_{Sd})\frac{\mu_{Sd}}{S_{dn}} \qquad (3.88)$$
$$(\text{活荷重}) \quad \gamma_l = (1 + \alpha\alpha'\beta_a V_{Sl})\frac{\mu_{Sl}}{S_{ln}} \qquad (3.89)$$

特性値に平均値を用いれば，$\mu_{Sd} = S_{dn}$, $\mu_{Sl} = S_{ln}$, 公称値に特性値を用いれば同じように，

$$R_{dn} = (1 - k_R V_R)\mu_R \qquad (3.90)$$
$$S_{dn} = (1 + k_{Sd} V_{Sd})\mu_{Sd} \qquad (3.91)$$
$$S_{ln} = (1 + k_{Sl} V_{Sl})\mu_{Sl} \qquad (3.92)$$
$$\therefore \quad \phi = \frac{1 - \alpha\beta_a}{1 - k_R V_R}, \quad \gamma_d = \frac{1 + \alpha\alpha'\beta_a V_{Sd}}{1 + k_{Sd} V_{Sd}}, \quad \gamma_l = \frac{1 + \alpha\alpha'\beta_a V_{Sl}}{1 + k_{Sl} V_{Sl}} \qquad (3.93)$$

となる．

このように種々の荷重の組合せでも各荷重の確率関数の定数（平均値，標準偏差）が設定されれば，安全係数（ϕ と γ）が設定できる．

第4章

荷　重

4.1 荷重の分類

　土木構造物に作用する荷重の特徴は，荷重の種類が多い，値がばらつくおよび時間変動性があることである．実際の荷重は空間的に分布し時間的にも変動するので，これらすべてを構造設計に反映することは，大変複雑な計算をすることになり実用的ではない．そこで既往の経験と工学的判断による簡易化を行う．

　簡略化は計算機を極力使わず手計算で追えることが重要で，計算チェックを現場の技術者のレベルでも行えるように容易にする必要がある．荷重の分類法には様々あるが，橋梁では概略，図 4.1 のような荷重分類がされている．

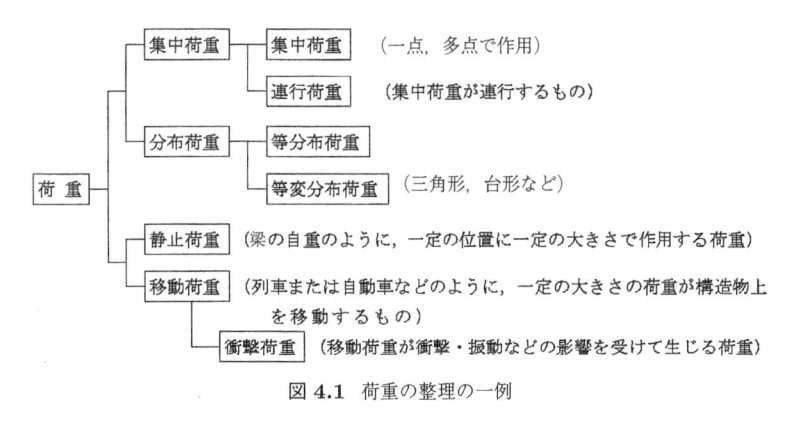

```
                ┌─ 集中荷重 ┬─ 集中荷重     （一点，多点で作用）
                │          └─ 連行荷重     （集中荷重が連行するもの）
                │
                ├─ 分布荷重 ┬─ 等分布荷重
  荷 重 ────┤          └─ 等変分布荷重  （三角形，台形など）
                │
                ├─ 静止荷重 （梁の自重のように，一定の位置に一定の大きさで作用する荷重）
                │
                ├─ 移動荷重 （列車または自動車などのように，一定の大きさの荷重が構造物上
                │            を移動するもの）
                │
                └─ 衝撃荷重 （移動荷重が衝撃・振動などの影響を受けて生じる荷重）
```

図 4.1　荷重の整理の一例

　分類の仕方は，この方法のほかに以下のものがある．
①作用方向に関する分類
・鉛直荷重：主に重力に起因するで上下方向に作用する荷重．固定している物体の重量（自重や上載荷重）で死荷重 dead load とも呼ばれる．
　移動物体の重量（車両）は活荷重 live load とも呼ばれ下方向に作用する．
　水中あるいは流れのある空気中に存在すると浮力や揚力は上向きの鉛直方向の

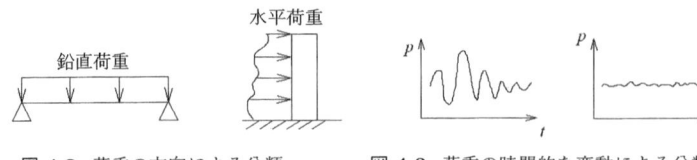

図 4.2 荷重の方向による分類　　図 4.3 荷重の時間的な変動による分類

力となる．
・水平荷重：地震，風，鉛直壁に作用する土圧や水圧等水平方向が支配的になる荷重

② 作用時間による分類
・常時荷重：永久荷重：長期荷重：主荷重とも呼ばれる．常に作用している荷重である．死荷重（自重），活荷重，土圧，静水圧，プレストレスの影響等がある．
・異常時荷重：一時荷重・短期荷重・従荷重とも呼ばれる．一時的に作用する荷重である．
　地震，風，雪，衝撃等があり，これらの現象がなくなると荷重は取り除かれるのが一般である．

③ 載荷状態による分類
・動的荷重（変動荷重）：地震，風，波，走行中の車両等のように時間的変動を考慮した荷重．
・静的荷重：土圧，自重等常時静的な荷重と，上記の動的荷重を静的荷重に置換した荷重．

④ 荷重の形状，その他による分類
　・集中荷重：一点集中荷重と連行荷重（列車）のような多点からなる荷重．
・分布荷重：作用荷重の形状で等分布荷重，三角形分布（静水圧等），台形分布（土圧等）の形状がある．
・人為荷重：車両，船舶，荷物等人が介在する荷重．
・自然荷重：地震，波，風，水圧，土圧，雪，氷等自然による荷重．

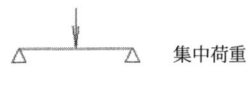

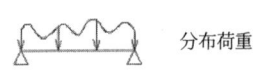

図 4.4 荷重の形状による分類

以下に，部材に作用する分布荷重の表示の仕方を示す．図 4.5 (a) の断面が直方体で一様で，両端支持の梁を取り上げると，梁の自重による等分布荷重は，$q = A \cdot w_u$（w_u：材料の単位体積重量，A：断面積）として梁に作用させる．等分布荷重が T 形梁の上端に一様にかけられている場合（図 b）は，梁の単位長さ

(a) 直方断面の梁の等分布荷重

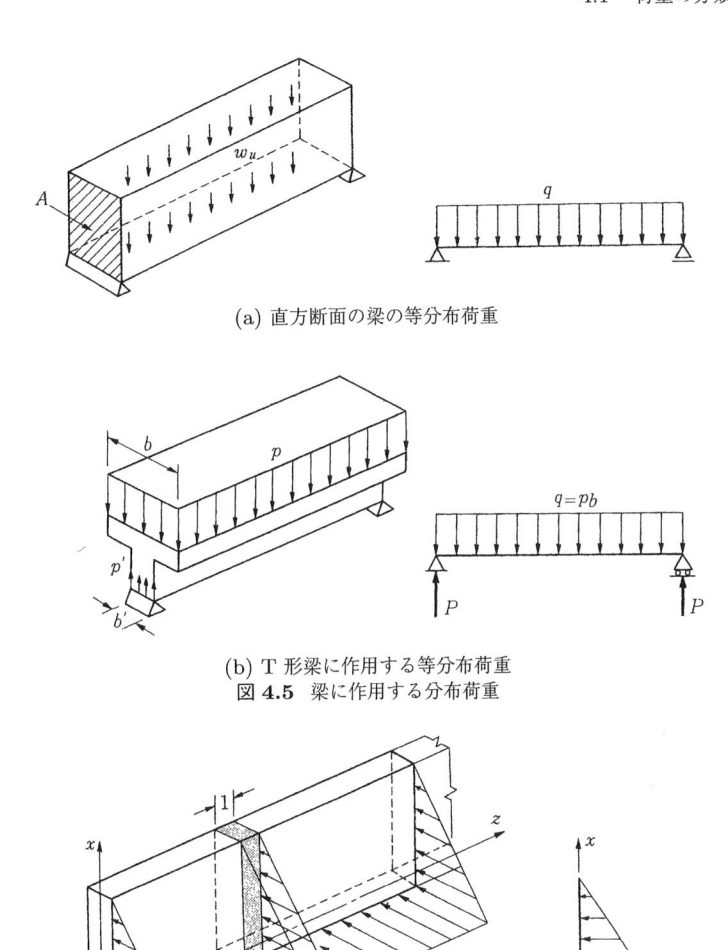

(b) T形梁に作用する等分布荷重
図 4.5 梁に作用する分布荷重

図 4.6 擁壁が作用する荷重

当りに $q = p \cdot b$ の分布荷重とする．図 4.6 には，擁壁に作用する静水圧や土圧で三角形をしている場合，奥行き 1 m を取り上げて表示した．

また，外力の符号の約束事を図 4.7 に示す．部材座標系，全体座標系と区別があるので一概には取り決めが難しいが，構造設計をしているときには符号の正負，方向には十分注意を払う必要がある．

図 4.7 外力の符号の約束事

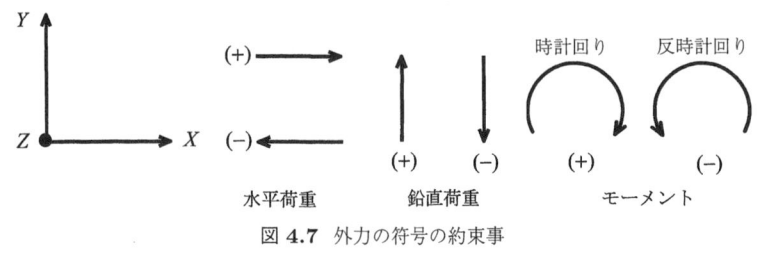

4.2 荷重の組合せ

(1) 組合せの仕方

基本的には主荷重と従荷重を重ね合わせる．荷重の種類が多いことから組合せ方法は多数あり，必要なものをいくつか照査する．従荷重は通常 1 種類を取り上げ，主荷重に合計する．許容応力度法では，一例として次のように荷重を単純に重ね合わせる．

$D + L$　　　死荷重+活荷重
$D + S$　　　死荷重+雪
$D + L + W$　死荷重+活荷重+風荷重
$D + L + E$　死荷重+活荷重+地震荷重

一方，限界状態設計法や終局強度法では，それぞれの荷重に荷重係数を乗じ，一例として次のように重ね合わせる．荷重係数は各設計基準により若干異なる．

$1.1D + 1.2L$　　　　死荷重+活荷重
$1.1D + 1.0E + 0.5L$　死荷重+地震荷重+活荷重
$1.1D + 1.2S + 0.5L$　死荷重+雪荷重+活荷重

地震時等では車両による活荷重の係数を少し落とすが，考え方についてはいろいろな意見があり，大都市の橋梁では常時渋滞しているので落とさないとする考え方もある．荷重の組合せの表示方法は，各国の各基準でまちまちである．表 4.1 に道路橋での荷重の組合せを示す．

・カナダ構造物設計示方書

$$U_1 = \gamma_D D_n + \phi(\gamma_L L_n + \gamma_W W_n + \gamma_T T_n) \tag{4.1}$$

表 4.1 荷重の組合せ

(1)	主荷重 (P)+主荷重に相当する特殊荷重 (PP)
(2)	主荷重 (P)+主荷重に相当する特殊荷重 (PP)+温度変化の影響 (T)
(3)	主荷重 (P)+主荷重に相当する特殊荷重 (PP)+風荷重 (W)
(4)	主荷重 (P)+主荷重に相当する特殊荷重 (PP)+温度変化の影響 (T)+風荷重 (W)
(5)	主荷重 (P)+主荷重に相当する特殊荷重 (PP)+制動荷重 (BK)
(6)	主荷重 (P)+主荷重に相当する特殊荷重 (PP)+衝突荷重 (CO)
(7)	活荷重および衝撃以外の主荷重+地震の影響 (EQ)
(8)	風荷重 (W)
(9)	制動荷重 (BK)
(10)	施工時荷重 (ER)

・ヨーロッパモデル

$$U_2 = \gamma_D D_n + \gamma_Q(Q_{ni} + \sum \phi_{nj} Q_{nj}) \tag{4.2}$$

・ACI318（米国コンクリート協会）

$$U_3 = \gamma_D D_n + \gamma_Q Q_n + \sum \gamma_{apt} Q_{apt} \tag{4.3}$$

　荷重の組合せ方は多数あるので，最適な組合せを求める必要がある．組合せ荷重としては死荷重，積載荷重あるいは地震，風，波といった短期荷重を加えたものが一般的である．2個以上の変動荷重の組合せは確率が低いので一般的には重ね合わせなくてもよい．例えば風と地震，活荷重と雪などである．しかし海洋構造物では風と波は重ね合わせる．実際に起きる現象を考えて選択するのがよい．組合せ荷重の考え方は Turkustra の経験則（米国の荷重強度設計示方書），や Ferry Borges の研究がある．ACI（米国コンクリート協会）での ANSI（America National Standard Institute）では個々の荷重レベルで逆解析から得られた強度 $R(\beta_a)$ と公称強度 R_n との差と重み（経験）づけた二乗和の値を最小としている．

(2) 複数の荷重作用とその生起確率

　構造物に作用する荷重は基本には時間の関数になっている．変動荷重が1つの場合，正規分布，ポアソン分布などの確率分布より表すことができる．

　一般的には，2つ以上の変動荷重が作用する可能性は小さい．

　各荷重の強度に関する確率統計のほかに，荷重の発生頻度と作用期間（継続時間）の情報が重要となる．

経験に基づく方法では，一つの荷重に荷重群で耐用年数中の最大級の値（極大値）をとり，他の荷重は頻繁に発生する荷重を考える．他の荷重は平均値より大きな値をとる．各荷重作用が線形関数とする．すなわち $X_j(t)$, $j = 1, 2, \cdots, r$ を荷重すると，次式の関係となる．全荷重はこれらの合計となる．

$$Z(t) = X_1(t) + X_2(t) + \cdots + X_r(t)$$
$$= \sum_{j=1}^{r} X_j(t) \qquad (4.4)$$

最大値は，以下の式で表せる．

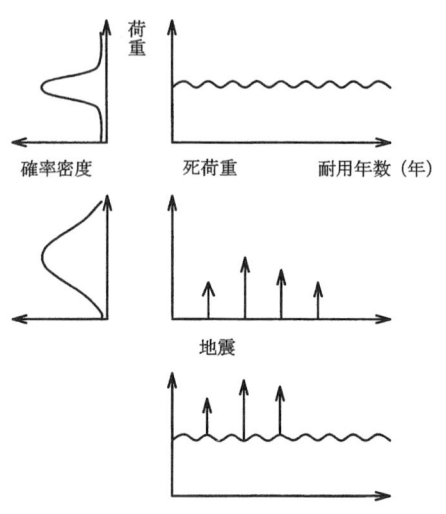

図 4.8 同時生起確率の概念

$$Z(t)_{\max} = \underbrace{X_i(t)_{\max}}_{\text{常時の最大}} + \underbrace{\sum_{j=1}^{r} X_j(t)}_{\text{任意個選択}} \qquad (4.5)$$

常時荷重の最大値と他の任意の荷重を選択して重ね合わせる．重ね合わせの方法は多数あるが，原則として常時荷重は常に入れ，大きな偶発荷重は重ね合わせない．また組み合わせた荷重の組同士の安全性をほぼ同じにする．以下に異種荷重の同時生起確率の考え方を示す．

まず荷重の状態を確率的に把握する．発生確率は，時間的な発生確率（すなわちどのくらいの間隔と頻度）と荷重の大きさの確率（すなわち大きさの分布）を求める．荷重が 2 つ以上の場合は，個々の生起確率を P_a, P_b とすると，基本的には同時に起きる確率は $P_t = P_a \cdot P_b$ となる．生起確率はポアソン過程と仮定し，事象はランダムかつ独立とし，Δt の区間に発生する確率は，Δt の期間に比例すると考える．ここで，ν：頻度，t：平均作用時間，$x : 0, 1, 2, 3, \cdots$ 離散型の確率分布関数を設定する．これらのもとで 2 つの短期荷重が同時に生起する確率と確率分布関数を調べてみる．ここでは，地震と風あるいは波など，非常に大きな異常時荷重の場合の例を取り上げる．

いま 2 つの荷重 $X_1(t), X_2(t)$ が各々の発生頻度 ν_1, ν_2（回/年）をもつポアソン過程とする．平均作用時間（継続）T_1, T_2 で 1 回荷重が発生した場合の強度が，

各々 $F_{X_1}(X_1), F_{X_2}(X_2)$ の確率分布関数(時間/1回)を持つと仮定する.現象は全く独立であるとすると, $X_1(t)$ と $X_2(t)$ の同時発生頻度の近似解は次式で与えられる.

$$\nu \fallingdotseq \nu_1 \nu_2 (t_1 + t_2) \tag{4.6}$$

$X_1(t)$ と $X_2(t)$ を加えた荷重 $Z(t) = X_1(t) + X_2(t)$ の確率密度関数は,次式で表せる.

$$F_2(Z_1, T) \fallingdotseq \exp[-\nu_1 T F_{X_1}(Z) - \nu_2 T F_{X_2}(Z) - \nu_1 \nu_2 (t_1+t_2) \times F_{X_1 X_2}(Z)] \tag{4.7}$$

上式第1項は $X_1(Z)$ による確率,第2項は $X_2(Z)$ による確率,第3項は $X_1(Z)$ と $X_2(Z)$ の同時発生の確率である.

＜例題＞地震と波浪の同時発生確率を概算してみる.

	地震	継続時間	被害の期間
地震荷重として	1回/25年	$t = 10$ 秒	1か月
	↑1年に1/25回		$M_g = 7$ クラスを想定
波浪荷重として	1回/5年	$t = 24$ 時間	台風を想定
	↑1年に1/5回		

地震被害1か月のときに台風がくる確率は,以下のように概略計算できる.

$$\nu = 1/25 \cdot 1/5 \cdot (30/365 + 1/365)$$
$$= 6.79 \times 10^{-4}/\text{年} \cdots \cdots \text{約 1 700 年に 1 回生じる.}$$

地震の発生継続時間を10秒とすると,1日暴風雨のあるときの波浪荷重との同時発生確率は

$$\nu = 1/25 \cdot 1/5 \cdot \{10/(60 \times 60 \times 24 \times 365) + 1/365\}$$
$$= 2.2 \times 10^{-5} \cdots \cdots \text{約 50 000 年に 1 回生じる.}$$

大きな荷重が同時に作用する可能性はほとんどないことがわかる.しかし,地震がきて修復が十分なされていない期間に台風がくる確率は無視できないと考える.荷重の組合せはこのように情況を見て考える必要がある.

4.3 各種荷重

次に主要な荷重について概略を述べる．主要な項目の詳細については後述する．

(1) 自重

死荷重として鉄筋コンクリート床版，舗装版，鋼重等を考える．各重量は 単位体積重量×体積 で求まるが，単位体積重量として鉄筋コンクリートは $25.0\,\mathrm{kN/m^3}$，コンクリートは $23.5\,\mathrm{kN/m^3}$，鋼材は $78.5\,\mathrm{kN/m^3}$ の値を標準とする．構造物の体積にこの単位体積重量を乗じて荷重とする．

(2) 車両荷重

自動車による活荷重は，T 荷重と L 荷重とがある．T 荷重は，T–25 トラックによる集中荷重を対象とし，主に床版の設計に用いる．L 荷重はトラックの連行荷重を対象とし，主に桁の設計に用いる．L 荷重は A 荷重と B 荷重とに分類され載荷長さが異なる．B 荷重は重要な橋に A 荷重は市町村道に適用される．列車荷重では，連行荷重を想定し多点荷重となる．列車の種類により荷重の重さと間隔が異なる．新幹線では N 荷重と P 荷重，機関車は EA 荷重，電車は M 荷重と呼ばれる．

(3) 静水圧

ダムや擁壁に作用する分布荷重で三角形分布となる．ある深さの荷重は水深に水の単位体積重量を乗じて計算する．

$$P_w = w_0 h \tag{4.8}$$

ここで，水の単位体積重量は，淡水 $10.0\,\mathrm{kN/m^3}$，海水 $10.3\,\mathrm{kN/m^3}$ とし，h は水深である．

(4) 流体力

風，水の流れ，潮流等による流体力である．ベルヌーイの定理により，構造物から離れた地点での速度圧が構造物表面で速度ゼロとなるとし，次式に示す圧力として求める．

$$P = 0.5\rho V^2 A C_D \tag{4.9}$$

ここで，ρ：流体の密度，A：流れ方向に対する投影面積，C_D：抗力係数，V：流体の速度，である．一般的に空気の ρ は $1.23\,\mathrm{kg/m^3}$，淡水の ρ は $1.0\,\mathrm{t/m^3}$，海水の ρ は $1.03\,\mathrm{t/m^3}$ としてよい．

表 4.2 風での抗力係数

形状	断面	係数
→ □	正方形断面	2.0 〔1.2〕(0.6)
→ ◇	〃	1.6 〔1.4〕(0.7)
→ ▯ (1:2 縦)	長方形断面（辺長比 1:2）	2.3 〔1.6〕(0.6)
→ ▭ (2:1 横)	〃	1.5 (0.6)
→ ▭ (接地)	〃（一面を地に接した場合）	1.2
→ ○	円形断面（表面滑らか）	1.2 (0.7)

〔 〕は1辺の1/4の径をもって切りとった場合，（ ）は限界レイノルズ数以上の数値

　潮流は普通1ノット程度だが海峡部の速いところでは10ノットくらいとなる．風では風速が40 m/sを超す場合を想定する．抗力係数は構造物の形状やレイノルズ数によって異なり，詳細には数値解析や風洞実験より設定するのがよいが，標準的な設計では抗力係数の標準値や構造物に作用する風荷重を設定している．抗力係数（ここでは風圧係数とも呼ぶ）の標準的な値を表4.2に示す．この値は孤立した構造物あるいは個々の部材を対象にしている．

　構造物としては，クレーンと橋梁では具体的な値が推奨されている．表4.3にクレーンでの風力係数を示す．クレーンは細い部材で構成され，風の流れが複数の部材で複雑となるので，部材が占める充実率を考慮して風圧係数を定めている．橋梁では側面から作用する風荷重を単位長さ当りに作用させ，このときの桁の幅と高さを考慮して表4.4に示す風荷重を設定している（プレートガーダの場合）．この場合の橋の幅と高さの取り方を図4.9に示す．

表 4.3 クレーンにかかる風荷重の風力係数

クレーンの風を受ける面の区分		値
平面トラス（鋼管製の平面トラスを除く）により構成される面	W_1 が 0.1 未満	2.0
	W_1 が 0.1 以上 0.3 未満	1.8
	W_1 が 0.3 以上 0.9 未満	1.6
	W_1 が 0.9 以上	2.0
平面により構成される面	W_2 が 5 未満のもの	1.2
	W_2 が 5 以上 10 未満	1.3
	W_2 が 10 以上 15 未満	1.4
	W_2 が 15 以上 25 未満	1.6
	W_2 が 25 以上 50 未満	1.7
	W_2 が 50 以上 100 未満	1.8
	W_2 が 100 以上	1.9
円筒の面および鋼管製の平面トラスにより構成される面	W_3 が 3 未満	1.2
	W_3 が 3 以上	0.7

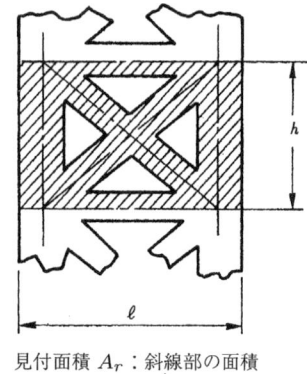

見付面積 A_r：斜線部の面積

充実率 $W_1 = \dfrac{A_r}{\ell \times h}$

備考　この表において W_1, W_2, W_3 は，それぞれ以下の値を表すものとする．
　W_1：充実率（クレーンの風を受ける面の見付面積を当該風を受ける面の面積で除いて得た値）
　W_2：クレーンの風を受ける面の長手方向の長さを当該風を受ける面の幅で除いて得た値
　W_3：円筒または鋼管の外形（単位：m）にクレーンの停止時における前項に規定する速度圧の値（単位：N/m^2）の平方根を乗じて得た値

表 4.4 プレートガータの風荷重

単位：kN/m

断面形状	風圧力
$1 \leqq B/D < 8$	$[4.0 - 0.2(B/D)]D \geqq 6.0$
$8 \leqq B/D$	$2.4D \geqq 6.0$

参考　B：橋の総幅 (m)　D：橋の総高 (m)

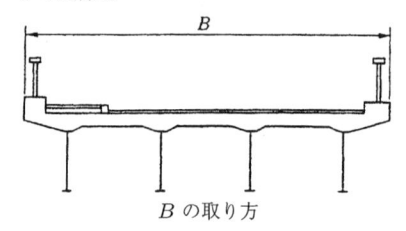

B の取り方

橋梁用防護柵	壁型剛性防護柵	壁型剛性防護柵以外
D の取り方		

D の取り方

図 4.9　B と D の取り方

(5) 波圧

海洋構造物に作用する波荷重は，次式に示す広井の式で，砕波条件下で簡易計算する．詳細な検討は合田の波圧式などによる．

$$P = 1.5 w_0 H_D \tag{4.10}$$

ここで，w_0：海水の単位体積重量，H_D：設計波高である．上式は防波堤，海上橋梁の橋脚等に適用されるが，波の砕波が条件であるので，護岸前面で砕波せず重複波が生じるときはサンフルー式等を適用する必要がある．

(6) 土圧

地中構造物や擁壁に作用する土圧は，鉛直土圧と水平土圧に分類できる．鉛直土圧は構造物上部の土被り厚に土の単位体積重量を乗じて計算する．

$$P_V = \alpha \gamma H \tag{4.11}$$

ここで，γ：土の単位体積重量，H：深さ（土被り厚），α：周辺地盤沈下と構造物の剛性による修正係数で，最大で1.6程度である．

水平土圧は鉛直土圧に水平土圧係数を乗じて計算する．

$$P_H = K_V \gamma H \tag{4.12}$$

ここで，K_V：水平土圧係数で，静止土圧のとき約 0.5，壁が動くときは抵抗側の土圧の場合は受働土圧係数を，作用側の場合は主働土圧係数を用いる．

(7) 地震力

地震力に関しては，動的な問題や大きな地盤変形が問題となるが，ここでは震度法を述べる．震度法は必ずしも合理性があるとはいえないが，従来から使用されており，通常の耐震設計，基本設計の際には有力な手段となる．マッシブな構造物では，重量に水平震度を乗じて地震力を計算する．上下動は一般には無視するが，考慮する場合は水平震度の半分程度とする．

$$P = K_h W \tag{4.13}$$

ここで，K_h：水平震度，W：構造物の重量である．

対象構造物は固有周期の短い重量構造物であり，例えば低層の建物，橋台の重力式基礎，防波堤ケーソン等において堤体の安定性や壁の耐荷力計算に用いる．設計に用いる水平震度は次式による．

$$水平震度 = 地域別震度 \times 地盤種別係数 \times 地盤種別 \times 重要度係数 \tag{4.14}$$

上式の係数の値を表 4.5～表 4.8 に示す．地震時動水圧や動土圧も考慮する．震度法では構造物の振動や時間的変動は無視して力の釣合いのみで判断するので，詳細な検討は動的応答計算によるのがよい．

表 4.5 地域別震度

地域区分		地域別震度
A 地区	北海道のうち，根室支庁管内，釧路支庁管内，十勝支庁管内および日高支庁管内 埼玉県，千葉県 東京都のうち，八丈島および小笠原諸島を除く地域 神奈川県，山梨県，静岡県，愛知県，岐阜県，福井県，滋賀県，三重県，奈良県，和歌山県，大阪府，兵庫県	0.15
B 地区	青森県のうち，尻屋崎以南の太平洋岸 岩手県，宮城県，福島県，茨城県，栃木県，群馬県，長野県，京都府，高知県，福島県	0.13
C 地区	北海道のうち，胆振支庁管内，渡島支庁管内および檜山支庁管内 青森県のうち，尻屋崎以南の太平洋岸を除く地域 秋田県，山形県，新潟県，富山県，石川県，鳥取県，広島県，愛媛県，大分県，宮崎県 鹿児島県のうち，奄美諸島 熊本県	0.12
D 地区	北海道のうち，網走支庁管内，後志支庁管内，石狩支庁管内，空知支庁管内，留萌支庁管内および上川支庁管内 岡山県，島根県，香川県 長崎県のうち，五島列島，壱岐および対馬を除く地域 佐賀県 鹿児島県のうち，奄美諸島を除く地域 沖縄県のうち，大東諸島を除く地域	0.11
E 地区	北海道のうち，宗谷支庁管内 東京都のうち，八丈島および小笠原諸島 山口県，福岡県 長崎県のうち，五島列島，壱岐および対馬 沖縄県のうち，大東諸島	0.08

表 4.6 地盤種別係数

地盤種別	第一種地盤	第二種地盤	第三種地盤
地盤種別係数	0.8	1.0	1.2

表 4.7 地盤種別

第四紀層	地盤の種類		
	砂礫層	一般の砂質土地盤および粘性土地盤	軟弱地盤
5 m 以下	第一種	第一種	第二種
5 m を越え 25 m 未満	第一種	第二種	第三種
25 m 以上	第二種	第三種	第三種

表 4.8 重要度係数

構造物の種別	構造物の特性	重要度係数
特定	A 級構造物の特性のうち,第 1 号もしくは第 4 号のおそれ,第 2 号の影響の程度が著しいものまたは第 3 号の役割が特に重要なもの	1.5
A 級	1 構造物が震害を受けた場合において,多くの人命および財産に損失を与えるおそれのあるもの 2 構造物が震害を受けた場合において,経済,社会活動に重大な影響を及ぼすもの 3 震災復興に重要な役割を果たすもの 4 有害物または危険物を取り扱う構造物のうち,震害を受けた場合において,人命または財産に重大な損失を与えるおそれのあるもの 5 構造物が震害を受けた場合において,復旧が困難なもの	1.2
B 級	特定,A 級および C 級以外のもの	1.0
C 級	特定および A 級以外の構造物で,震害を受けた場合においても,経済,社会活動への影響が軽微なものまたは容易に復旧が可能なもの	0.8

(8) 温度荷重

基準温度を 20°C(寒冷地 10°)とし,構造物と部材には $-10 \sim +50$°C の季節変化を考える.直射日光を受ける部分と陰の部分での日射の影響は,鋼構造物の部材間で 15°,コンクリート構造物では 5° を考える.図 4.10 に橋梁の床版での表面と裏面との温度分布と設計での温度差の設定を示す.

温度応力は次式で計算する.

$$\sigma = \alpha E \Delta T \tag{4.15}$$

部材の変化量は次式で計算する.

$$\Delta T = \alpha \Delta T L \tag{4.16}$$

ここで,ΔT:温度変化量,L:部材長,E:材料のヤング係数,α:線膨張係数でコンクリートが 10×10^{-6}/度,鋼材が 12×10^{-6}/度程度である.

鋼構造物では,夏の日射により温度上昇が大きくなるので注意が必要である.表 4.9 に橋梁の伸縮装置の設計値に用いる温度変化を示す.鋼橋とコンクリート橋では温度の設計値が異なる.これは鋼の方がコンクリートより比熱が大きく,温度が上昇しやすいからである.

表 4.9 支承の移動量ならびに伸縮装置の伸縮量算定に用いる温度変化の範囲

橋種	温度変化	
	普通の地方	寒冷な地方
鉄筋コンクリート橋 プレストレストコンクリート橋	$-5°C \sim +35°C$	$-15°C \sim +35°C$
鋼橋（上路橋）	$-10°C \sim +40°C$	$-20°C \sim +40°C$
鋼橋（下路橋および鋼床版橋）	$-10°C \sim +50°C$	$-20°C \sim +40°C$

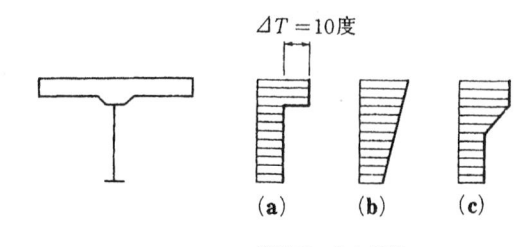

温度差の分布状態

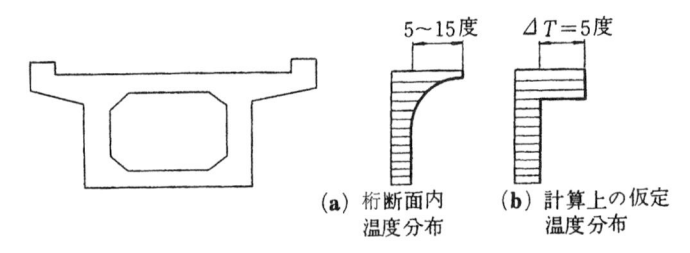

(a)　(b)　(c)

図 4.10　床版と桁の温度差

(a) 桁断面内温度分布　　(b) 計算上の仮定温度分布

4.4 橋梁での荷重

4.4.1 荷重の分類

道路橋示方書では設計にあたって次の荷重を考慮している．本節ではこのうち，橋梁の設計にとって最も重要な車両荷重を中心に述べる．

◎主荷重（P）　　　　 1. 死荷重（D）
　　　　　　　　　　 2. 活荷重（L）
　　　　　　　　　　 3. 衝撃（I）
　　　　　　　　　　 4. プレストレス力（PS）
　　　　　　　　　　 5. コンクリートのクリープ影響（CR）
　　　　　　　　　　 6. コンクリートの乾燥収縮の影響（SH）
　　　　　　　　　　 7. 土圧（E）
　　　　　　　　　　 8. 水圧（HP）
　　　　　　　　　　 9. 浮力または揚圧力（U）
◎従荷重（S）　　　　10. 風荷重（W）
　　　　　　　　　　11. 温度変化の影響（T）
　　　　　　　　　　12. 地震の影響（EQ）
◎主荷重に相当する　 13. 雪荷重（SW）
　特殊荷重（PP）　　14. 地盤変動の影響（GD）
　　　　　　　　　　15. 支点移動の影響（SD）
　　　　　　　　　　16. 波圧（WP）
　　　　　　　　　　17. 遠心荷重（CF）
◎特殊荷重（PA）　　18. 制動荷重（BK）
　　　　　　　　　　19. 施工時荷重（ER）
　　　　　　　　　　20. 衝突荷重（CO）
　　　　　　　　　　21. その他

4.4.2 橋梁上部工（桁と床版部分）に作用する車両荷重

一般的なコンクリート製の床版と桁について，設計フローと工事までの手順を次に示す．鋼橋においても基本的な流れは同じである．

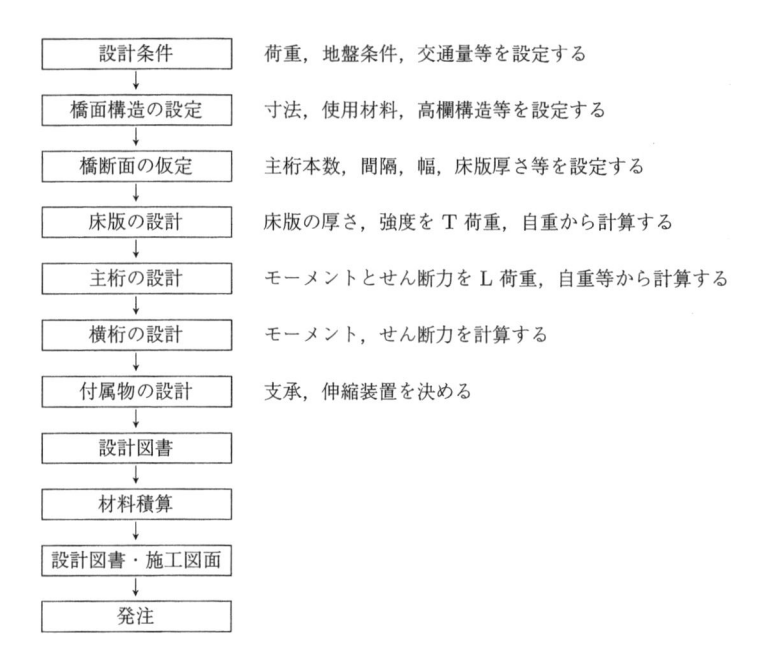

```
┌─────────────┐
│  設計条件    │  荷重，地盤条件，交通量等を設定する
└──────┬──────┘
┌──────┴──────┐
│ 橋面構造の設定│  寸法，使用材料，高欄構造等を設定する
└──────┬──────┘
┌──────┴──────┐
│ 橋断面の仮定 │  主桁本数，間隔，幅，床版厚さ等を設定する
└──────┬──────┘
┌──────┴──────┐
│  床版の設計  │  床版の厚さ，強度を T 荷重，自重から計算する
└──────┬──────┘
┌──────┴──────┐
│  主桁の設計  │  モーメントとせん断力を L 荷重，自重等から計算する
└──────┬──────┘
┌──────┴──────┐
│  横桁の設計  │  モーメント，せん断力を計算する
└──────┬──────┘
┌──────┴──────┐
│ 付属物の設計 │  支承，伸縮装置を決める
└──────┬──────┘
┌──────┴──────┐
│  設計図書    │
└──────┬──────┘
┌──────┴──────┐
│  材料積算    │
└──────┬──────┘
┌──────┴──────────┐
│ 設計図書・施工図面 │
└──────┬──────────┘
┌──────┴──────┐
│    発注      │
└─────────────┘
```

標準的な桁橋形式の橋梁での上部工を図 4.11 に示す．橋梁上部工は主桁と床版（スラブ）で構成される．鋼製の主桁とコンクリート製の床版とは，スタッド等で力学的に合成されている．桁が鉄筋コンクリートで製作される場合は桁と床版を一体で製作する．

鉄筋コンクリート（RC）桁は 2 方向に配筋するが，主鉄筋は橋軸直角方向で，配力筋は橋軸方向となる．床版は異方性版として設計するのがよいが，多くは等方性版で構造設計する．桁橋での死荷重は主に自重である．この自重と車両荷重が中心的な荷重となる．

鉄筋コンクリート床版の厚さは 20 cm 程度，最小 16 cm までとする．薄い方が重量的には有利だが，曲げひび割れが発生しやすくなる．この舗装部分の重量は 5 kN/m^2 程度である．鋼床版では厚さが 7.5 cm くらいで重量は 1.75 kN/m^2 程度となる．鋼橋の重量は 1.8～2.0 kN/m^2 であるので，力学性状と価格の面から，長大橋は鋼製，短い橋はコンクリート製が有利となる．自重の計算の際，単位体積重量として，鉄は 78.5 kN/m^3，RC，PC は 25 kN/m^3，アスファルト舗装，NC は 23 kN/m^3，瀝青材（防水用）は 11 kN/m^3 を標準とする．

自動車荷重は T 荷重と L 荷重とに分類される．一般的に長さ 15 m 以下の橋は T 荷重で，15 m 以上は L 荷重で主な構造が決まるとされており，また T 荷重は

図 **4.11** 上部工の構造

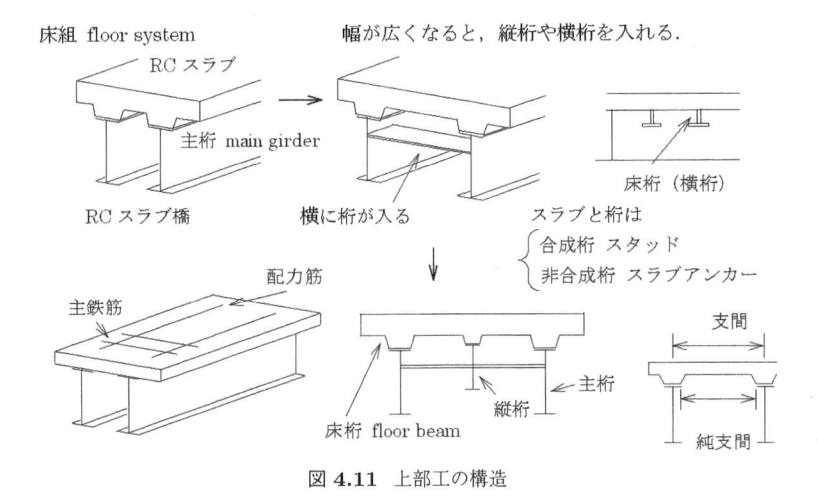

主に床版，L 荷重は主に主桁にとって厳しい荷重となる．橋梁は A 荷重と B 荷重とに分類されており，B 荷重は重要な橋（高速道路，国道）を，A 荷重は市町村道の橋を対象としている．

道路橋での自動車による活荷重，すなわち実際の道路での荷重の状況は，トレーラー，バス，乗用車が混入している．違法な過積載車も多い．工業地帯，臨海部ではコンテナ車，トレーラー等の大型車混入率が高く，最近，鋼橋脚やコンクリート床版の疲労による被害が問題化している．

4.4.3 T 荷重と L 荷重
(1) T 荷重

T 荷重は，単一のトラック荷重のことである．かつては T-14, T-20, T-43 と設計に用いる車両に種類があった．数値はトラック重量 (tf) を示している．今はそれらを全面廃止して T-25 に統一している．設計では T-25 荷重を橋軸方向に作用させる．

図 4.12 に，T-25 の前輪と後輪の分布と車輪接地の面積を示す．輪荷重の載荷面積は，橋軸直角方向に 50 cm，橋軸方向に 20 cm として計算する．荷重は車両全体で 25 tf だが，簡易化と安全のため，後輪に合計 20 tf の一組の荷重を考える．前輪の 5 tf は無視する．この一組の T 荷重を橋軸直角方向に作用させる．橋軸直角方向には組数の制限はないが，2 組まで T 荷重を載荷させ，それ以上は T/2 荷

図 4.12 T 荷重の状況

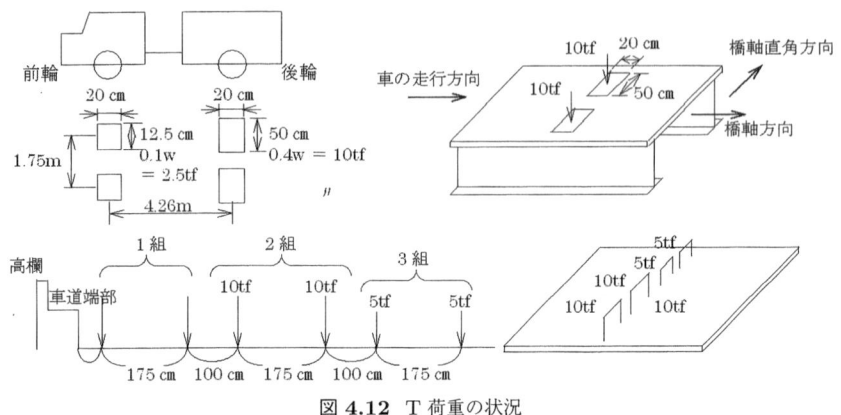

重とし,一度に 3 台以上は同一断面に載らないとする.

またＢ活荷重を対象とするときＴ荷重は支間長（L）に応じた係数を乗じることにより,断面力等の修正を行っている.床組に計算された断面力等は次式により割増しをする.

$$L \leqq 4\,\mathrm{m} \to 係数 \quad 1$$
$$L > 4\,\mathrm{m} \to 係数 \quad \frac{L}{32} + \frac{7}{8} \tag{4.17}$$

上式より $L = 32\,\mathrm{m}$ で係数 1.875 となるが,最大 1.5 とする.

縦桁にかかる荷重は,図 4.13 のように 2 つの単純桁に分割して計算すると簡単である.

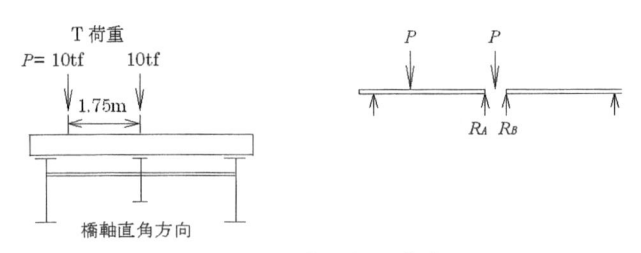

図 4.13 縦桁にかかる荷重

(2) L 荷重

トラックが桁の上に連続して載っている状態を想定する.静止（渋滞）しているときには衝撃係数（表 4.10 参照）はないが,車両は橋の上で密になる.一方,

走行中は車両間隔が長く，衝撃係数がある．走行時の方が全荷重は大きい．主桁の設計は主にL荷重で行う．

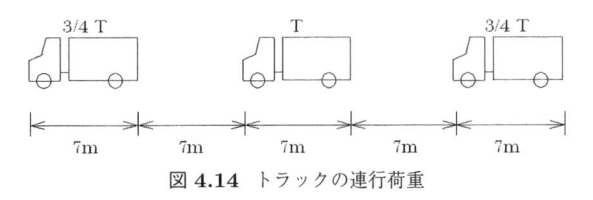

図 4.14 トラックの連行荷重

橋軸直角方向には P_1 と P_2 の2つの等分布荷重を載せる．5.5 m の範囲は2台分が直接載るとする．

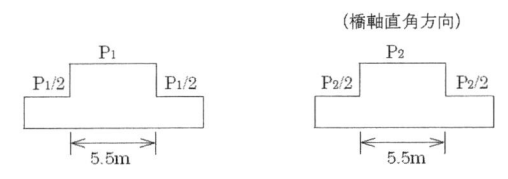

図 4.15 L荷重の橋軸直角方向への分布

P_1 と P_2 は主載荷荷重，$P_1/2$ と $P_2/2$ は従載荷荷重である．橋軸方向には P_1 と P_2 の長さの違う2つの等分布荷重を載せる．P_1 はA橋で6 m，B橋で10 m の載荷長である．P_2 は橋軸方向の全長に載せる．P_1 に関しては，曲げモーメントの計算のとき $10\,\mathrm{kN/m^2}$，せん断力の計算のとき $12\,\mathrm{kN/m^2}$ である．P_2 に関しては

$L < 80\,\mathrm{m}$ で $3.50\,\mathrm{kN/m^2}$
$80\,\mathrm{m} < L < 130\,\mathrm{m}$ で $(4.3 - 0.01L)\,\mathrm{kN/m^2}$
$300\,\mathrm{m} < L$ で $3.0\,\mathrm{kN/m^2}$

というように，支間長（L）により値が異なる．

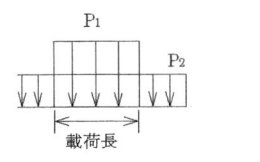

図 4.16 L荷重の橋軸方向への分布

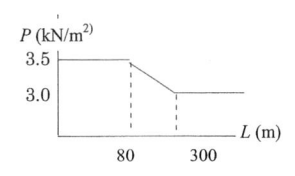

図 4.17 P_2 の桁長との関係

L荷重には，T荷重と異なり，支間長による修正係数はない．群集荷重は歩道に対して $5\,\mathrm{kN/m^2}$ とする．また載荷長で影響線図のせん断力が反転する場所（上向き）にはL荷重を載荷しない．

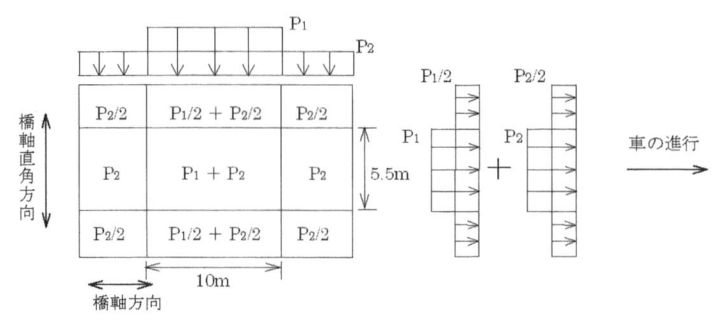

図 4.18　L 荷重の平面的な分布状況

4.4.4　活荷重の動的効果

自動車が橋梁上を走行しているとき，車両の走行による強制振動，車両荷重の繰返しによる増幅，道路，線路の凹凸（メインテナンスを良くすれば減る），車両自体の上下動などの影響によって動的な作用が生じる．要因が多くて同時解析は難しいので実測値が中心となっている．この影響を車両による衝撃荷重と呼ぶが，車両の移動に伴う振動に起因する上下動の増分を静力学的に表示した荷重と考える．衝撃荷重は鉄道橋の場合の列車にも適用する．橋桁の動的応答（走行時のたわみもしくは応力）の静的応答に対する増分の比を衝撃係数と定義する．

衝撃係数

$$I = \frac{D_{\max} - D_0}{D_0} = \frac{\Delta D}{D_0} \quad (動たわみ D_{\max} と静たわみ D_0 の比) \tag{4.18}$$

$$= \frac{\sigma_{\max} - \sigma_0}{\sigma_0} = \frac{\Delta \sigma}{\sigma_0} \quad (応力値での比) \tag{4.19}$$

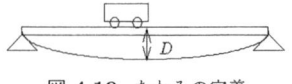

図 4.19　たわみの定義

衝撃係数は，車両の種類，速度，重量，橋の剛性，表面状態などの影響を受けるが，道路橋の衝撃係数は，活荷重に対し $P(1+I)$ として作用させる．自重，群衆荷重には掛けない．表 4.10 に橋の形式ごとの衝撃係数を示す．衝撃係数は橋の構成部材により異なり，一般的に鋼橋の方がコンクリート橋より大きな値となる．衝撃係数は，おおよそ $I = 0.1 \sim 0.4$ で，鋼桁 > PC 桁 > RC 桁 の順に大きい傾向がある．渋滞中は上載されている車両数は多いが衝撃係数は小さく，走行中は橋梁上の車両数は少ないが衝撃係数は大きい．上部構造では衝撃を考慮し，下部

表 4.10 衝撃係数

橋種	衝撃係数 (I)	対象荷重
鋼橋	$I = \dfrac{20}{50+L}$	T 荷重，L 荷重
鉄筋コンクリート橋	$I = \dfrac{20}{50+L}$	T 荷重
	$I = \dfrac{7}{20+L}$	T 荷重
プレストレストコンクリート橋	$I = \dfrac{20}{50+L}$	T 荷重
	$I = \dfrac{10}{25+L}$	L 荷重

構造では無視する．吊橋では，ハンガーは考慮しているが，主ケーブル，補鋼桁は可撓性富むので無視するのが普通である．

次に衝撃係数の背景を説明する．図 4.20 のように 1 台の車両が桁橋上で走行しているとする．活荷重の動的効果で，車の上下方向の振動による桁の振動分は，橋梁は弾性体として振動するから，図 4.19 に示す 1 自由度系の振動体に置換することができる．そこで，d'Alembert の原理によって，たわみ y に関する運動方程式を導くと次式となる．

$$\ddot{y} + 2ph\dot{y} + p^2 y = \frac{F(t)}{M} \tag{4.20}$$

ここで，$\ddot{y} = d^2/dt^2$，$\dot{y} = d/dt$ を表し，p：固有円振動数，h：減衰比であり，

$$p = \sqrt{\frac{K}{M}}, \quad h = \frac{C}{2Mp} = \frac{C}{2\sqrt{KM}} \tag{4.21}$$

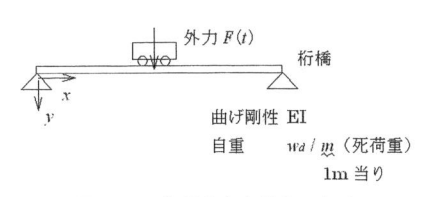

図 4.20 桁橋上を走行する車両

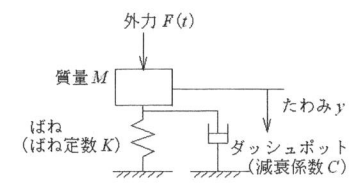

図 4.21 振動モデル（1 自由度系振動体）

橋の固有周期を求めるるため 1 質点系に置換する．

単純梁（質量無視）の中央に m（自動車）が載っているとき，上下方向の振動の固有周期は減衰が小さいとすると，中央点のたわみは，梁の曲げ剛性を EI とすると

$$\delta = \frac{Pl^3}{48EI} \quad (4.22)$$

したがって梁のばね定数は次式で計算できる．

$$k = \frac{P}{\delta} = \frac{48EI}{l^3} \quad (4.23)$$

この梁の固有周期を求める．減衰を 0 とする．振動方程式 $m\ddot{y} + ky = 0$ とすると，

$$\ddot{y} + \frac{48EI}{ml^3} y = 0 \quad (4.24)$$

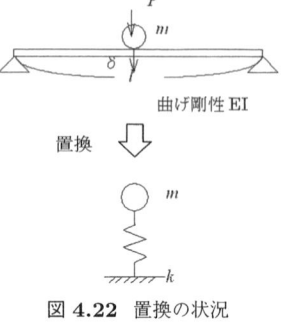

図 **4.22** 置換の状況

固有円（角）振動数は次式で計算できる．

$$\omega = \sqrt{\frac{48EI}{ml^3}} \quad (4.25)$$

周期は次式で得られる．

$$T = \frac{2\pi}{\omega} = 2\pi \sqrt{\frac{ml^3}{48EI}} \quad (4.26)$$

次に梁の質量とたわみを考慮する．梁のたわみ曲線で計算を簡単にするため，外力 P のみ考慮した変形曲線を考える．自重の分は質量のみ考慮して，振動成分として複雑になるので無視する．たわみ曲線は

$$y = \frac{Pl^3}{48EI} \left\{ 3\frac{x}{l} - 4\frac{x^3}{l^3} \right\} \quad (4.27)$$

梁の外力 P による梁中央の振動変位 $y_0 = C\cos(\omega t - \varphi)$ とすると，梁の変位は

$$y = C \left\{ 3\frac{x}{l} - 4\frac{x^3}{l^3} \right\} \cos(\omega t - \varphi) \quad (4.28)$$

ただし，$C = Pl^3/48EI$ である．

系の運動エネルギー K は

$$K = \frac{1}{2}mv_{l/2}^2 + 2\int_0^{l/2} \frac{m_d}{2} v_x^2 \, dx, \text{ここで}, v_{1/2}^2 = \left(\frac{dy}{dt}\right)^2 \quad (4.29)$$

ここで，上式の第 1 項は中央の質点（車両の質量）エネルギー，第 2 項は梁の振動エネルギー（梁の質量考慮）を示す．

$$= \frac{1}{2}\omega^2 C^2 \left\{ m + \frac{17}{35} m_d l \right\} \sin^2(\omega t - \varphi) \quad (4.30)$$

ばねのひずみエネルギー V は中央のたわみとばねより，

$$V = \frac{1}{2}ky_0^2 = \frac{1}{2}kC^2\cos^2(\omega t - \varphi) \tag{4.31}$$

ここで，$k = 48EI/l^3$ である．

自由振動では K と V でエネルギーが交換されることから，$K_{\max} = V_{\max}$ より最大値をとって次式が得られる．

$$\frac{1}{2}\omega^2 C^2 \left\{ m + \frac{17}{35}m_d l \right\} = \frac{1}{2}kC^2 \tag{4.32}$$

$$\therefore \quad \omega^2 = \frac{48EI}{l^3} \bigg/ \left\{ m + \frac{17}{35}m_d l \right\}$$

周期は，

$$T = 2\pi\sqrt{\frac{\left\{ m + \dfrac{17}{35}m_d l \right\} l^3}{48EI}} \tag{4.33}$$

振動周期の計算では梁の質量の約半分を質点に付加するとよいことになる．これにより，桁の上下動の固有周期が概略計算できる．桁橋の固有周期は一般的に，$T = 0.2〜1$ 秒である．

4.4.5 橋梁の桁のせん断振動と曲げ振動

橋梁の桁では，図 4.23 に示すようにせん断振動と曲げ振動が生じる．せん断振動は，地震時の地盤の振動と全く同じで，せん断力はたわみ角（変位関数の微分）に比例するとし，次式が基本方程式となる．

$$S = GA\frac{\partial y}{\partial x} \tag{4.34}$$

ここで，G：せん断剛性，A：梁の断面積，y：たわみである．

桁では曲げが一般に卓越する．梁の曲げ振動の一般形せん断変形を無視する．これをベルヌーイ・オイラー梁という．

たわみを y とおく．せん断力はモーメントの微分なので，この関係より図 4.24 に示すようにせん断力と外力の釣合いを考え次式を得る．

$$S = \frac{\partial M}{\partial x} = \frac{\partial}{\partial x}\left(-EI\frac{\partial^2 y}{\partial x^2}\right) \tag{4.35}$$

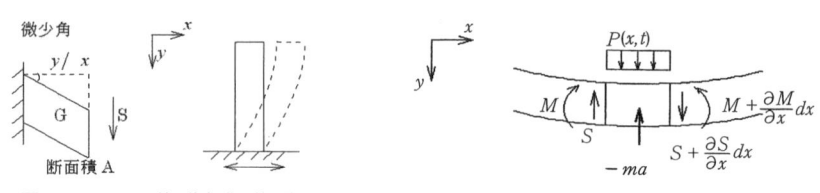

図 4.23 せん断振動と曲げ振動   **図 4.24** 梁要素での力の釣合い

せん断力の増分は次式となる.

$$\frac{\partial S}{\partial x}dx = \frac{\partial^2}{\partial x^2}\left(-EI\frac{\partial^2 y}{\partial x^2}\right)dx \tag{4.36}$$

せん断力と同様に考えて，dx 離れたところのモーメントの増分量が外力と釣り合う．これが慣性力と外力と釣り合うので，

$$\begin{aligned}
&\quad\;\uparrow \qquad\quad\;\downarrow \qquad\;\;\downarrow \quad\text{（力の向き）}\\
&-m\frac{\partial^2 y}{\partial t^2}dx + \frac{\partial S}{\partial x}dx + p(x,t)\,dx = 0\\
&\therefore\;\; m\frac{\partial^2 y}{\partial t^2} + \frac{\partial^2}{\partial x^2}\left(EI\frac{\partial^2 y}{\partial x^2}\right) = p(x,t)\\
&\therefore\;\; m\frac{\partial^2 y}{\partial t^2} + EI\frac{\partial^4 y}{\partial x^4} = p(x,t)
\end{aligned} \tag{4.37}$$

ここで，外力 $p(x,t)=0$ とおくと自由振動の運動方程式となる．

$$m\frac{\partial^2 y}{\partial t^2} + EI\frac{\partial^4 y}{\partial x^4} = 0 \tag{4.38}$$

自由振動の一般解を形状すなわち距離 x，時間 t の関数型の積，すなわち変数分離型とする．つまり，

$$y = \underset{\text{形状}}{\phi} \cdot \underset{\text{時間変化}}{q} \tag{4.39}$$

この式を自由振動の運動方程式に代入すると，

$$m\phi\ddot{q} + EI\phi^{\mathrm{IV}}q = 0 \tag{4.40}$$

$\therefore\;\; -\dfrac{\ddot{q}}{q} = \dfrac{EI}{m}\dfrac{\phi^{\mathrm{IV}}}{\phi} = \text{定数} = \omega^2$ とする（時間と距離の関数なので）．

そうすると，

$$\begin{aligned}
&-\frac{\ddot{q}}{q} = \omega^2 &&\therefore\;\; \ddot{q} + \omega^2 q = 0\\
&\frac{EI}{m}\frac{\phi^{\mathrm{IV}}}{\phi} = \omega^2 &&\therefore\;\; \phi^{\mathrm{IV}} - \frac{m}{EI}\omega^2\phi = 0
\end{aligned} \tag{4.41}$$

①時間関数 ($\ddot{q} + \omega^2 q = 0$) に関しての一般解は，非減衰 1 自由度系の自由振動と同じ．

一般解は，正弦波で表示できる．

$$q = A\sin\omega t + B\cos\omega t \tag{4.42}$$

ここで，ω：固有円振動数となる．

②距離関数（梁の変形形状の関数）に関して $\phi = e^{\beta x}$ とおき，$\phi^{\text{IV}} - \dfrac{m}{EI}\omega^2 \phi = 0$ に代入する．

$$\beta^4 - \frac{m}{EI}\omega^2 = 0 \tag{4.43}$$

この特性方程式の 4 つの解は

$$\beta = \pm i \left(\frac{m\omega^2}{EI}\right)^{1/4}, \quad \pm \left(\frac{m\omega^2}{EI}\right)^{1/4} \tag{4.44}$$

と求まる．したがって一般解は，次式となる

$$\phi = C_1 \cos\beta x + C_2 \sin\beta x + C_3 \cosh\beta x + C_4 \sinh\beta x \tag{4.45}$$

ここで，ϕ は時間 t と関係ないことから，振動モードという．C_1，C_2，C_3 および C_4 は係数で，境界条件から決まる．単純梁では，変位とモーメントが支点の境界でゼロであり次式が得られる．

$$\begin{aligned} x = 0 \text{ で} \quad \phi = 0, \quad \phi'' = 0 \\ x = L \text{ で} \quad \phi = 0, \quad \phi'' = 0 \end{aligned} \tag{4.46}$$

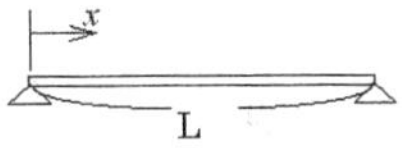

図 **4.25** 梁の座標系

両端固定なら，次式の境界条件式が得られる．

$$\begin{aligned} x = 0 \text{ で} \quad \phi = 0, \quad \phi' = 0 \\ x = L \text{ で} \quad \phi = 0, \quad \phi' = 0 \end{aligned} \tag{4.47}$$

単純梁では $x = 0$ での条件から，次の関係が得られる．

$$\begin{aligned} C_1 + C_3 = 0 \\ C_1 - C_3 = 0 \quad \therefore \quad C_1 = C_3 = 0 \end{aligned} \tag{4.48}$$

$x = L$ での条件から,

$$C_2 \sin L \sqrt[4]{\frac{m\omega^2}{EI}} + C_4 \sinh L \sqrt[4]{\frac{m\omega^2}{EI}} = 0$$
$$C_2 \sin L \sqrt[4]{\frac{m\omega^2}{EI}} - C_4 \sinh L \sqrt[4]{\frac{m\omega^2}{EI}} = 0 \quad (4.49)$$

これより,$C_4 = 0$ となり(あるいは $C_2 = C_4 = 0$ 以外で解があるためには),結局 $\sin L \sqrt[4]{\frac{m\omega^2}{EI}} = 0$ となるので($\sin L \sqrt[4]{\frac{m\omega^2}{EI}} = 0$ は $L\sqrt[4]{\frac{m\omega^2}{EI}} = n\pi$ 以外が解で意味がなくなる),

$$\omega = (n\pi)^2 \sqrt{\frac{EI}{mL^4}} \quad (n = 1, 2, \cdots) \quad (4.50)$$

となり,ω は $n = 1, 2, \cdots$ から n 次の固有円振動数という.

振動系は $\phi_n = C_2 \sin \frac{n\pi}{L} x$ となる.$C_2 = 1$ とおけば $\phi_n = \sin \frac{n\pi}{L} x$ となり,振動モードが決まる.

振動モードは $\phi_n = \sin \frac{\pi}{L} x$ の形状をし,角振動数 $\omega_n = (n\pi)^2 \sqrt{\frac{EI}{mL^4}}$ で計算できる.

$$1\text{ 次モード }(n=1) \quad \phi_1(x) = \sin \frac{\pi}{L} x, \quad \omega_1 = \pi^2 \sqrt{\frac{EI}{mL^4}} \quad (4.51)$$

$$2\text{ 次モード }(n=2) \quad \phi_2(x) = \sin \frac{2\pi}{L} x, \quad \omega_2 = (2\pi)^2 \sqrt{\frac{EI}{mL^4}} \quad (4.52)$$

$$3\text{ 次モード }(n=3) \quad \phi_3(x) = \sin \frac{3\pi}{L} x, \quad \omega_3 = (3\pi)^2 \sqrt{\frac{EI}{mL^4}} \quad (4.53)$$

$\cdots\cdots \qquad\qquad \cdots\cdots \qquad\qquad \cdots\cdots$

次に橋梁では移動荷重により単純梁の上下方向振動が生じる.他のトラス橋,アーチ橋でも同じである.自動車の静的な荷重動きに動的な動き(梁の振動)が加味される.一定速度で車が移動する場合を考える.車の位置は,$x = vt$, すなわち $t = L/v$ 秒後に梁を通過する.

梁のたわみの計算は直接積分でもよいが,モードの重ね合わせで考える.

$$y = \sum_{n=1}^{\infty} \phi_n q_n \quad (4.54)$$

ここで,ϕ_n:振動モード(位置 x の関数),q_n:時間 t の関数の変数分離型とする.

振動型は $\phi_n = \sin\dfrac{n\pi}{L}x$ で，固有円振動数 $\omega_n = (n\pi)^2\sqrt{\dfrac{EI}{mL^4}}$ とすると，外力は一般化外力 $P_n(t)$ と呼ばれ，次式で計算できる．

$$P_n(t) = \int_0^L \underset{\text{振動モード}}{\phi_n} \cdot \underset{\text{外力}}{P(x,t)}\,dx \tag{4.55}$$

集中荷重なら，$x = vt$ 位置で，次のようになる．

$$P_n(t) = P_0 \sin\dfrac{n\pi vt}{L} \tag{4.56}$$

また，一般化質量は $M_n = \displaystyle\int_0^L m\phi_n^2\,dx = \int_0^L m\cdot\sin^2\dfrac{n\pi}{L}x\,dx = \dfrac{m}{2}L$ なので，一般解（t に関して）は，$\ddot{q}_n + \omega_n^2 q_n = \dfrac{2P_0}{mL}\sin\dfrac{n\pi vt}{L}$ に簡単に帰せる．

この式は，車両による集中荷重が速度 v を持って移動することによって生じる．振動は，振幅 $2P_0/mL$，固有円振動数 $n\pi v/L$ の正弦波の外力を受ける場合と同様となることを意味する．1 次モードに対してたわみは次式となる．

$$W(x,t) = \dfrac{P_0}{mL}\dfrac{1}{\omega_1^2}(\sin\omega_1 t - \omega_1 t\cos\omega_1 t)\sin\dfrac{\pi}{L}x \tag{4.57}$$

W の最大値は $t = \pi/\omega_1 = L/v$ で梁の中央に生じ，次式で得られる．

$$W\left(\dfrac{L}{2},\dfrac{L}{v}\right) = \dfrac{P_0}{mL}\dfrac{1}{\omega_1^2}\pi = \dfrac{P_0 L^3}{\pi^3 EI} \doteqdot 1.55\dfrac{P_0 L^3}{48EI} \tag{4.58}$$

よって，動的なたわみは荷重が梁を通過した瞬間に最大となり，静的荷重の 1.55 倍となる．この速度を危険速度という．衝撃係数は，理論的にはこの値以上にならない．実際には，車両には質量 m，ばね K，C（車のスプリング）があり，桁の上に数台載る．また車種が違い，路面の凹凸，エンジンの振動，速さが一定でない等の要因で不規則な挙動となるが，衝撃係数は実測に基づくと最大でも 1.4 倍くらいである．

4.4.6 鉄道橋での活荷重

KS 荷重：アメリカのクーパー荷重を踏襲している．9 軸のテンダー機関車（重量 106 tf）2 両と，連行する等分布荷重（4.9 t/m）からなる．S は特殊車両の荷重で軸間 2 m，2 軸のみである．1 軸当りの重量は K 荷重で 180 kN，S 荷重で 22 kN

である．KS 荷重は蒸気機関車に基づいているが，電気機関車，ディーゼル機関車も安全側の荷重となっている．JR では KS 荷重は採用しなくなった．

EA 荷重：電気もしくはディーゼル機関車（EF65 重連の機関車を考慮）を対象にしている．EA10〜EA17 まである．図 4.26 にこの荷重の概要を示す．図中の数値は荷重 tf である．

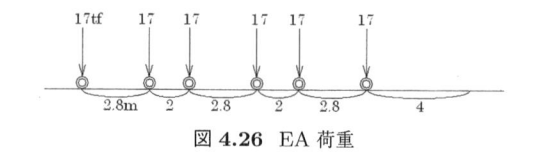

図 4.26 EA 荷重

M 荷重：電車 M–10 から M–18 の荷重である．図 4.27 に M–18 の場合の概要を示す．

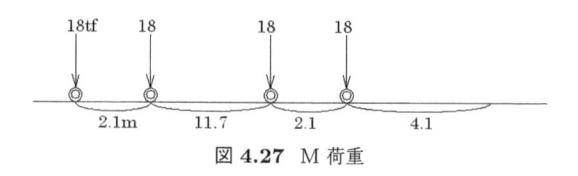

図 4.27 M 荷重

新幹線の荷重：旅客に P 荷重，貨物に N 荷重を設定している．図 4.28 に新幹線での列車荷重を示す．東海道，山陽新幹線では荷重値 16 tf，軸距 2.8 m で，東北，上越新幹線では 17 tf，軸距 3.5 m である．

鉄道では列車荷重が主であるが，これと関連して遠心荷重 F がある．

$$F = \alpha W V^2 / R \tag{4.59}$$

ここで，W：車両重量，V：速度，R：半径，α：係数である．

そのほかにも列車に特有な荷重がある．制動，始動荷重はブレーキによる摩擦力で，制動のとき E 荷重の 15%，始動のとき E 荷重の 25% 程度を考慮する．これらの値は，実測などによる経験値に基づく．ロングレールは保線の省力化，乗心地の構造，騒音減少のため溶接により長くしたレールであるが，温度変化により橋軸方向に 10 kN/m 程度の荷重（縦荷重）が生じる．縦荷重は温度変化による圧縮，引張力を示している．一方，車両のヨーイング（横方向の揺れ）により生じる横方向の力（横荷重）もあり，これに対しては E 荷重の 15%，M 荷重の 20% 程度を考慮し，0.15〜0.2 g の重力が作用するとしている．

4.4 橋梁での荷重

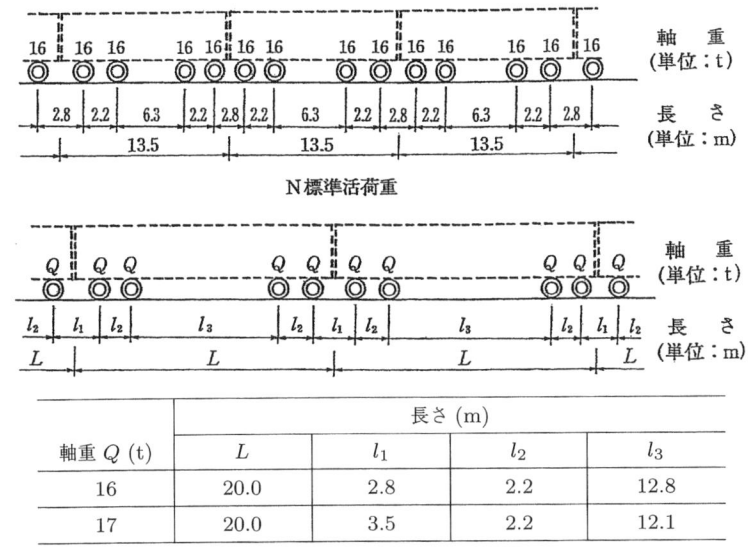

```
  16 16 16   16 16 16 16   16 16 16 16   16 16 16    軸  重
  ◎ ◎ ◎    ◎ ◎ ◎ ◎    ◎ ◎ ◎ ◎    ◎ ◎ ◎    (単位：t)
  |2.8|2.2| 6.3 |2.2|2.8|2.2| 6.3 |2.2|2.8|2.2| 6.3 |2.2|2.8|   長  さ
  |      13.5      |      13.5      |      13.5      |        (単位：m)
                      N標準活荷重
```

```
  Q Q Q      Q Q Q Q      Q Q Q           軸  重
  ◎ ◎ ◎     ◎ ◎ ◎ ◎     ◎ ◎ ◎          (単位：t)
 |l₂|l₁|l₂|  l₃  |l₂|l₁|l₂|   l₃   |l₂|l₁|l₂|   長  さ
 |    L    |         L          |    L    |       (単位：m)
```

軸重 Q (t)	長さ (m)			
	L	l_1	l_2	l_3
16	20.0	2.8	2.2	12.8
17	20.0	3.5	2.2	12.1

図 4.28 列車荷重の軸重・軸距モデル

衝撃係数は鋼橋では，次式で計算する．

$$i = \frac{K_a V}{500 L^{0.2}} + \frac{10}{65+L} \quad (ただし\ i \leqq 0.7) \qquad (4.60)$$

ここで，K_a は係数で，新幹線 1.0，在来線 2.0 とする．また，V は設計速度であり，新幹線 260 km/時，在来線 130 km/時とすると，おおよそ

$$i = \frac{0.52}{L^{0.2}} + \frac{10}{65+L}$$

に換算される．ここで，L は荷重の長さ（影響線での）を示す．

PC, RC 橋での衝撃係数を表 4.11 に示す．

表 4.11 鉄道での衝撃係数

L (m)	10	20	30	50	100
i	0.43	0.37	0.34	0.30	0.24

4.5 地中構造物での荷重

4.5.1 地中構造物に作用する荷重

図 4.29 に示すように地中構造物にはカルバート，共同溝，トンネル，地下駐車場など多種類ある．地中内に存在する構造物では周囲から土圧や水圧などの荷重を受ける．表 4.12 に地中構造物に作用する荷重の項目を示す．この中で土圧と水圧が主たる荷重となる．図 4.30 に地中構造物に作用する荷重の状況を示す．土圧と水圧は周囲から地中構造物の壁に作用する．地表にある車両荷重や上載荷重は土中で分散して壁に作用する．

ボックスカルバートの例

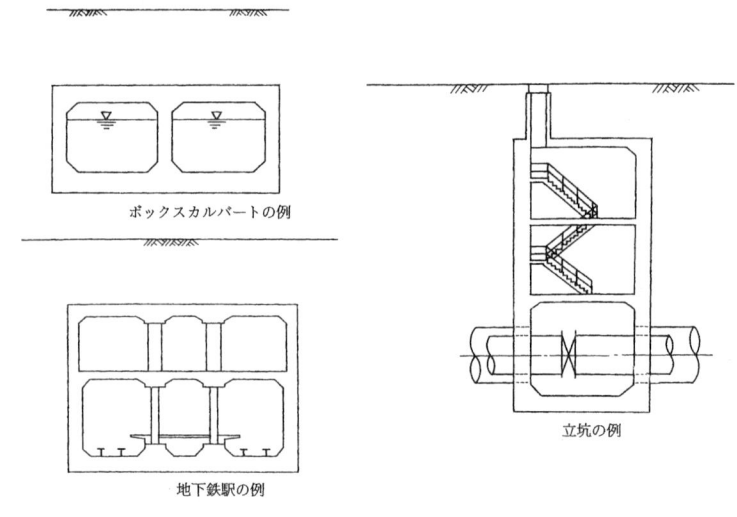

立坑の例

地下鉄駅の例

図 4.29 地下構造物の例

表 4.12 地中構造物での荷重

永久荷重	躯体自重 土圧（地盤反力：鉛直荷重の総和） 舗装荷重 水圧
変動荷重	活荷重(浅い場合の未考慮一般的には小さい) 温度荷重（土中の内外 ±15°C） 地震荷重（かつて考慮していなかったが現在考慮）

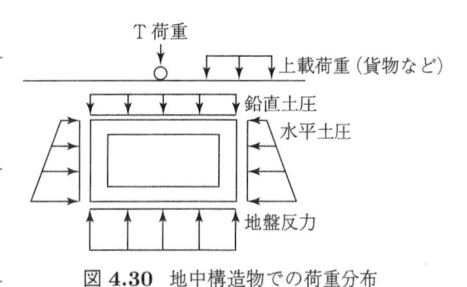

図 4.30 地中構造物での荷重分布

躯体自重は，奥行き 1 m 当りで考え $D = \gamma_{RC} \times A$ で計算する．ここで，γ_{RC} は単位体積重量で鉄筋コンクリート構造では $25\,\mathrm{kN/m^3}$，A は構造物の横断面内の断面積である．周囲に作用する土圧は上床版に鉛直土圧，側壁に水平土圧および底版に地盤反力である．鉛直方向土圧は次式で計算できる．

$$P_v = H \times \gamma \times \alpha \tag{4.61}$$

この式は鉛直土圧が，土被り厚，土の単位体積重量，係数の積となっている．沈下，固定条件などから $H \times \gamma$ とはならないため修正係数を乗じる．図 4.31 は鉛直土圧の考え方を示したものであり，上床版の上に載った土荷重は，土塊が移動するすべり線が直線でないことから，その分，鉛直土圧が増加するとされている．また周囲の地盤が沈下し，地中構造物が杭基礎等で固定されていると，大きな鉛直土圧が作用する．実測値等から得られた α の値はおおよそ以下のとおりである．

$H/B < 1$ のとき $\alpha = 1.0$ H：土被り厚，B：カルバートの幅
$1 < H/B < 2$ 1.2（浅い場合）
$2 < H/B < 3$ 1.35
$3 < H/B < 4$ 1.5
$H/B > 4$ 1.6（深い場合）

ある程度以上となると地盤は自立するので，α はこれ以上の値をとならない．

水平方向土圧 P_h は，静止土圧係数 K_h に土の単位体積重量 K_h と土被り厚 H を乗じて得られる．

$$P_h = K_h \times \gamma \times H \tag{4.62}$$

鉛直荷重には舗装や上載荷重を加える．図 4.32 に示すように，上載荷重による鉛直成分は水平成分に影響を与える．このため，鉛直土圧の影響分を水平土圧の成分として側壁に作用させる．この水平成分は静止土圧係数を 0.5 とすると $0.5(\gamma H + w)$ で計算できる．

図 4.31　鉛直土圧の考え方

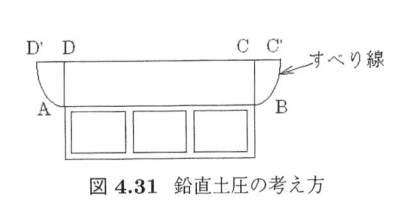

図 4.32　上載荷重から水平土圧への変換

地表面に車両，列車，航空機等がある場合には，これらの荷重による土圧を考慮する必要がある．車両に関しては活荷重として T–25 荷重を考慮する．この集中荷重を 45 度に分散させる．一般に L 荷重は考慮しない．T–25 以外にも工事現場では TT–43（重機，大型トレーラー）の荷重を考慮する必要がある．活荷重の衝撃係数 (I) は道路公団では深さ 3.5 m 未満で 0.3，これ以上の深さでは考慮していない．荷重図では奥行き 1 m 当りを考えるので，図 4.33 に示すように T 荷重でも後輪の 200 kN を車両幅 2.75 m で除して集中荷重を計算する．前輪の荷重はごく浅い場合を除き無視する．

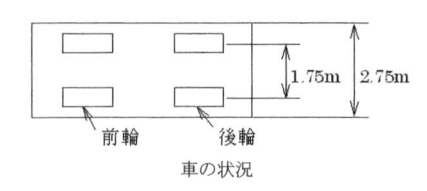

図 4.33 車両荷重の分担面積

荷重の部材に作用させる範囲は基準により異なるが，外側からの土圧のような荷重では，断面計算は部材軸外力は全幅に作用させるのが原則であり，構造物の全体安定と部材設計で考え方が異なる．この問題は板厚が厚い場合に議論となる．

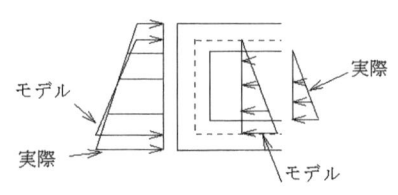

図 4.34 壁に作用する荷重の範囲

底版に作用する地盤反力は，上からの荷重の総和と考える．側面の摩擦力は設計上では無視して考えるのが普通である．

$$\text{地盤反力} = \text{鉛直土圧} + \text{輪荷重，上載荷重} + \text{構造物の自重}$$
$$+ \text{構造物内の荷重（自動車やパイプ類）} \tag{4.63}$$

4.5.2 カルバートに作用する鉛直土圧

周囲の地盤が沈下する場合，Marston の考え方によると，周囲が沈下するとすべり線の両側にせん断力 ($\mu K q\,dh$) が作用する．カルバート上面の理論土圧は，(H が入っていないことに注意）次式で計算できる．

$$P_V = K\gamma B \tag{4.64}$$

ここで，γ：単位体積重量，K：上方からの土圧係数で土被り厚 H の影響が間接的に入っている．B：構造物の幅である．土の内部摩擦角を ϕ とすると，土のブロックと周辺地盤の摩擦係数は $\mu = \tan\phi$ である．図 4.35 に地中構造物の上の土

塊での力の釣合いを示す．計算の仮定としてカルバートは剛体で沈下しないものとする．ab と a'b' 面は周辺地盤の沈下により一様なせん断力 $\mu K q \, dh$ が作用する．すべり線は直線と仮定する．dh 間での力の釣合いは次式で示される．

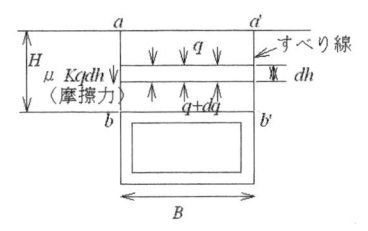

図 4.35 地中構造物上での土塊での力の釣合い

$$(q+dq)B = \underbrace{2\mu K q \, dh}_{\text{周辺せん断力}} + \underbrace{B \, dh \, \gamma}_{\text{ブロックの自重}} + \underbrace{qB}_{\text{上側の土圧}} \tag{4.65}$$
$$\underbrace{}_{\text{下側の土圧}}$$

これより次式が得られる．

$$\frac{dq}{dh} - \frac{2\mu K}{B} q = \gamma \tag{4.66}$$

この解については，基本解として $\gamma = 0$ とおき，一般解は基本解を参考に決める．$A = 2\mu K/B$ とおくと解は次式となる．

$$q = C_1 \cdot e^{Ah} \tag{4.67}$$

一般解は C_1 を h の関数として上式を基本式 (4.66) に代入する．

$$\left(e^{Ah} \frac{dC_1}{dh} + AC_1 e^{Ah} \right) - AC_1 e^{Ah} = \gamma$$
$$\therefore \quad C_1 = -\frac{\gamma}{A} e^{-Ah} + C_2 \tag{4.68}$$

境界条件として $h = 0$ で $q = 0$ （地表面で土被りは 0）より $C_2 = \gamma/A$ となる．

以上より，

$$q = \frac{B\gamma}{2\mu K} \left(e^{(2\mu K/B)h} - 1 \right) \tag{4.69}$$

ボックスカルバート上の鉛直土圧は，$h = H$ とおいて，次式で計算できる

$$P_V = q = \frac{e^{(2\mu KH/B)} - 1}{2\mu K} \gamma B \tag{4.70}$$

K は，H を含んだ形で鉛直土圧係数としているが，少し修正して αH とおいている．実際にはすべり線がふくれるので，この影響を加味して α とする．

$$P_V = \underbrace{\frac{e^{2\mu kH/B} - 1}{2\mu K} \frac{B}{H}}_{\alpha \text{ とおく}} \gamma H \tag{4.71}$$

構造物がたわみ性のときは，釣合い式は次式となる．

$$(q + dq)B = -2\mu Kq dh + Bdh\gamma + qB \tag{4.72}$$

この式を前式と同様に解くと次式が得られる．

$$P_V = \frac{1 - e^{-2\mu KH/B}}{2\mu K}\gamma B \tag{4.73}$$

鉛直土圧は γH より小さくなり，アーチ作用（効果）と理解されている．$H \to \infty$ とすると，$P_V = \gamma B/2\mu K$ となり，一定値となる．

4.5.3 水平土圧

地中構造物は，地震や地すべりで構造物が水平方向に動くとき，水平土圧の状況が変化する．地震時に図 4.36 のように慣性力が地中構造物に作用すると，上床版と下床版のせん断抵抗力と受働側の側壁に抵抗力が生じる．ここで，作用側の土圧を主働土圧，抵抗側の土圧を受働土圧と呼ぶ．構造物に作用する土圧係数を正確に算定するのは難しく，壁の動き，壁の剛性（切ばりの存在）によって土圧の値は異なる．構造物と周辺の土の相対変位により水平土圧がどう変わるかを図 4.37 に示す．設計では以下の方法でこれら土圧を計算する．

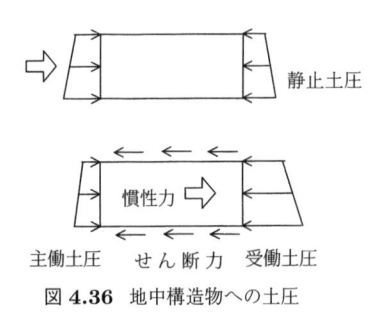

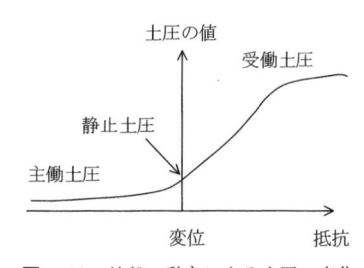

図 4.36 地中構造物への土圧

図 4.37 地盤の動きによる土圧の変化

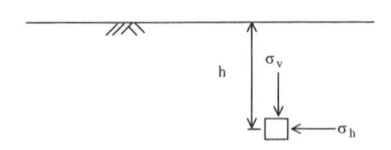

図 4.38 地中応力の考え方

地盤内の応力の初期状態は一般的に水平応力成分 (σ_h) と鉛直応力成分 (σ_v) とに分けられる.

$$\sigma_v = \gamma h, \quad \sigma_h = k_0 \gamma h \tag{4.74}$$

静止土圧係数の定義は，水平土圧と鉛直土圧のそれぞれの間隙水圧分を除く有効応力度の比と定義できる.

$$k_0 = \frac{\sigma_h}{\sigma_v} = \frac{\text{有効水平土圧}}{\text{有効鉛直土圧}} \tag{4.75}$$

ポアソン比 (ν) = 0.3 とすると，弾性理論的には静止土圧係数は約 0.4 となる.

$$k_0 \frac{\sigma_h}{\sigma_v} = \frac{\nu}{1-\nu} = \frac{0.3}{0.7} \fallingdotseq 0.4$$

Jaky の実験式 $k_0 = 1 - \sin\phi'$（ここで ϕ' は砂の内部摩擦角）では 30° とすると，静止土圧係数 $k_0 = 0.5$ となる.

受働土圧および主働土圧の考え方にはランキン土圧とクーロン土圧の考え方がある．ランキン土圧は，土の要素が破壊するときの土の極限状態から計算され，モール・クーロンの降伏条件より設定する．ランキン土圧は一般の粘土と砂へ適用できる．一方クーロン土圧は，壁部材の背面の土塊のくさびがすべることにより計算できる．くさびの力の釣合いから決まり，砂への適用が多い.

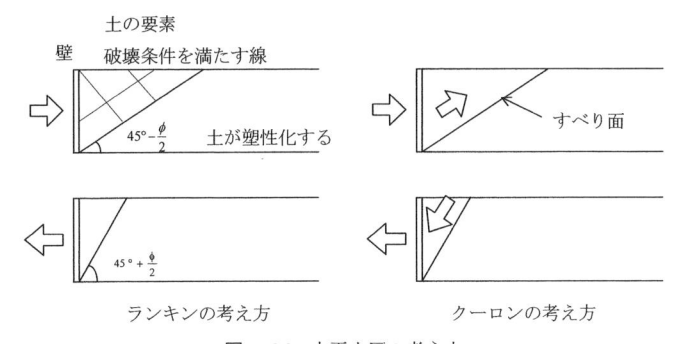

図 4.39 水平土圧の考え方

ランキン土圧は土の塑性条件から考える．モールの破壊包絡線は次式である.

$$\tau = C + \sigma_v \tan\phi \tag{4.76}$$

ここで，C：粘着力，ϕ：内部摩擦角，σ_v：深さ z での鉛直応力である.

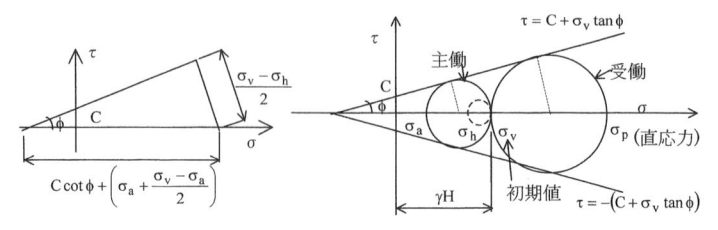

図 4.40 モール・クーロン則による土圧の考え方

図 4.40 の左側の幾何学的条件から次式の関係を得る.

$$\sin\phi = \frac{(\sigma_v - \sigma_a)/2}{C\cot\phi + (\sigma_v + \sigma_a)/2} \tag{4.77}$$

$\sigma_a \to \sigma_h$ と考えて，σ_h/σ_v とする．上式の関係より次式が得られる．

$$\sigma_h = \frac{1-\sin\phi}{1+\sin\phi}\sigma_v - \frac{2\cos\phi}{1+\sin\phi}C \tag{4.78}$$

上式を変換すると次式が得られる.

$$\sigma_h = \gamma Z \tan^2(45° - \phi/2) - 2C\tan(45° - \phi/2)$$

$\tan^2(45° - \phi/2) = K_a$ とおけば次式が得られる．

$$\sigma_h = K_a \gamma Z - 2C\sqrt{K_a} \tag{4.79}$$

第 2 項は負になるので $\sigma_h < 0$ となることがあることに注意が必要である．
受働側も全く同じになる．

$$K_p = \tan^2\left(45° + \frac{\phi}{2}\right) \tag{4.80}$$

$$\sigma_h = K_p \gamma Z + 2C\sqrt{K_p} \tag{4.81}$$

壁に働く合力は壁の高さ H の範囲を積分すればよい.

主働側： $$P_a = \int_0^H \sigma_h dz = \frac{1}{2}\gamma H^2 K_a - 2CH\sqrt{K_a} \tag{4.82}$$

受働側： $$P_p = \int_0^H \sigma_h dz = \frac{1}{2}\gamma H^2 K_p + 2CH\sqrt{K_p} \tag{4.83}$$

図 4.41 土塊のすべり

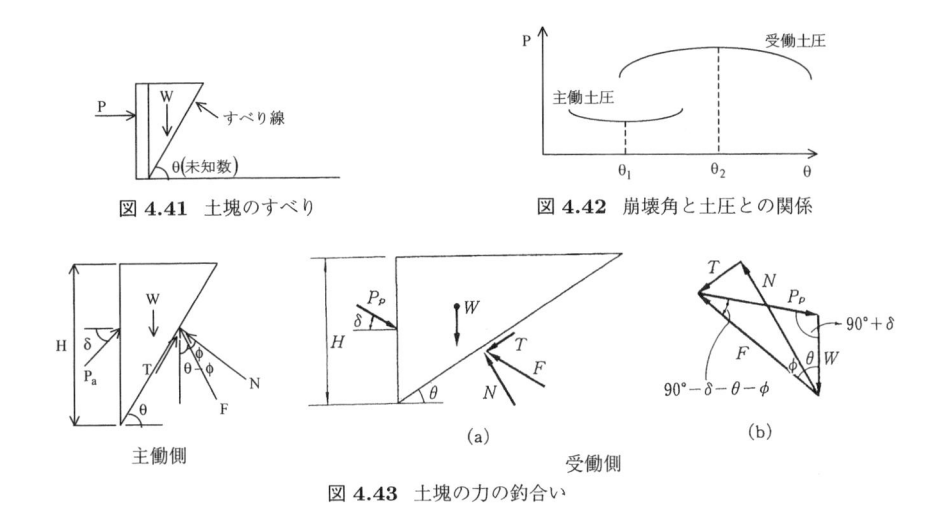

図 4.42 崩壊角と土圧との関係

図 4.43 土塊の力の釣合い

クーロン土圧は力の釣合いから求める．図 4.41 に示すように土塊（剛体）が壁の背面ですべることを仮定する．すべることからすべり面と壁との間の三角形上の土塊での力の釣合いは図 4.43 に示すようになる．ここで，δ：壁面摩擦角，ϕ：土粒子間摩擦角，θ：崩壊角，W：自重（くさびの重さ）$= \frac{1}{2}\gamma H^2 \cot\theta$ である．

三角定理から

$$\frac{W}{\sin(90°+\phi-\theta)} = \frac{P_a}{\sin(\theta-\phi)} \tag{4.84}$$

$$\therefore P_a = \frac{1}{2}\gamma H^2 \cot\theta \tan(\theta-\phi) \tag{4.85}$$

角度 θ が未知数なので $\partial P_a/\partial\theta = 0$ から極値を求める．これより図 4.42 に示すように主働土圧の P_a の最小値を求める．

$\theta = \pi/4 + \phi/2$ のとき最小で，主働土圧は $P_a = \frac{1}{2}\gamma H^2 K_a$，主働土圧係数は $K_a = \tan^2(\pi/4 - \phi/2)$ で与えられる．

受働土圧は同じように力の釣合いから，$P_p = W\dfrac{\sin(\theta+\phi)}{\sin(90°-\delta-\phi-\theta)}$ であり，$P_p = \frac{1}{2}\gamma H^2 K_p$，受働土圧係数は $K_p = \tan^2(\pi/4 + \phi/2)$ で与えられる．

土圧を計算するとき，一般的に①背後に上載荷重がある，②壁面が鉛直でない，③壁面の摩擦を考慮，④土層が複雑，⑤地盤が傾斜する，⑥地下水位；浸透流や被圧水がある，⑦壁の剛性は柔から剛まであることを考慮する．しかし，これら

をすべて考慮できる土圧算定式はないので，数値計算によるか影響の少ない項目を無視して計算を行う．

4.5.4 地震時土圧

地震時土圧は物部・岡部の式により計算できる．$\tan\theta = k_h W/W = k_h$ だけ壁も土塊も傾いたとしてクーロン土圧を解く．

鉛直震度 k_v があれば，

$$\tan\theta = \frac{k_h W}{W \pm k_v W} = \frac{k_h}{1 \pm k_v} \tag{4.86}$$

地震時の主働土圧は次式で得られる．

$$P_{aE} = (1 - k_v)(\gamma h + q) \times K_a \tag{4.87}$$

$$K_a = \frac{\cos^2(\phi - \theta)}{\cos\theta \cos(\delta + \theta)\left\{1 + \sqrt{\frac{\sin(\phi + \delta)\sin(\phi - \theta)}{\cos(\delta + \theta)}}\right\}^2} \tag{4.88}$$

受働土圧は次式で得られる

$$P_{pE} = (1 - k_v)(\gamma h + q) \times K_p \tag{4.89}$$

$$K_p = \frac{\cos^2(\phi - \theta)}{\cos\theta \cos(\delta - \theta)\left\{1 - \sqrt{\frac{\sin(\phi - \delta)\sin(\phi - \theta)}{\cos(\delta - \theta)}}\right\}^2} \tag{4.90}$$

上の式は砂質土の場合だが，粘性土では不明な点が多い．

4.6 海洋構造物への荷重

海洋構造物は陸上の構造物とは異なり，波浪，動水圧，静水圧など水の存在に関連する荷重が支配的となる．海洋構造物には，重力式構造物，杭式構造物，浮体構造物，埋設構造物などの構造形式がある．この中で重力式構造物は，波浪制御構造物，沖合人工島護岸，海上橋梁の基礎などに用いられる．

波浪制御構造物では，図 4.44 に示すように，鉄筋コンクリート製のケーソンと呼ばれる箱が海底地盤上に敷かれた砕石層（マウンド）の上に設置される．周囲

表 4.13 海洋構造物への荷重

永久荷重	躯体自重，上部工 内部土圧 静水圧
変動荷重	波圧（揚圧力） 流れ，潮流，氷 風，地震，動水圧
船舶	接岸力

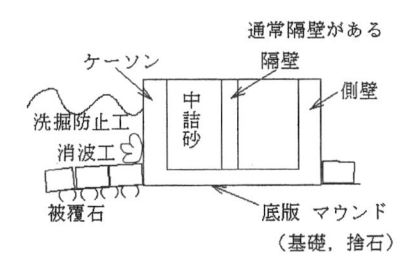

図 4.44 波浪制御構造物

には波浪の力を低減するための消波ブロックや洗掘防止のための被覆石が一般的に設置される．ケーソンの内部には重量を付加するため中詰土砂が投入される．

ケーソンに作用する主な荷重は，波圧，自重，地盤反力，中詰土圧である．波浪が大きい地点では，一般的に地震荷重より波荷重の方が支配的になり，波浪の小さい内海や湾内では地震荷重が支配的な荷重になる場合が多い．

4.6.1 波荷重

図 4.47（後出）に波圧の作用状況を示す．波圧は時間ごとに変化する．最大時の波圧分布を静的荷重に置換すると，ほぼ台形分布を2個重ねた形状となる．

波圧に関しては各種の式があるが，かつては広井式が広く用いられていた．これは衝撃波圧を考慮した水深の比較的浅い箇所の重力式構造物に適用された．

$$p = \alpha w_0 H_D \tag{4.91}$$

ここで，w_0：水の単位体積重量 $(10.3\,\mathrm{kN/m^3})$，H_D：設計波高，α：係数で広井式では 1.5 である．

種々の条件下で適用できる式として合田式が提案されている．合田式では α が波の波長，水深等の関数で与えられ，衝撃波領域も網羅している．柱状構造物や浮体等では波力の式は防波堤と異なるが，合田式に基づいて補正係数を用いて計算する場合が多い．

直立壁前面の波圧

直立壁前面の波圧は，式 (4.92) によって表される η^* の高さで 0，静水面の高さで式 (4.93) によって表される最大値 p_1，海底面で式 (4.94) によって表される p_2，直立壁底面で式 (4.95) によって表される p_3 となる，直線的に変化する分布で与えられる．図 4.45 に波圧強度の状況を示す．

$$(1) \quad \eta^* = 0.75(1+\cos\beta)\lambda_1 H_D \tag{4.92}$$

$$(2) \quad p_1 = 0.5(1+\cos\beta)(\alpha_1\lambda_1 + \alpha_2\lambda_2\cos^2\beta)\rho_0 g H_D \tag{4.93}$$

$$(3) \quad p_2 = \frac{p_1}{\cosh(2\pi h/L)} \tag{4.94}$$

$$(4) \quad p_3 = \alpha_3 p_1 \tag{4.95}$$

これらの式において,$\eta^*, p_1, p_2, p_3, \rho_0, g, \beta, \lambda_1, \lambda_2, h, L, H_D, \alpha_1, \alpha_2$ および α_3 は,それぞれ次の数値を表すものとする.

- η^*:静水面上で波圧強度が 0 となる高さ (m)
- p_1:静水面における波圧強度 (kN/m^2)
- p_2:海底面における波圧強度 (kN/m^2)
- p_3:直立壁の底面における波圧強度 (kN/m^2)
- ρ_0:水の密度 (t/m^3)
- g:重力加速度 (m/s^2)
- β:波の主方向からの範囲内で最も危険な方向と直立壁の法線の垂線がなす角度(°)
- λ_1, λ_2:波圧の補正係数(標準は 1.0)
- h:直立壁の前面における水深 (m)
- L:水深 h において計算に用いる波長
- H_D:最高波高 (m) $\doteqdot 1.8 \times$ 有義波高
- α_1:次式によって表される数値.$\alpha_1 = 0.6 + \dfrac{1}{2}\left\{\dfrac{4\pi h/L}{\sinh(4\pi h/L)}\right\}^2$
- α_2:$\dfrac{h_b - d}{3h_b}\left(\dfrac{H_D}{d}\right)^2$ と $\dfrac{2d}{H_D}$ のうち,いずれか小さい数値
- α_3:次式によって表される数値.$\alpha_3 = 1 - \dfrac{h'}{h}\left\{1 - \dfrac{1}{\cosh(2\pi h/L)}\right\}$

  この式において,h_b,d および h' は,それぞれ次の数値,h,L および H_D は,それぞれ前式の h,L および H_D と同じ数値を表すものとする.
- h_b:直立壁の前面から沖側へ有義波高の 5 倍の距離の地点における水深 (m)
- d:マウンドの根固め工または被覆工の天端のうち,いずれか浅い水深 (m)
- h':直立壁の底面の水深 (m)

杭やパイプラインなど径の細い長尺な構造物に作用する波力 F ではモリソン式を用いる.この式の第 1 項は速度をもつ水の流体力で,第 2 項は慣性力による力

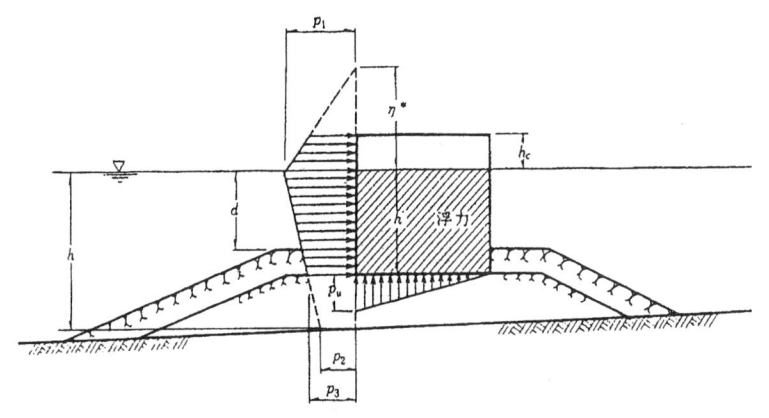

図 4.45 設計計算に用いる波圧分布

表 4.14 質量係数（慣性力係数）

物体の形状	基準体積	慣性力係数
円柱	$\dfrac{\pi}{4}D^2\ell$	$2.0\,(\ell > D)$
正角柱	$D^2\ell$	$2.19\,(\ell > D)$
立方体	D^3	1.67
球	$\dfrac{\pi D^3}{6}$	1.5
平板	$\dfrac{\pi}{4}D^2\ell$	$D/\ell=1$ の場合 0.61 〃 $=2$ 〃 0.85 〃 $=\infty$ 〃 1.0

である．

$$F = 0.5 C_D \cdot \rho \cdot U^2 \cdot D \cdot \Delta S + C_M \cdot \rho \cdot A_C \cdot A \cdot \Delta S \tag{4.96}$$

ここで，C_D：抗力係数，U：流体の速度，D：構造物の径，ΔS：構造物の微小な投影面積，C_M：質量係数（慣性力係数），A_C：流体の加速度，A：構造物の断面積，ρ：流体の密度である．抗力係数と質量係数を表 4.14 と表 4.15 にそれぞれ示す．

表 4.15 抗力係数

物体の形状	基準面積	抗力係数
円柱（粗面）	$D\ell$	$1.0\,(\ell>D)$
角柱	$B\ell$	$2.0\,(\ell>B)$
円板	$\dfrac{\pi}{4}D^2$	1.2
平板	ab	$a/b=1$ の場合 1.12 〃 2 〃 1.15 〃 4 〃 1.19 〃 10 〃 1.29 〃 18 〃 1.40 〃 ∞ 〃 2.01
球	$\dfrac{\pi}{4}D^2$	0.5〜0.2
立方体	D^2	1.3〜1.6

4.6.2 船の接岸力

桟橋，シーバースなど船舶が接岸する構造物では，接岸力を考慮する．一般的には，船舶の接岸エネルギーを，構造物前面に取り付けた防弦材や柔構造物によって，構造物自体で吸収する設計をする．

船舶の接岸によって生じる接岸エネルギーは，次式によって算定する．

$$E_f = \left(\frac{M_s V^2}{2}\right) C_e C_m C_s C_c \tag{4.99}$$

この式において，E_f，M_s，V，C_e，C_m，C_s および C_c は，それぞれ次の数値を表す．

E_f：船舶の接岸エネルギー (kJ)
M_s：船舶の質量 (t)
V：船舶の接岸速度 (m/s) （一般に 0.1〜0.15 m/s）
C_e：偏心係数
C_m：仮想質量係数

C_s：柔軟性係数（標準は 1.0）
C_c：バースの形状係数（標準は 1.0）

偏心係数 C_e は次式によって算定する．

$$C_e = \frac{1}{1+(l/r)^2} \tag{4.100}$$

ここで，l：船舶の接触点から係留施設の法線に平行に測った船舶の重心までの距離 (m)，r：船舶の重心を通る鉛直軸回りの回転半径 (m) である．

仮想質量係数 C_m は次式によって算定する．

$$C_m = 1 + \frac{\pi}{2C_b}\frac{d}{B} \tag{4.101}$$

$$C_b = \frac{\nabla}{L_{pp}Bd}$$

ここで，C_b：ブロック係数，∇：船舶の排水体積 (m^3)，L_{pp}：垂線間長 (m)（≒船長），B：型幅 (m)，d：満載喫水 (m) である．

なお，仮想質量係数 C_m は次式で一般的に定義されている．

$$C_m = \frac{M_s + M_w}{M_s}$$

ここで，M_s：船舶の質量 (t)，M_w：船舶の周辺の水塊の質量（付加質量）(t) である．

4.6.3 潮流力

潮流力 F_D は，海流や潮汐変動の中で作業船や構造物を曳航するときに生じる力で，次式により算定する．

$$F_D = (w_0/2g)C_D \cdot v^2 A \tag{4.102}$$

ここで，v：流速，A：投影面積，C_D：抗力係数である．潮流の流速は，関門海峡や鳴門海峡などでは 10 kn（ノット，1 kn＝1 852 m/時）前後になるときがあるが，普通は 1 kn 以下である．

この式は作業船やケーソンを海上で牽引するときの船の馬力，ロープの径と本数を設定するのに用いる．また，海洋構造物を沈設したり仮置きするときの係留索の設計にも使用される．

4.6.4 動水圧

周囲に水が存在する状態で構造物が地震力を受けると,静水圧以上の水圧を受ける.これを動水圧と呼ぶ.ダムのように構造物の一面に水が存在する場合と異なり,周囲を水で取り囲まれている構造物では,押す方向と引く方向とでダムの2倍の動水圧を受ける.動水圧の計算式としては Westergaad の式が有名で,実験値と理論から次式が提案されている.

$$\text{壁 体} \quad P_y = \frac{7}{8}\mu K_h w_0 \sqrt{hy} \tag{4.103}$$

$$\text{柱状体} \quad P_y = \beta K_h w_0 A \sqrt[3]{\frac{y}{h}} \tag{4.104}$$

ここで,P_y は水深 y の動水圧,K_h:設計水平震度,h:水深(図 4.46 参照),μ は壁体での水の有無を示す係数で,ダムのように片側に水があるときは 1.0,周囲が水であるときは 2.0 とする.β は形状による係数で直方体のとき以下の式により計算できる.

$$\frac{b}{h} \leq 2, \quad \beta = \frac{b}{a}\left(1 - \frac{b}{4h}\right)$$
$$2 \leq \frac{b}{h} \leq 4, \quad \beta = \frac{b}{a}\left(0.7 - \frac{b}{10h}\right) \tag{4.105}$$

ここで,a:構造物の幅,b:奥行き,h:高さである.大水深の構造物では波圧より地震時動水圧での断面が決まる場合があるが,一般には動水圧は波力より 1 ランク小さい荷重である.

構造物全体へ働く合力 P_t は,壁体の場合,以下の積分で計算できる.

$$P_t = \int_0^H \frac{7}{8}\mu K_h w_0 \sqrt{hy}\, dy = \frac{7}{12}\mu K_h w_0 H^2 \tag{4.106}$$

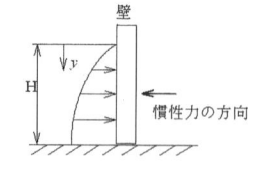

・片面に水があるとき(ダム)　・両面に水があるとき(海洋構造物)

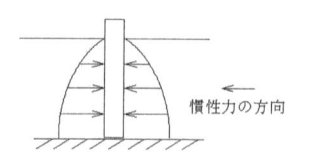

動水圧の合力は2倍となる.
押す方と引張る方

図 4.46 動水圧

ここで，w_0：水の単位体積重量である．

4.6.5 氷荷重

北極海，北海道地区など冬期に氷が押し寄せるところでは，氷荷重を作用させる．氷荷重は主に氷の圧縮強度に依存する．

$$F = C\sigma_c Dh \tag{4.107}$$

ここで，F：氷荷重（kN），C：氷係数 $0.3 \sim 0.7$，σ_c：氷の一軸圧縮強度（kN/m²）で $1\,400 \sim 3\,500\,\mathrm{kN/m^2}$，$D$：部材の外形（m），$h$：氷の厚さ（m）である．

この式は，氷の海に設置される石油掘削リグ，ポンツーン，シーバース，桟橋等の構造物に使用する．氷荷重を低減するために，北極海の人工島，洋上風力発電基礎などでは勾配を付けて氷を壊す工夫がなされる．

4.6.6 内部土圧

ケーソンの内部土圧は土圧係数を 0.6 とした静止土圧を一般的に用いるが，ケーソンの隔室の寸法が小さいときには上端より 45 度の線と隔壁の交点以下は一定値とする場合が多い．これはサイロ効果を考えたものである．図 4.47 に示すよう

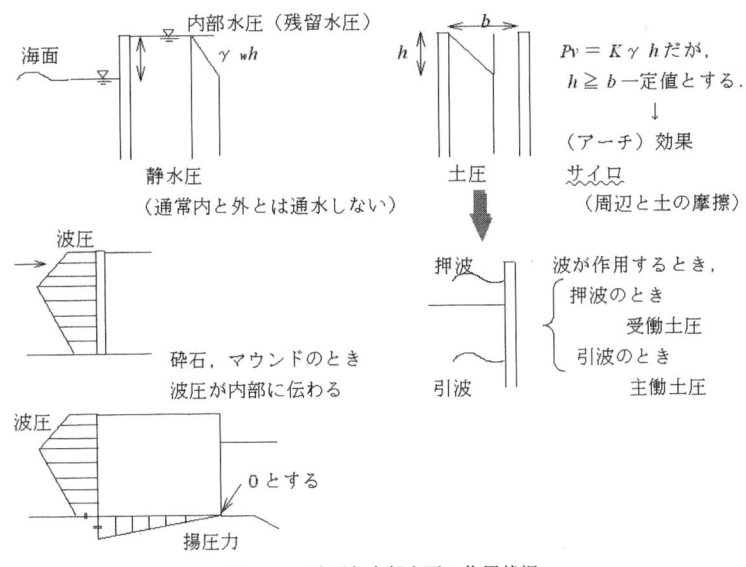

図 **4.47** 波圧と内部土圧の作用状況

に壁が相対的に柔の場合，壁の極限状態を考えるときには，最大波圧が作用する押し波時には受働土圧を，引き波時には主働土圧を考える方法もある．また内部水圧は前面の海面とケーソン上端との差を取る．

4.7 最大荷重

4.7.1 起こりうる自然災害

設計荷重は，特に自然現象を対象とした荷重の場合，最大値を設定しているわけではない．表 4.16 に設計でよく用いられる値と，1000 年程度の再現期間での値，既往最大値，物理的にありうる可能値を示す．ただし可能値は想像値で確たる根拠はないので注意が必要である．

表 4.16 自然災害を対象とした荷重

	設計値	1000 年くらいでの最大値	物理現象としての可能値
地震	75 年期待 基盤で 250〜300 Gal	500 Gal	1000 Gal
風	$U_{10} = 40$〜$60 \mathrm{m/s}$	100 m/s (室戸で 84.5 m/s, 宮古で 85.3 m/s)	75 m/s（陸上） 100 m/s（海上）
波	$H_{1/3} = 10$〜$15 \mathrm{m}$ （沿岸域）	15〜25 m/s （高知沖で 28 m）	・砕波の極限 ・三角波（波の重なり） 　2つ以上の台風
津波	釜石では 20 m （設計 5〜6 m）	宮古島で 85 m	300 m：隕石，100 m：海底 地滑り（過去最大）
降雨 洪水	50 mm/hr	尾鷲 806 mm/日	
気温	−10 から 40 度 （構造物ごと）	40.8 度　山形で最大 −41.0 度　旭川で最低	

地震，風，波，河川の高水流，雪などについての大きな値を，長年観測するデータから得て，再現期間，期待値を計算する．このデータ（標本）の要件としては独立性と等質性の2つが必要である．独立性では，同一の記録の中から標本を抽出しないことが重要である．個々のデータが時間的に離れている必要があり，例えば一つの台風から時間ごとの波高や風の最大値のデータを取るのではなく，いくつかの台風の個々の最大値を選ぶ必要性がある．等質性では，同一の母集団（性質）を持つことが求められる．風では，台風，季節風，低気圧と要因が違ううえ地形の影響も入るので，本来は個々に求める必要があるが，分類が難しいのでひ

とまとめにしてしまうときもある．現実には等質性を確保することは難しい．

4.7.2 背景となる統計量

標本すなわちデータの採択を行うとき，どの値以上をとるのかが問題となる．例えば波なら，有義波高 $H_{1/3} \geqq 2.5\,\mathrm{m}$ 以上の記録を，地震ならマグニチュード $Mg \geqq 4$ などと決める．観測データのすべては使わないので，部分極値資料とする．データ採択率 ν は，採択した極値データの個数 N_T の中で使用するデータの個数 N の率を示す．

$$\nu = N/N_T \tag{4.108}$$

年平均発生率 λ は，κ 年間に N_T 回出現すれば毎年どのくらい発生するかを示し，次式で求まる．

$$\lambda = N_T/\kappa \tag{4.109}$$

これらの極値データから極値分布関数を求め，データがどのような確率分布に属するか，ある期間での最大値もしくは最小値はいくらかを推定する．土木分野での不規則現象（事象）を数値的に表すための元のデータを確率変数という．また，例えば確率変数 X が洪水時の水位（$X > 2\,\mathrm{m}$ は，水位が $2\,\mathrm{m}$ を超えることを示す）であるとすると，X には離散型と連続型がある．異常現象は一般的に離散型で示される．通常の日々行われる温度，風，波浪等の観測は連続型となる．

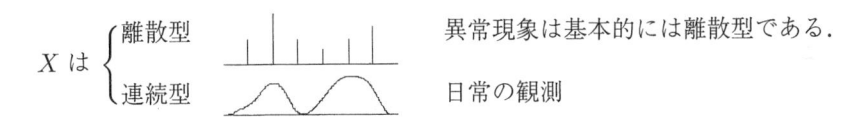

X は $\begin{cases} \text{離散型} \\ \text{連続型} \end{cases}$　　異常現象は基本的には離散型である．

　　　　　　　　　　　　日常の観測

確率分布は，確率変数の定量的表現である．X を確率変数とすると，x が X より大きい確率分布は次の累積分布関数で定義できる．

$$F_X(x) \equiv P(X \leqq x) \tag{4.110}$$

$F_X(x)$ は次の性質を持つ．
(1) $F_X(-\infty) = 0$,　$F_X(+\infty) = 1$
(2) $F_X(x) > 0$ で増加関数（減少しない，負の値はない）
(3) x に関して連続

この性質を持てば，どんな関数でも確率分布関数となる．また，確率密度関数 $f_X(x)$ は $X = x$ のような特定の値，$a < X \leqq b$ のような特定区間での確率を示す．X が区間 $[a, b]$ に入る確率は，

$$P(a < X \leqq b) = \int_a^b f_X(x)dx \tag{4.111}$$

確率密度関数の全積分（横軸）も 1 となる．確率分布関数は，確率密度関数の積分となる．逆にいえば累積分布関数を微分すると確率密度関数となる．

$$P(X \leqq x) = f_X(x) = \frac{dF_X(x)}{dx} \tag{4.112}$$

$f_X(x)$ そのものは確率を示すものではなく，$f_X(x)dx = P(x < X \leqq x + dx)$ が，X の値が $[x, x + dx]$ の区間に入る確率を示す．確率密度関数が定義されれば平均値，標準偏差などの諸量が次式で計算できる．

平均値（期待値）
$$E(x) = \int_{-\infty}^{\infty} x f_X(x)dx = \mu_x \tag{4.113}$$

分散は，
$$\sigma^2 = \mathrm{Var}(X) = \int_{-\infty}^{\infty} (x - \mu_X)^2 f_X(x)dx \tag{4.114}$$

標準偏差は，
$$\sigma = \sqrt{\mathrm{Var}(X)} \tag{4.115}$$

確率密度関数が最大の箇所を最頻値，確率分布関数 $F_X(x_m) = 0.5$ のときの x_m の値を中央値という．

4.7.3 再現期間と再現期待値

長い間に 1 回生じる異常値を推定するのに再現期間がある．**再現期間**とは，特定の値 X_d を超えるのが平均 1 回生じる年数である．また，n 年に 1 回の割合で発生すると期待できる値を再現期待値という．

極値の確率分布関数 $F(x)$ を仮定する．$F(X_d)$ は x が X_d を超えない確率なので，超える確率は $1 - F(X_d)$ となる．ある年に X_d を超えて n 年目に再度 X_d を超えたとする．$(n - 1)$ 年では超えず次の 1 年で超えたとすると，この確率は次式で得られる．

$$P_n = \underbrace{[F(X_d)]^{n-1}}_{\text{超えない}} \underbrace{[1 - F(X_d)]}_{\text{超える}} \tag{4.116}$$

n は 1 年目から ∞ 年目まで起こりうるので，平均の n 年を考える．これを再現期間 R とする．

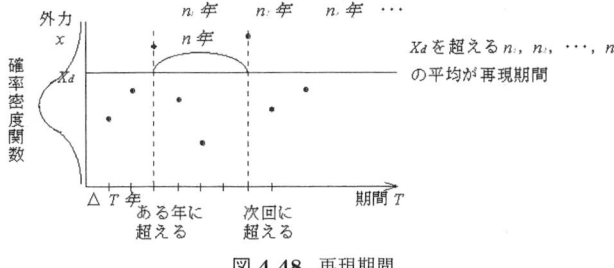

図 4.48 再現期間

平均値の概念で考えるとよい.

$$R = 平均(n), \quad E(n) = \sum_{n=1}^{\infty} nP_n = [1-F(X_d)] \sum_{n=1}^{\infty} nF(X_d)^{n-1}$$
$$= \frac{1}{1-F(X_d)} \tag{4.117}$$

1年のうちに λ 回のデータあれば,再現期間は λ で除して以下の式となる.

$$R = \frac{1}{\lambda(1-F(X_d))} \tag{4.118}$$

(参考)

$$E(\kappa) = \sum_{\kappa=1}^{\infty} \kappa p q^{\kappa-1} = p(1+2q+3q^2+\cdots) = p\frac{1}{(1-q)^2}$$

ここで,$p = 1-q$ であるので,

$$E(\kappa) = p\frac{1}{p^2} = \frac{1}{p}$$

もし再現期間がわかって,極値 X_d を求めるのなら,次式から計算できる.

$$R = \frac{1}{1-F(X_d)} \text{より}, \quad F(X_d) = \left(1-\frac{1}{R}\right) \tag{4.119}$$

$$X_d = F^{-1}\left(1-\frac{1}{R}\right) \tag{4.120}$$

_{分布関数の逆関数を使う.}

ところで,$F(x)$ の母集団から T 回標本抽出し,各回とも X_d を超えない確率 q (非超過確率) は,事象が独立とすれば積の法則より,$q = F(x)^T$ である.$F(x)$

を T 乗すればよい．したがって，∴ $q = \left(1 - \dfrac{1}{R}\right)^T$ となる．これを**再現期待値**という．

もし構造物の耐用期間中に X が X_d を1回超えない確率を考えるならば，T が耐用年数となる．$R = T$ すなわち再現期間＝耐用期間とおくと，次式の関係が得られる．

$$q = \left(1 - \frac{1}{T}\right)^T \doteqdot \frac{1}{e} = 0.364 \tag{4.121}$$

すなわち，100年設計した構造物で100年期待値の外力を考えると，$0.364 \doteqdot 36\%$ の確率で外力がこない．逆にいえば，64%の確率で外力がくる遭遇確率となる．

外力がこない確率 $q = 0.9$ とすると，1000年の再現期間となる．常識的には，$q = 0.5 \sim 0.7$ をとり特に異常現象あるいは最重要な構造物では $q = 0.9$ 程度とするとよい．表4.17に地震外力での非超過確率の考え方の一例を示す．

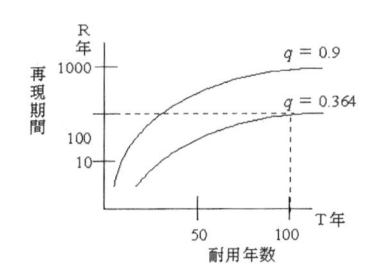

図 **4.49** 再現期間と耐用年数

表 **4.17** 50年の使用年数

地震頻度	非超過確率	
Frequent	50%	一般建物
Occasional	20%	緊急用途
Rare	10%	極めて重要
Very Rare	5%	重大 原子炉等

遭遇確率は，次式で計算できる．

$$E = 1 - \left(1 - \frac{1}{R}\right)^T \tag{4.122}$$

耐用年数を固定して再現期間を増大させると，遭遇確率は減少する．これは，より大きな荷重を設計に採用することになる．

いま，長期間にわたり観測された波あるいは風のデータの確率変数 x の確率密度関数を $f(x)$ とする．ある現象の発生する確率を $F(x)$ とすると，$F(x)$ は $f(x)$ を積分することにより求まる．

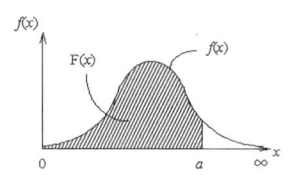

図 **4.50** 確率密度関数

$$F(x) = \int_0^a f(x)dx \tag{4.123}$$

図 4.50 の斜線部が $F(x)$ を示す．

全確率は次式で得られる．

$$\int_0^\infty f(x)dx = 1 \tag{4.124}$$

遭遇確率は，

$$E(x) = 1 - F(x) \tag{4.125}$$

図 4.50 で上限値 a を右に移動すると遭遇確率は減少し，設計荷重が大きくなる．

もし，耐用期間を 50 年，再現期間を 500 年と 1000 年に設定すると，遭遇確率 5% と 10% 程度である．

$$E = 1 - (1 - 1/500)^{50} = 0.0953 : 10\% \text{くらい} \tag{4.126}$$

$$E = 1 - (1 - 1/1\,000)^{50} = 0.048 : 5\% \text{くらい} \tag{4.127}$$

（例題）

送信塔を 50 年確率風すなわち再現期間 50 年の風速（40 m/s）に対して設計する．

(a) 完成後 5 年目に設計風速を超える確率はいくらか？

任意の年に 50 年確率風がくる確率は，$p = 1/50 = 0.02$ であるから，5 年度にくる確率は

$$P(T=5) = \underset{\text{超える}}{p^1} \underset{\text{超えない}}{(1-p)^4}$$

$$= 0.02 \times (1 - 0.02)^4 = 0.018$$

(b) 完成後 5 年以内に設計風速を 1 回超える確率はいくらか？

$$P(T \leqq 5) = \sum_{t=1}^{5}(0.02)(1-0.02)^{t-1}$$
$$= 0.02 + 0.0196 + 0.0192 + 0.0188 + 0.0184 = 0.096$$

これは 5 年間に少なくとも 1 回起きる確率と等価である．

$$1 - (0.98)^5 = 0.096$$

4.7.4 極値統計での分布形

年単位で処理した離散変量 $X_1, X_2, \cdots, X_n$ の極値（最大値か最小値）は，n が大きくなるとある分布に漸近する．この分布を $F(x)$ とする．確率分布関数は，$F_X(x)$ の生起確率を P_r とする．

$F(x) = P[X_i \leqq x]$ で，

$$\begin{aligned} F(x) &= P_r[n \text{ 個すべての } X_i \leqq x] \\ &= P_r[X_1 \leqq x] \cdot P_r[X_2 \leqq x] \cdots P_r[X_n \leqq x] \\ &= [G_X(x)]^n \end{aligned} \quad (4.128)$$

X の母集団から n 個抽出して，各回とも x を超えない確率（未超過確率）は，互いに独立なら確率密度関数 $f(x)$ が次式で得られる．

$$f(x) = \frac{dF}{dx} = n[G_X(x)]^{n-1}\frac{dG_X(x)}{dx} \quad (4.129)$$

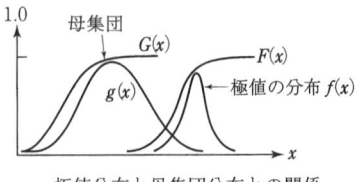

極値分布と母集団分布との関係

極値統計に用いる確率密度関数 $f(x)$ には多数提案されている．以下に簡単にこの分布形を示す．

（1）極値分布
極値 I 型分布
確率分布関数は次式で示される．
$$F(x) = \exp\left[-\exp\left(-\frac{x-B}{A}\right)\right] : -\infty < x < \infty \tag{4.130}$$

確率密度関数は次式で示される．
$$f(x) = \frac{1}{A}\exp\left[-\frac{x-B}{A} - \exp\left(-\frac{x-B}{A}\right)\right] \tag{4.131}$$

ここで，A, B は定数で，分布形の裾が指数的に減じる．
$\quad\quad A$：尺度パラメーター（確率紙上の勾配）scale parameter
$\quad\quad B$：位置パラメーター（確率紙上の切片）location parameter
平均値は次式となる．
$$\mu = E(x) = \int_{-\infty}^{\infty} xf(x)dx = B + A\gamma \tag{4.132}$$

ここで，γ はオイラー定数で 0.5772．
標準偏差は次式となる．
$$\sigma = \left[\int_{-\infty}^{\infty}(x-\mu)^2 f(x)dx\right]^{1/2} = \pi A/\sqrt{6} \tag{4.133}$$

極値 II 型分布
$$F(x) = \exp\left[-\left(1+\frac{x-B}{\kappa A}\right)^{-\kappa}\right], \quad B - \kappa A \leqq x < \infty \tag{4.134}$$

$$f(x) = \frac{1}{A}\left(1+\frac{x-B}{\kappa A}\right)^{-(1+\kappa)} \exp\left[-\left(1+\frac{x-B}{\kappa A}\right)^{-\kappa}\right] \tag{4.135}$$

κ は形状パラメーターである．II 型は $\kappa \to \infty$ とすると I 型になる．

極値 III 型分布
$$F(x) = \exp\left[-\left(\frac{B-x}{A}\right)^{\kappa}\right] \tag{4.136}$$

$$f(x) = \frac{\kappa}{A}\left(\frac{B-x}{A}\right)^{\kappa-1}\exp\left[-\left(\frac{x-B}{A}\right)^{\kappa}\right] \tag{4.137}$$

III 型は確率変数が上限値をもち，x の小さい方へ裾をひく分布である．土木関係の極値解析では大きい方へ裾をひくので，III 型はあまり使われない．

(2) ワイブル（Weibul）分布

波浪などの統計ではよく使われるのがワイブル分布である．

確率分布関数は次式で示される．

$$F(x) = 1 - \exp\left[-\left(\frac{x-B}{A}\right)^\kappa\right], \quad B \leqq x < \infty \tag{4.138}$$

確率密度関数は次式で示される．

$$f(x) = \frac{\kappa}{A}\left(\frac{x-B}{A}\right)^{\kappa-1}\exp\left[-\left(\frac{x-B}{A}\right)^\kappa\right] \tag{4.139}$$

ここで，κ は形状パラメーターで，$k=1$ なら指数分布となる．κ による $f(x)$ の違いは大きい．また，$\dfrac{x-B}{A} = y$ を基準化変量という．

最頻値（$\kappa > 1$）は次式で示される．

$$B + A\left(1 - \frac{1}{\kappa}\right)^{1/\kappa} \tag{4.140}$$

平均値（μ）は次式で示される．

$$\mu = \int_0^\infty x f(x)dx = B + A\Gamma\left(1 + \frac{1}{\kappa}\right) \tag{4.141}$$

標準偏差（σ）は次式で示される．
$\sigma^2 = \int_0^\infty (x-\mu)^2 f(x)dx$ より，

$$\sigma = A\left[\Gamma\left(1 + \frac{2}{\kappa}\right) - \Gamma^2\left(1 + \frac{1}{\kappa}\right)\right]^{1/2} \tag{4.142}$$

ここで，Γ はガンマ関数で，次式で示される．

$$\Gamma(z) = \int_0^\infty e^{-t}t^{z-1}dt, \quad \Gamma(n) = n! \tag{4.143}$$

(3) 対数正規分布（$\ln x$ が正規分布に従う）

$$F(x) = \int_{-\infty}^x f(t)dt, \quad 0 < x < \infty \ (f(t)：正規分布) \tag{4.144}$$

$$f(x) = \frac{1}{\sqrt{2\pi}\,Ax} \exp\left[-\frac{(\ln x - B)^2}{2A^2}\right] \tag{4.145}$$

最頻値は次式で示される．
$$\exp(B - A^2) \tag{4.146}$$

平均値は次式で示される．
$$\mu = \exp\left(B + \frac{A^2}{2}\right) \tag{4.147}$$

標準偏差は次式で示される．
$$\sigma = \exp\left(B + \frac{A^2}{2}\right)(\exp A^2 - 1)^{1/2} \tag{4.148}$$

図 4.51 に各種の確率密度関数の比較を示す．

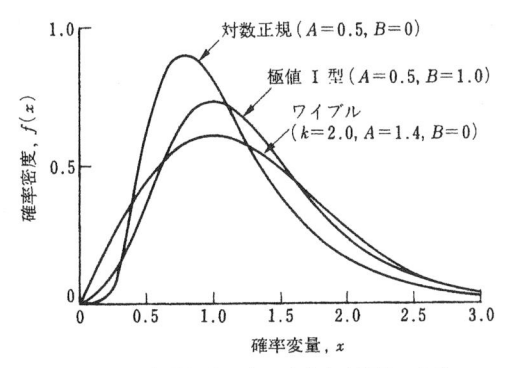

図 **4.51** 各種極値分布の確率密度関数の比較

4.7.5 極値統計の方法

最小二乗法による場合の手順の概要を示す．

① 統計量の整理

順序統計量の整理を行う．採取した期間 T（年）の個数（〜データ数）N_T の標本をデータの大きさ順に並びかえる．昇順では N 個のデータの極大値を最小値から最大値まで順番に並べる．

$$x_1 \leqq x_2 \leqq \cdots \leqq x_m \leqq \cdots \leqq x_N \tag{4.149}$$

② プロッティングポジション

標本の整理ができたら，いずれかの分布関数をあてはめる．標本資料を確率紙図上にプロットし，非超過確率を求めることをプロッティングポジションという．

非超過確率 P を

$$P = 1 - \frac{i - \alpha'}{N_T + \beta} \tag{4.150}$$

で計算する．ここで，α', β は定数であり，表 4.18 に示すように極値統計の仕方でいろいろな値をとる．i は大きい順の番号 $(1, \cdots, N_T)$ を示す．

$$\text{平均値}\quad : \hat{F}_i = \frac{i - \alpha}{N_T + \beta}, \quad i = (N_T - N + 1) \cdots N_T \tag{4.151}$$

ただし，$\alpha + \alpha' + \beta = 1$ の関係がある．

表 4.18 プロッティングポジションの定数

	α	α'	β
ワイブル分布	$0.60 - 0.50/\sqrt{\kappa}$	$0.20 + 0.27/\sqrt{\kappa}$	$0.20 + 0.23/\sqrt{\kappa}$
極値 I	0.44	0.44	0.12
極値 II	$0.44 - 0.41/\kappa$	$0.44 + 0.52/\kappa$	$0.12 - 0.11/\kappa$
対数正規	0.375	0.375	0.25
正規	〃	〃	〃

③ 基準化変量 γ_v の計算

確率 P に対して，分布関数（ワイブル分布 etc.）から基準化変量 γ_v を計算する．

$$\gamma_v = \frac{x - B}{A} \tag{4.152}$$

ワイブル分布では，基準化変量は次式で示される．

$$\gamma_v = [-\ln(1 - P)]^{1/\kappa} \tag{4.153}$$

$$P = 1 - \exp\left[-\left(\frac{x - B}{A}\right)^\kappa\right] \tag{4.154}$$

④ 尺度 A, B の決定

順序統計量 x_m が基準化変量 γ_v と直線回帰式で表示できるとして，最小二乗法で係数 A, B を決定する．対数確率紙を用いても容易に得られる．

$$x_m = A\gamma_v + B \tag{4.155}$$

ここで，x_m：具体的には最大風速，波高，マグニチュード等の数値であり，図 4.52 に示すように A は勾配，B は切片を示す．

⑤ 確率分布の設定

係数 A と B を各々尺度パラメーター，位置パラメーターとし κ は仮定する．

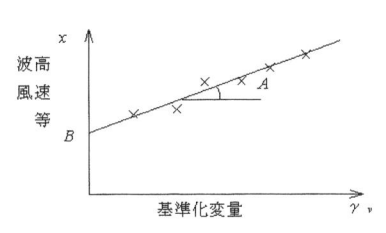

図 4.52 基準化変量と設計変量との関係

ワイブル分布では式 (4.138)，(4.139) に示した以下の関数となる．

$$\text{確率分布関数：} F(x) = 1 - \exp\left[-\left(\frac{x-B}{A}\right)^{\kappa}\right] \tag{4.156}$$

$$\text{確率密度関数：} f(x) = \frac{\kappa}{A}\left(\frac{x-B}{A}\right)^{\kappa-1}\exp\left[-\left(\frac{x-B}{A}\right)^{\kappa}\right] \tag{4.157}$$

⑥ 再現期間より設計値の設定

遭遇確率から再現期間を設定すると，次式により設計値（波高，風速 etc.）に対して $R_P \sim x_m$ の関係が計算できる．

$$x_m = A\gamma_v + B \tag{4.158}$$

$$R_P = \frac{T}{N}\frac{1}{1-P(H \leqq x)} \tag{4.159}$$

$$\gamma_v = [-\ln(1-P)]^{1/\kappa} \quad \text{（ワイブル分布）} \tag{4.160}$$

（例題）波での実際の計算

波高データを処理し，N 年間に最大波高を m 個取得したとする．統計処理ではこれを大きい順に並べる．

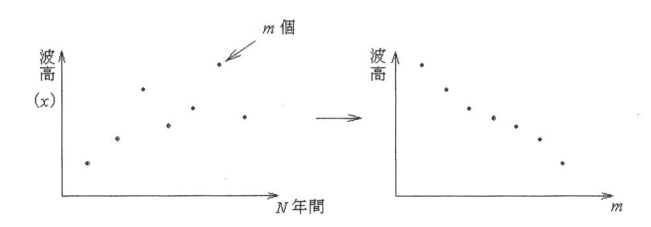

各波高に対する未超過確率を計算するため，プロッティングポジションの公式を使う．

これは各確率関数ごとに異なる．ワイブル分布では，$\alpha' = 0.20 + 0.27/\sqrt{\kappa}$ で $\beta = 0.20 + 0.23/\sqrt{\kappa}$ で計算する．

ここで，大きい方から，$m = 1, 2, \cdots, N$ とする．N はデータ個数である．
$P[H \leqq x] = 1 - \exp\left[-\left(\dfrac{x-B}{A}\right)^{\kappa}\right]$ であるので，$\dfrac{x-B}{A}$ の逆関数をとる．

$$\frac{x-B}{A} = [-\ln\{1 - P(H \leqq x)\}]^{1/\kappa}$$

これを γ_v とおく．

$$\gamma_v = \frac{x-B}{A}$$

経験的に $\kappa = 1.1$，$\alpha = 0.46$，$\beta = 0.50$ とすると，プロトポジショニングの値は以下となる．

ここでは $F_m = 1 - \dfrac{m - \alpha'}{N + \beta}$ が一番合う．

いま統計量として以下の計算となる．

	順位	波高	未超過確率	
	m	x m	$P[H \leqq x]$	$\gamma_v = [-\ln(1-P)]^{1/\kappa}$
	1	7.7	0.96727	3.058
	2	5.4	0.90667	2.193
20年間	3	5.1	0.84606	1.768
	.	.	.	.
	.	.	.	.
	.	.	.	.
	.	.	.	.
	16	2.8	0.05818	0.077

これより最小二乗法（$x_m = A\gamma_v + B$）で，$x_m = 1.493\gamma_v + 2.805$ を得る．

波高の再現期間は次式で示される．ここで T は検討期間で N は採用したデータの個数である．

計算例

① $T = 20$ 年で，$N = 16$ 個の記録をとったが，$R_P = 50$ 年とすると，このときの波高はいくらか？

$$50 = \frac{20}{16(1-P)} \quad \therefore \quad 1-P = \frac{20}{16 \times 50} \quad P = 0.975$$

$$\gamma_v = [-\ln(1-0.975)]^{1/1.1} = 3.69^{1/1.1} = 3.276$$

$$\therefore \quad x = 1.493 \times 3.276 + 2.805 = 7.70 \text{ m}$$

② 波高 5 m に対して再現期間はいくらか？

$$5 = 1.493\gamma_v + 2.805 \quad \therefore \quad \gamma_v = 1.470$$

逆関数 $1.47 = [-\ln(1-P)]^{1/\kappa}$ を求める．

$$\ln(1-P)^{-1} = 1.47^{1.1} = 1.52$$

$$\frac{1}{1-P} = e^{1.52} = 4.57 \quad \therefore \quad P = 0.781$$

$$R = \frac{20}{16(1-0.781)} = 5.7 \text{ 年となる．}$$

極値統計での問題点

① 毎年 1 個ずつの極大値をとると，2 番目の記録が反映されない．
② 性質の違う統計をとる（台風と季節風など）可能性がある．
③ 極大値には欠測（振り切れ等）がある場合がある．
④ 測定器の精度（波浪観測，風，地震観測）が日進月歩である．過去の記録は重要だが，数値の整合（調整）が不明．精度，読みとり範囲などが異なる．
⑤ 何の確率分布を用いればよいか確定されていない．各々の分野，対象によって修正・改良が加えられる．洪水，風，波浪，地震により確率分布の形状が異なる．
⑥ 大きな地震，波浪がくるたびに設計値は上がる傾向にある．大地震の記録が過去になければ，大地震はこないと予測するのか．阪神地震では，少数の研究者は指摘していたが大半の研究者，設計者がこないと判断し，この地区の設計震度を上げなかった．
⑦ 自然現象には上限値がある．理論的に設定される極大値もある．
⑧ 一般に大きい記録の数は少なく，精度が悪い．
⑨ 信頼性区間の問題．記録が少ないと，少ない範囲では統計量の信頼性が落ちる．

4.8 衝撃荷重

4.8.1 衝突現象

衝突現象は種々あるが，設計には直接取り入れられていない．現象が複雑でまれにしか生じないため，事故として取り扱われ，その検討は十分であった．しかし近年，安全・人命の問題として研究が進められている．爆発等については軍事面での検討が進められてきており，この研究を基に自動車事故，航空機事故などでは，衝突時に構造体がどのように破壊するのか，また，人命にとって安全性を向上するためにはどうしたらよいか，といった観点から衝突の解析が行われている．

ただし，一般的な土木施設を対象とした構造設計では，衝撃の計算が複雑なことから静的荷重に置き換えて設計する．衝突の要因は，人為と自然現象に分類できる．人為的な要因では，車両，航空機，船舶などの輸送機関での事故，ミサイル，爆弾などの爆発，荷物の落下がある．ヨーロッパの一部ではテロによる爆発物の設計荷重への導入も考慮されている．自然現象には落石，隕石などの落下，地震，波浪などの衝撃成分がある．地震時の衝撃波の存在を指摘する研究者もいる．衝突の速度すなわち荷重の立ち上がり速度に着目すると以下の分類ができる．

現象	ひずみ速度	衝突物体の速度
静的・クリープ	$> 10^{-5}$	1 m/s
準静的	$10^{-5} \sim 10^{-1}$	$1 \sim 100$ m/s
中間的ひずみ速度	$10^{-1} \sim 10^{2}$	100 m/s 以上
高ひずみ速度	10^{2} 以上	$10^{3} \sim 10^{5}$ m/s

ここで，ひずみ速度=ひずみの増加/時間 $(\dot{\varepsilon} = \varepsilon/\delta_t)$ である．中間的なひずみ速度の衝突現象は，車両，土石流，地震など，高ひずみ速度の衝突現象は，砲弾，爆発，隕石などがある．爆発はトンネル内の事故やテロ行為を想定している．

衝撃現象の解析上の特徴は，慣性力を考慮して動的な解析を行うこと，および材料強度のひずみ速度依存性を考慮することである．動的な影響として，構造物の質量や減衰等の静的解析では考慮しない力学的性質を考慮することになる．

鋼材強度のひずみ速度依存性の式を以下に示す．ひずみ速度 $\dot{\varepsilon}$ の関数になっている．

$$\sigma/\sigma_y = 1.172 + 0.037 \log \dot{\varepsilon} \tag{4.161}$$

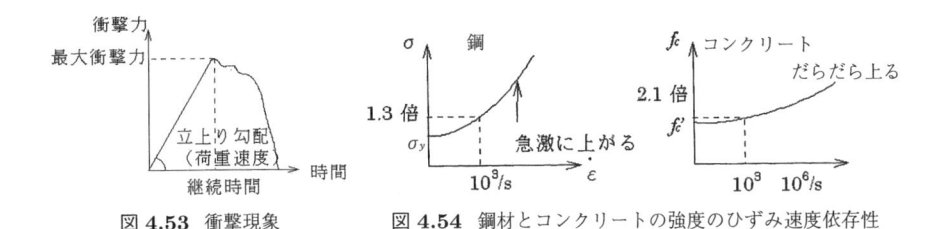

図 4.53 衝撃現象　　図 4.54 鋼材とコンクリートの強度のひずみ速度依存性

コンクリート圧縮強度の場合は同様に以下の式となる．

$$f_c/f_c' = 1.48 + 0.160\log\dot{\varepsilon} + 0.013(\log\dot{\varepsilon})^2 \qquad (4.162)$$

ここで，σ_y は静的な鋼材の降伏応力度で，f_c' はコンクリートの静的な圧縮強度である．

4.8.2 衝突荷重の設計

落石，車両衝突などの異常時の現象で，衝突荷重の多くは現象が十分解析できないこともあり，構造設計では衝突荷重を静的荷重に置き換えて設計する場合が多い．

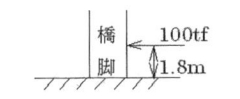

自動車の橋脚への衝突では，車道方向に 100 tf，車道直角方向に 50 tf の集中荷重を作用させる．さもなければ防護施設を設ける対策をとる．鋼製橋脚では，車両が衝突する可能性のある高さまでコンクリートを充填して強度を上げている．また耐震性向上の点から鋼製橋脚に充填を行っている．

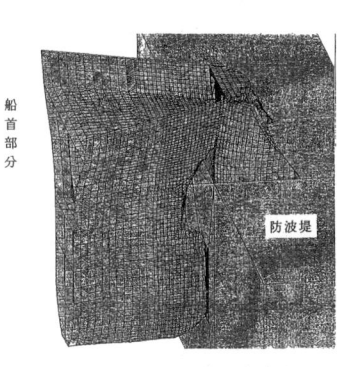

流木などの橋脚への衝突では次式を用いて計算する．

$$P = 0.1W \cdot v \fallingdotseq mv \qquad (4.163)$$

図 4.55 橋脚への衝突荷重

図 4.56 船舶の衝突の解析例

ここで，W：流送物の重量（tf）だが特定難しい．v：速度（m/s）でほぼ流速．

船舶の衝突では，中小の河川の橋梁では，船が小型なため杭，ロープ，防舷材といった小型の施設を設ける．大きな海洋橋梁（本四架橋，明石海峡等）では大型船舶の衝突を考え，防護用の緩衝工，フェンダー等を設けている．緩衝工は，航

行船舶の諸元，速度を決めて，船舶の沈没（船首圧縮破壊，船腹の座屈）あるいは構造物の破壊が生じないように設計する．沿岸域や港内では 10 ノット未満の速度や漂着を想定する．

　落石による道路や鉄道の保護では，各地での事故を契機にシェルターの設置が検討され，道路管理上重要となってきた．2 トンぐらいの石が $10 \sim 20\,\mathrm{m}$ の高さから落下するのを対象としている．衝突力は Herz の公式で以下のように設定している．この式は 2 つの球の衝突から求めた半実験式である．

$$P_{\max} = 15.49 W^{2/3} H^{3/5} \lambda^{2/5} \tag{4.164}$$

ここで，W：重量，H：高さ，λ：地盤のラーメの定数で $\lambda = E\nu/(1+\nu)(1-2\nu)$，$E$：地盤のヤング率，$\nu$：ポアソン比である．

4.8.3 衝撃応答

　衝撃荷重は構造物の固有周期に対して非常に短い時間に作用する外力であり，パルス的な荷重（δ 関数）と階段的な荷重（step 関数）とがある．δ 関数は砲弾など高速の衝突の場合に，step 関数は船，航空機など比較的遅い衝突時間の場合に使用される．衝突の解析は，質点系モデルの動的応答計算として解くのが一般的な手法である．

　単位の力積に対する質点系の応答は

δ 関数　　$P(t) \cdot \Delta t = 1$（単位の荷重）

$$\therefore\ P(t) = 1/\Delta t \tag{4.165}$$

力積は mv_0 であるので，$mv_0 = 1$ ともおける．

$$\begin{cases} t < 0\ \text{のとき} & P(t) = 0 \\ 0 \leq t < \Delta t & P(t) = 1/\Delta t \\ t > \Delta t & P(t) = 0 \end{cases}$$

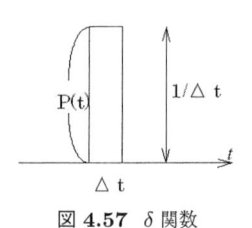

図 4.57　δ 関数

一質点系の基本方程式を $m\ddot{y} + c\dot{y} + ky = -m\ddot{\phi}$ と表す．ここで，$h = c/2\sqrt{km}$，$\omega^2 = k/m$ とおくと次式を得る．

$$\ddot{y} + 2h\omega\dot{y} + \omega^2 y = -\ddot{\phi} \tag{4.166}$$

　δ 関数の荷重は初期のみ作用するので，自由振動で境界条件を与えるだけで解ける．静止状態に急に作用し，その後荷重は作用しないので，初期条件として自由振動を解く．

上式で $\ddot{\phi}=0$ とおいた一般解は，変位波形として，

$$y = \underbrace{e^{-h\omega t}}_{\text{減衰項}} \underbrace{\left(A\cos\omega\sqrt{1-h^2}\,t + B\sin\omega\sqrt{1-h^2}\,t\right)}_{\text{振動項}} \tag{4.167}$$

$t=0$ で $y=0$
$\dot{y}=v_0=1/m$ とする．
$\therefore\ A=0$
$\therefore\ y = \dfrac{e^{-h\omega t}}{m\omega\sqrt{1-h^2}}\sin\omega\sqrt{1-h^2}\,t$

減衰が 0 なら，変位波形は簡単に次式で示される．

$$y = \frac{1}{m\omega}\sin\omega t \tag{4.168}$$

同じように図 4.58 に示すステップ関数では，

$$\begin{cases} t<0 \text{ のとき} & P(t)=0 \\ t\geqq 0 & P(t)=1 \end{cases} \text{とする．}$$

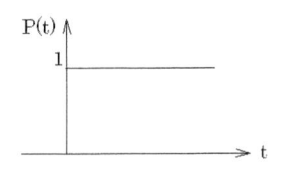

図 4.58 ステップ関数における $P(t)$

$$\ddot{y} + 2h\omega\dot{y} + \omega^2 y = \frac{1}{m} \tag{4.169}$$

初期条件 $t=0$ で $y=0$, $\dot{y}=0$ より，

$$y = \frac{1}{\omega^2 m}\left[1 - e^{-h\omega t}\left(\cos\omega\sqrt{1-h^2}\,t + \frac{h}{\sqrt{1-h^2}}\sin\omega\sqrt{1-h^2}\,t\right)\right] \tag{4.170}$$

減衰比 $h=0$ とすると，

$$y = \frac{1}{\omega^2 m}[1 - \cos\omega t] \tag{4.171}$$

となる．

もし衝撃外力が時間の関数 $P(\tau)$ で示される一連の力積の和とすると，

$$P(t) = \sum_{n=1}^{n} P(\tau_i)\Delta\tau\,\underbrace{\delta(t-\tau_i)}_{\text{デルタ関数}} \tag{4.172}$$

個々のデルタ関数の応答は，前に求めたように

$$y = \frac{1}{m\omega\sqrt{1-h^2}}e^{-h\omega(t-\tau)}\sin\omega\sqrt{1-h^2}\,(t-\tau) \tag{4.173}$$

個々のパルスの振動の和をとれば全体の振動となる．

$\Delta\tau \to 0$ とすると，積分形式で表せて y と $P(\tau)$ とのたたみ込み（結合）関数となり，

$$y = \frac{1}{m\omega\sqrt{1-h^2}} \int_0^t P(\tau) e^{-h\omega(t-\tau)} \sin\omega\sqrt{1-h^2}(t-\tau) d\tau \qquad (4.174)$$

上式を Duhamel 積分という．非減衰 $h = 0$ なら，次式となる．

$$y = \frac{1}{m\omega} \int_0^t P(\tau) \sin\omega(t-\tau) d\tau \qquad (4.175)$$

これで任意の関数の衝撃波の応答が計算できる．

<例題>図の矩形波が作用したときの振動波形を求める．ただし減衰 0 とする．

$$\begin{cases} t < 0 & P(t) = 0 \\ 0 < t < t_1 & P(t) = P_0 \\ t > t_1 & P(t) = 0 \end{cases}$$

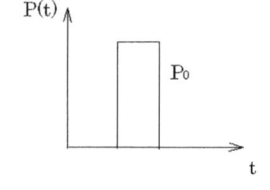

図 4.59 入力波形

$0 < t < t_1$ では，

$$y = \frac{1}{m\omega} \int_0^t P_0 \sin\omega(t-\tau) d\tau$$
$$= \frac{P_0}{m\omega^2} [\cos\omega(t-\tau)]_0^t = \frac{P_0}{m\omega^2}[1 - \cos\omega t]$$

$t > t_1$ では，

$$y = \frac{1}{m\omega} \int_0^{t_1} P_0 \sin\omega(t-\tau) d\tau + \frac{1}{m\omega} \int_{t_1}^\infty 0 d\tau$$
$$\qquad\quad \text{矩形の中} \qquad\qquad\qquad \text{外側}$$
$$= \frac{P_0}{m\omega^2}[\cos\omega(t-\tau)]_0^{t_1} = \frac{P_0}{m\omega^2}[\cos\omega(t-t_1) - \cos\omega t]$$

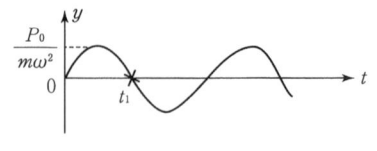

図 4.60 計算結果

第5章

材料の性質

5.1 コンクリートの力学的性質

　コンクリートは大小の骨材（粗骨材と細骨材）とセメントペーストによる複合材料である．セメントと水の水和反応により固結して強度が発現する．流動性，固結時間等の所定の性能を出すため混和材料が添加される．したがってコンクリートの性質は，水セメント比，セメント量，セメントの種類，骨材の種類と寸法など多くの要因に支配される．また固結まで時間がかかることから構造体として十分な強度が発現するのに2〜4週間かかる．コンクリートの強度の表示としてはいく種類かあるが，圧縮強度，曲げ強度，引張強度（割裂強度）を載荷試験を実施して求める．現場などの管理では圧縮強度のみを載荷試験により求めるのが普通で，引張強度，曲げ強度，付着強度，支圧強度等の特性値は，コンクリート打設後28日目の圧縮強度の特性値f'_{ck}（設計基準強度）に基づいて算定している．強度の単位はN/mm^2である．表5.1に圧縮試験，曲げ試験，割裂試験の概要を示す．

（1）圧縮強度

　圧縮試験は円柱供試体を上下に圧縮して行う．円柱供試体の寸法は直径(d)10 cm，高さ20 cmか直径15 cm，高さ30 cmが標準である．図5.1に圧縮試験から得られた応力とひずみの関係を示す．荷重段階が比較的早いときから曲線的な傾向があり，降伏点が明確でない．最大荷重に達したときからなだらかに荷重が減少する．圧縮強度はこの最大値から$f'_c = 4P_{\max}/\pi d^2$で求める．特性値は前述したように多数の試験結果から統計処理して求め，添え字にkをつけて表示する．

　設計では，圧縮強度の応力とひずみの関係を，図5.2に示すように曲線と直線の組合せにより表している．ヤング係数は，供試体に貼ったひずみゲージで，コンクリートが弾性域と見なされる50×10^{-6}のひずみの箇所と，$\sigma/3$を結んだ直線の割線勾配である．一般的には圧縮強度とヤング率との関係が表5.2のように示されているので，この値を設計で使用するとよい．また，縦ひずみと横ひずみの比をポアソン比と呼び，0.2とする．ひび割れが生じた要素では0とする場合もある．

表 5.1 コンクリートの強度

	圧縮強度試験	曲げ強度試験	割裂強度試験
載荷方法			
壊れ方			
応力分布	f'_c	f_b	f_t
式	$f'_c = \dfrac{4P}{\pi d^2}$	$f_b = \dfrac{Pl}{BH^2}$	$f_t = \dfrac{2P}{\pi d l}$

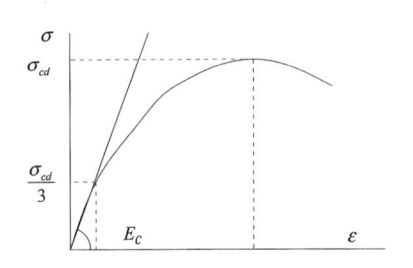

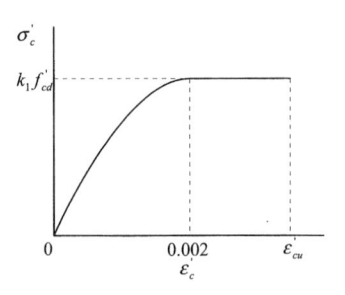

図 5.1 コンクリートの応力–ひずみ曲線   図 5.2 コンクリートの応力–ひずみ関係の設計式

表 5.2 コンクリートのヤング係数

f'_{ck} (N/mm^2)		18	24	30	40	50	60	70	80
E_c (kN/mm^2)	普通コンクリート	22	25	28	31	33	35	37	38

図 5.2 に示した k_1 は次式で与えられる．

$$k_1 = 1 - 0.003 f'_{ck} \leqq 0.85$$

$$\varepsilon'_{cu} = \frac{155 - f'_{ck}}{30\,000}, \qquad 0.0025 \leqq \varepsilon'_{cu} \leqq 0.0035$$

ここで，f'_{ck} の単位は N/mm^2 である．

曲線部の応力 – ひずみの関係は次式で得られる．

$$\sigma'_c = k_1 f'_{cd} \times \frac{\varepsilon'_c}{0.002} \times \left(2 - \frac{\varepsilon'_c}{0.002}\right) \tag{5.1}$$

(2) 引張強度

引張強度は円柱試験体の割裂により求める．直径 (d) 10 cm，長さ (l) 約 15 cm あるいは直径 15 cm，長さ約 20 cm の供試体を横に置いて上下に載荷して割裂させる．引張強度は $f_t = 2P_{\max}/\pi d l$ で計算する．引張強度は圧縮強度の 1/10～1/15 と小さく，構造設計では無視されているが，ひび割れの発生の検討などの際に使用する．圧縮強度 (f'_{ck}) がわかっていれば，次式で引張強度 (f_{tk}) を推定してもよい．

$$\text{引張強度} \quad f_{tk} = 0.23 f'^{2/3}_{ck} \tag{5.2}$$

(3) 曲げ強度

曲げ強度は無筋の梁供試体を用いて載荷試験から求める．供試体の寸法は高さ (H) 10 cm，幅 (B) 10 cm，長さ (l) 38 cm あるいは高さ 15 cm，幅 15 cm，長さ 53 cm である．間隔 30 cm の 2 点支持で 10 cm に等分割した 2 点で載荷する．曲げ強度は $f_b = l P_{\max} / BH^2$ で計算できる．圧縮試験結果からも次式で推定できる．

$$f_{bk} = 0.42 f'^{2/3}_{ck} \tag{5.3}$$

最新の「コンクリート標準仕様書」では，コンクリート面の曲げひび割れ強度は，次式により求めている．曲げひび割れが重要な設計要因となるときはこの式を使用するとよい．

$$f_{bck} = k_{0b} k_{1b} f_{tk} \tag{5.4}$$

ここに，$k_{0b} = 1 + \dfrac{1}{0.85 + 4.5(h/l_{ch})}$

$k_{1b} = 0.55/\sqrt[4]{h} (\geqq 0.4)$

k_{0b}：コンクリートの引張軟化特性に起因する引張強度と曲げ強度の関係を表す係数

k_{1b} : 乾燥，水和熱など，その他の原因によるひび割れ強度の低下を表す係数

h : 部材の高さ (m) (> 0.2)

l_{ch} : 特性長さ (m) $(= G_F E_c / f_{tk}^2,\ E_c$: ヤング係数, G_F : 破壊エネルギー, f_{tk} : 引張強度の特性値)

コンクリートの破壊エネルギーは次式により計算する．

$$G_F = 10(d_{\max})^{1/3} \cdot f_{ck}'^{1/3} \tag{5.5}$$

ここに，$d_{\max}$：粗骨材の最大寸法（mm）である．

(4) その他の強度

鉄筋とコンクリートの付着強度は，異形鉄筋について次式で計算する．付着強度は，アンカー筋の設計やひび割れの基礎式などに使用される．

$$f_{bok} = 0.28 f_{ck}'^{2/3} \tag{5.6}$$

ただし，$f_{bok} \leqq 4.2\,\mathrm{N/mm^2}$ で，丸鋼の場合は異形鉄筋の場合の40%とする．

$$\text{支圧強度}\quad f_{ak}' = \eta f_{ck}' \tag{5.7}$$

ここで，$\eta = \sqrt{A/A_a} \leqq 2$, A：コンクリート面の支圧分布面積, A_a：支圧を受ける面積である．

支圧強度は，重量物や柱が床に置かれたときや，コンクリートブロック上に橋脚などが載ったときの，コンクリートの支持に関する検討に使用される．

5.2 鋼材の力学的性質

(1) 鋼材の種類と強さ

鋼材の強さ，粘りは炭素量（C）により基本的に決まる．炭素量と鋼材の種類，使用用途の関係を以下に示す．

炭素量	極軟鋼	0.1～0.18%	くぎ, 鉄線
	軟鋼	0.18～0.30%	SS材, SM材
	硬鋼	0.50～0.60%	鉄道レール
	最硬鋼	> 0.60	ばね, ピアノ線, 工具

表 5.3 一般構造用鋼材および溶接構造用圧延鋼材ならびに溶接構造用耐候性熱間圧延鋼材の化学成分

鋼種		化学成分 (%)								
		C	Si	Mn	P	S	Cu	Cr	Ni	その他
SS400	—	—	—	0.050以下	0.050以下	—	—	—	—	
SM400	A	0.23以下	—	2.5×C以上	0.035以下	0.035以下	—	—	—	
	B	0.20以下	0.35以下	0.60〜1.40	0.035以下	0.035以下	—	—	—	
	C	0.18以下	0.35以下	1.40以下	0.035以下	0.035以下	—	—	—	
SMA400AW BW CW		0.18以下	0.15〜0.65	1.25以下	0.035以下	0.035以下	0.30〜0.50	0.45〜0.75	0.05〜0.30	*1
SM490	A	0.20以下	0.55以下	1.60以下	0.035以下	0.035以下	—	—	—	
	B	0.18以下	0.55以下	1.60以下	0.035以下	0.035以下	—	—	—	
	C	0.18以下	0.55以下	1.60以下	0.035以下	0.035以下	—	—	—	
SM490Y A B		0.20以下	0.55以下	1.60以下	0.035以下	0.035以下	—	—	—	
SMA490AW BW CW		0.18以下	0.15〜0.65	1.40以下	0.035以下	0.035以下	0.30〜0.50	0.45〜0.75	0.05〜0.30	*2

*1 各鋼種とも耐候性に有効な元素の Mo, Nb, Ti, V, Zr などを添加してもよい．ただしこれらの元素の総計は 0.15%を越えないものとする．

*2 各鋼種とも耐候性に有効な元素の Mo, Nb, Ti, V, Zr などを添加してもよい．ただしこれらの元素の総計は 0.15%を越えないものとする．

炭素が多くなれば一般的に硬くなり，脆性的になる．このため低温での脆性破壊や溶接性が問題となる．対策として焼き入れや焼き戻しの熱処理を行って強度と粘りを出す方法が採られるが，含有成分を調整して所定の性質を出すこともできる．

また，鋼には C 以外にも Si, Mn, P, S, ほか多くの微量成分が混じる．これを C 量に換算したものを炭素当量という．

炭素当量 Ceq: Carbon Equivalent (%)

$$= C + Mn/6 + Si/24 + Ni/40 + Cr/5 + Mo/4 + V/14 \quad (5.8)$$

炭素当量は 0.5%くらいにする．銅 Cu は耐食性増し．低温脆性向上となるが，延性の性質は落ちる．ニッケル Ni とクローム Cr は粘りを増す．硫黄 S と燐 P は

表 5.4 構造用圧延鋼材の機械的性質 (JIS G 3101, G 3106, G 3114)

鋼材種別	鋼種	引張試験			衝撃試験
		降伏点または耐力の最小値* (kgf/mm^2)	引張強さ (kgf/mm^2, $\{N/mm^2\}$)	伸びの最小値* (%)	シャルピー吸収エネルギーの最小値 ($kgf·m$, $\{J\}$)
一般構造用圧延鋼材	SS400	25	41〜52 {400〜510}	18	—
	SM400 A, B, C	25	41〜52 {400〜510}	15	B : 2.8{27} C : 4.8{47}
	SM490 A, B, C	33	50〜62 {490〜610}	17	B : 2.8{27} C : 4.8{47}
	SM490 Y A, B	37	50〜62 {490〜610}	15	B : 2.8{27}
	SM 520 C	37	53〜65 {520〜640}	15	C : 4.8{47}
	SM 570	47	58〜73 {570〜720}	19	4.8{47}
溶接構造用耐候性熱間圧延鋼材	SMA400W A, B, C	25	41〜52 {400〜510}	15	B : 2.8{27} C : 4.8{47}
	SMA490W A, B, C	37	50〜62 {490〜610}	15	B : 2.8{27} C : 4.8{47}
	SMA570W A, B, C	47	58〜73 {570〜720}	19	4.8{47}

* 鋼材の厚さ 16 mm 以下

もろくなり，溶接性が悪い．マンガン Mn は強度を増す．このように鋼材の強度は成分により大きく異なるが，一般的に使用される鋼材や鉄筋の材料的性質（強度など）はほぼ一様で，製造技術の高度化に伴い非常に安定した特性を示す．すなわち，製品の強度や寸法のばらつきが非常に小さく，設計しやすい材料といえる．表 5.3 にこれら成分と鋼材との関係を示す．ここで，SS は一般用鋼材，SM は溶接用鋼材を示す．英字の後の数字は鋼材の引張強度を示している．溶接用鋼材では炭素量や微少成分を規定している．

鋼材の引張試験を行うと応力とひずみの関係を得ることができる (図 5.3 参照)．鋼材は荷重を増加すると降伏まで応力とひずみの関係がほぼ直線的であり，ひずみが 0.2% まではほぼこの関係が保たれる．鋼材は，製造したままの状態と応力経歴を経た場合とでは，この応力−ひずみ関係が異なる．荷重遍歴がない場合には，降伏後いったん荷重が低下し，ひずみが延び踊り場あるいは棚と呼ばれる水平部分が生じ，その後ひずみの増加とともに荷重も増加していく．この棚のときの応

力度を下降伏点，踊り場の直前の応力度を上降伏点と呼ぶ．一方，冷間加工や初期応力ひずみを得た鋼材では棚は存在せず，降伏点が明瞭でなくなる（図 5.3 (b) 参照）．

構造用圧延鋼材（厚さ 16 mm 以下）の機械的性質を表 5.4 に示す．鋼材の厚さの値が大きいと若干強度が低下する．また鉄筋コンクリート用の鋼材の機械的性質を表 5.5 に示す．SD は異形鉄筋，SR は丸鋼を示す．英字の後の数字は降伏強度を示す．よく使用される鉄筋の形状を表 5.6 に示す．通常，異形鉄筋が広く使用されている．

表 5.5 鉄筋コンクリート鋼棒の機械的性質

種類の記号	降伏点または耐力 (N/mm^2)	引張強さ (N/mm^2)	引張試験片	伸び (%)
SR235	240 以上	390〜530	2 号	20 以上
			3 号	24 以上
SR235	240 以上	450〜610	2 号に準じるもの	16 以上
			3 号に準じるもの	18 以上
SD295B	300〜400	450 以上	2 号に準じるもの	16 以上
			3 号に準じるもの	18 以上
SD345	350〜450	500 以上	2 号に準じるもの	18 以上
			3 号に準じるもの	20 以上

表 5.6 異形鋼棒の標準寸法

呼び名	単位重量 (kgf/m)	公称直径 (mm)	公称断面積 S (cm^2)	公称周長 l (cm)
D6	0.249	6.35	0.3167	2.0
D10	0.560	9.53	0.7133	3.0
D13	0.995	12.7	1.267	4.0
D16	1.56	15.9	1.986	5.0
D19	2.25	19.1	2.865	6.0
D22	3.04	22.2	3.871	7.0
D25	3.98	25.4	5.067	8.0
D29	5.04	28.6	6.424	9.0
D32	6.23	31.8	7.942	10.0
D35	7.51	34.9	9.566	11.0
D38	8.95	38.1	11.40	12.0
D41	10.5	41.3	13.40	13.0
D51	15.9	50.8	20.27	16.0

(2) 応力とひずみの関係

鋼材から試験片を切り出して，常温において引張試験を行うと，加えた荷重（引張力 P）に応じて試験片（断面積 A，長さ L）に伸び（ΔL）が生じる．このときの，試験片に加えた単位面積当りの荷重（引張応力）$\sigma(= P/A : \mathrm{N/mm^2})$ と，試験片の伸びひずみ量 $\varepsilon(= \Delta L/L)$ との関係は図5.3のようになり，これを応力－ひずみ曲線 (stress–strain curve) と呼んでいる．

σ_p までは応力はひずみに比例しフックの法則が成り立つので，σ_p を比例限 (proportional limit) と呼ぶ．次に，σ_p から σ_e までは応力とひずみは正確には比例しないが，降荷した際にはひずみが 0 に戻るので弾性的挙動にあると考え，σ_e を弾性限 (elastic limit) と呼ぶ．このあとは応力の増加に比べひずみの増加の割合が大きくなり，σ_{yu}（σ_{yu} は試験速度により異なった値を示す）に達するが，試験片はそれ以上の引張力に耐えられず，σ_{yu} より少し低い応力 σ_{yl} で，ひずみだけが増加し，この状態は試験片がひずみ硬化を起こし始めるまで続く．このとき σ_{yl} はひずみ速度の影響を受け，ひずみの増加を止めると応力が減少し，図5.3 (a) のような谷ができる．σ_{yu} を上降伏点，σ_{yl} を下降伏点と呼び，一般には σ_{yl} のことを降伏点 σ_y (yield point) と呼んでいる．また σ_{yl} でひずみだけが増加する状態を降伏伸びと呼び，応力－ひずみ曲線の形状から応力の踊り場（棚）とも呼んでいる．さらに引張力を加え続けると最大応力 σ_b に達した後で，試験片の一部が急激な断面の減少を示してやがて破断する．この σ_b を引張強さ (tensile strength) あるいは破断強度と呼ぶ．鋼材の降伏点 σ_y は引張強さ σ_b の約 2/3，比例限 σ_p は降伏点 σ_y の約 4/5 である．

引張強度の高い高張力鋼では，このように明らかな降伏点および応力の踊り場が現れないものがあり，この場合は降荷した際に 0.2% の永久ひずみが生じる点の応力，あるいはひずみ 0.2% から直線部分と平行に線を引き，これが応力－ひずみ曲線と交わる点を降伏点と考え，0.2% オフセット耐力あるいは降伏耐力と呼び，強度の基準とすることが多い（図5.3 (b)）．

ここで，引張強さ σ_b は最大荷重 $P_{\max}$ を試験片の最初の断面積で除したものであり，実際には引張力により断面が徐々に減少しており，特に σ_b に達したあとの断面減少は大きい．減少した真の断面積で除すならば，図5.4の点線で示す真応力－真ひずみ曲線となり，引張強さ σ_b より大きな強度を示すことになる．

また，σ_p までの直線部分の勾配，すなわち応力とひずみの比を弾性係数あるいはヤング係数（ヤング率：Young's modulus）E と呼ぶ．鋼材では普通 $E = 205\,\mathrm{GN/m^2}(= 2.1 \times 10^6\,\mathrm{kgf/cm^2})$ である．なお，応力－ひずみ図の σ の代わり

にせん断応力 τ を, ε の代わりにせん断ひずみ γ をとるとき, 直線部分の勾配, すなわちせん断応力とせん断ひずみの比をせん断弾性係数 (shearing modulus) G と呼び, 鋼材では $G = 81\,\text{GN/m}^2\,(= 810\,000\,\text{kgf/cm}^2)$ である.

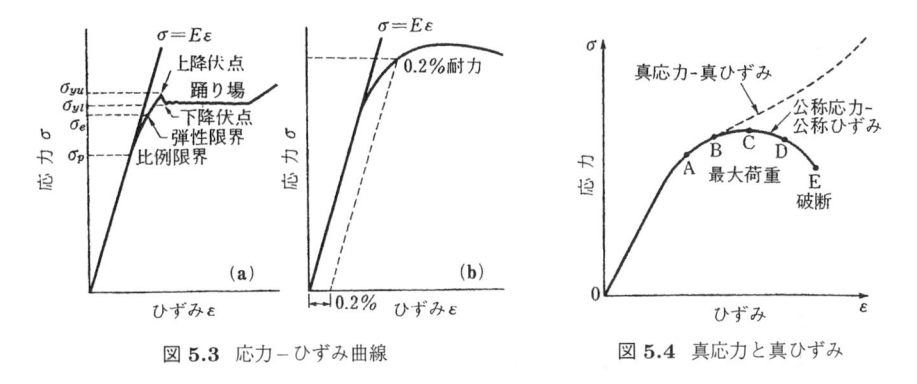

図 5.3 応力－ひずみ曲線

図 5.4 真応力と真ひずみ

鋼材の形状規格を表 5.7 に示す. 鋼材は非常に多くの用途に用いられている. 鋼材は条鋼, 鋼板, 鋼管に大きく分類される.

鋼の形状による分類を以下に示す.

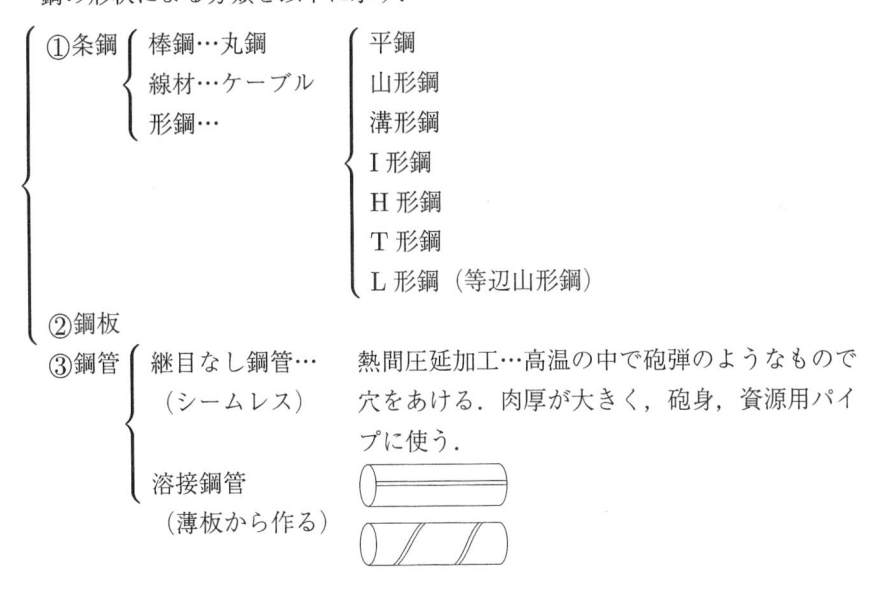

① 条鋼
- 棒鋼…丸鋼
- 線材…ケーブル
- 形鋼…
  - 平鋼
  - 山形鋼
  - 溝形鋼
  - I 形鋼
  - H 形鋼
  - T 形鋼
  - L 形鋼（等辺山形鋼）

② 鋼板

③ 鋼管
- 継目なし鋼管…（シームレス）熱間圧延加工…高温の中で砲弾のようなもので穴をあける. 肉厚が大きく, 砲身, 資源用パイプに使う.
- 溶接鋼管（薄板から作る）

表 5.7 鋼材の形状規格

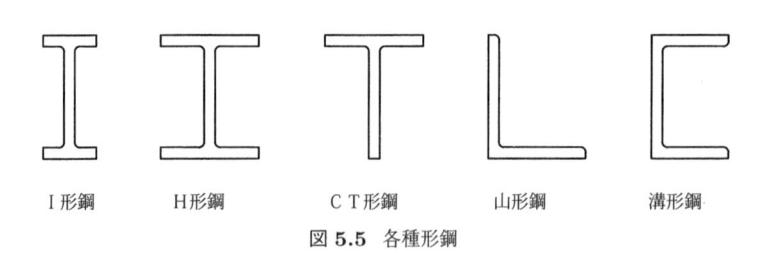

鋼材の種類		規格	使用材料
構造用鋼材	棒鋼	JIS G 3191	SS400
	形鋼	JIS G 3192	SS400, SM400, SM490, SM490Y, SM520, SM570, SMA400, SMA490, SMA570
	鋼板及び鋼帯	JIS G 3193	SS400, SM400, SM490, SM490Y, SM520, SM570, SMA400, SMA490
	平鋼	JIS G 3194	SS400, SM400, SM490, SM490Y, SM520
鋼杭	鋼管杭	JIS A 5525	SKK400, SKK490
	H 形鋼杭	JIS A 5526	SHK400, SHK400M, SHK490M
矢板	熱間圧延鋼矢板	JIS A 5528	SY295, SY390
	鋼管矢板	JIS A 5530	SKY400, SKY490
接合用鋼材	六角ボルト	JIS B 1180	
	六角ナット	JIS B 1181	
	摩擦接合用高力六角ボルトセット	JIS B 1186	F8T, F10T
鉄筋コンクリート	鉄筋コンクリート用棒鋼	JIS G 3112	SR235, SR295, SD295, SD345
	鉄筋コンクリート用再生棒鋼	JIS G 3117	SRR235, SRR295, SDR235
プレストレストコンクリート	PC 鋼線および PC 鋼より線	JIS G 3536	SWPR, SWPD
	PC 鋼線	JIS G 3109	SBPR, SBPD
係留材	ワイヤロープ	JIS G 3525	SWRS, SWRH
	電気溶接アンカーチェーン	JIS F 3303	
金網	溶接金網	JIS G 3551	WFP, WFR, WFI

I 形鋼　　H形鋼　　CT形鋼　　山形鋼　　溝形鋼

図 5.5 各種形鋼

断面形状として図 5.5 のものがよく使用される．これらは形鋼と呼ばれる．

梁 (棒) 部材の断面の形状には図 5.6 形状がある．長方形梁は土木の分野ではほとんど使用されないが，断面性能と外力の作用状態などを勘案して形状を選択する．

図 5.6 断面形状

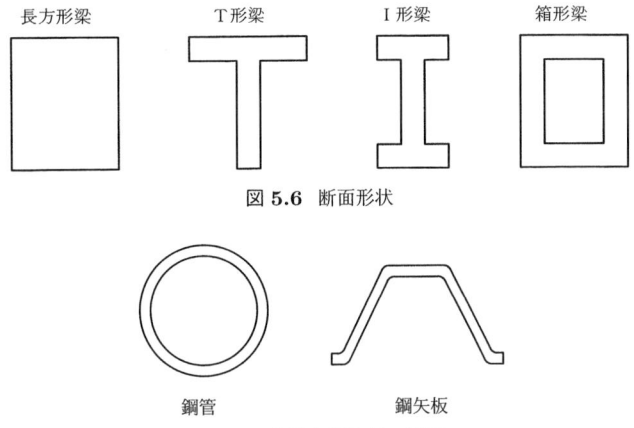

図 5.7 鋼管と鋼矢板の断面

形鋼の寸法と性能（断面積，断面二次モーメント等）は製品表に載っているので，自ら計算することなく構造設計では表より値をひろい使用する．以下に代表的な形鋼の寸法表示方法を示す．

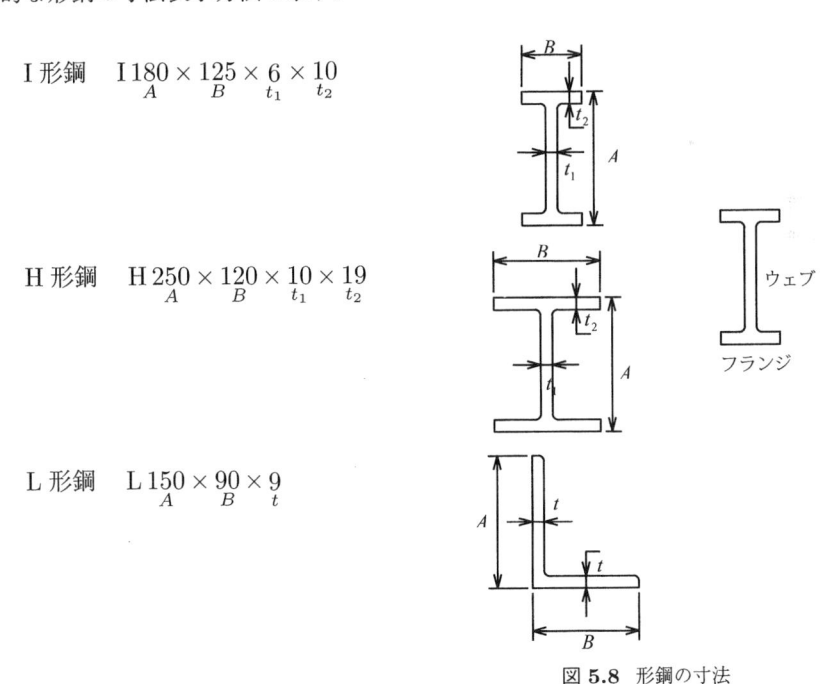

I 形鋼　　$I\underset{A}{180} \times \underset{B}{125} \times \underset{t_1}{6} \times \underset{t_2}{10}$

H 形鋼　　$H\underset{A}{250} \times \underset{B}{120} \times \underset{t_1}{10} \times \underset{t_2}{19}$

L 形鋼　　$L\underset{A}{150} \times \underset{B}{90} \times \underset{t}{9}$

図 5.8 形鋼の寸法

5.3 塑性モーメントと降伏条件

(1) 塑性モーメント

純曲げを受ける鋼梁の弾塑性挙動を図 5.9 に示す．梁にモーメントを増加させていくと，内部応力の状態は図示のように遷移する．曲げ応力度の断面内での分布は直線的で，中立軸から離れるに従い増加し，梁の端部で最大となる．

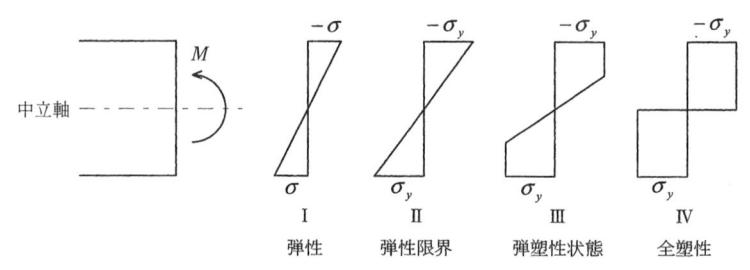

図 **5.9** 純曲げを受ける鋼梁の弾塑性挙動

II の弾性限界は梁の端部が降伏する状態であり，このときの作用モーメントを降伏モーメント M_y と呼び，直方形断面（高さ H，幅 B）で次式で示される．

$$\sigma = \frac{M}{Z} = \frac{M}{BH^2/6} \quad \therefore \quad M_y = \frac{BH^2}{6}\sigma_y \quad (5.9, 10)$$

IV の全塑性のモーメント M_p では全断面が塑性化する．このときのモーメントは次式で示される．

$$M_p = 2 \times \sigma_y \frac{H}{2} \times \frac{H}{4}B = \frac{\sigma_y}{4}H^2 B \quad (5.11)$$

M_p と M_y の比 M_p/M_y は形状係数と呼ばれ，直方形断面では次式で求まる．

$$\frac{M_p}{M_y} = \frac{\dfrac{B}{4}H^2\sigma_y}{\dfrac{B}{6}H^2\sigma_y} = \frac{6}{4} = 1.5 \quad (5.12)$$

形状係数は断面形状により異なる．

円形　1.7　　I 型断面　1.12　　ひし形　2.0

形状係数が小さいと鋼材料が少なく，経済的となる．

(2) 降伏条件

降伏条件は，材料の降伏が生じる応力状態を規定したものある．単軸状態では降伏応力に達すれば降伏したとする．組合せ応力，すなわち二次元や三次元の応力場では，以下に示す降伏条件の考え方が提示されている．最大せん断応力説と，最大せん断ひずみエネルギー説がよく用いられる．

1) 最大せん断力応力説……………トレスカ (Tresca) の降伏条件
2) 最大せん断ひずみエネルギー説…ミーゼス (Mises) の降伏条件
3) 最大全応力説
4) 最大全ひずみ説
5) 最大ひずみエネルギー説

トレスカの降伏条件

2つの全応力の差が $(\sigma_1 - \sigma_2) = \sigma_y$ のとき降伏すると考える．粘性土の降伏条件に使用される．

$$\left.\begin{array}{c}\tau_1 \\ \tau_2\end{array}\right\} = \pm \frac{\sigma_1 - \sigma_2}{2}, \qquad \tau_y = \frac{\sigma_y}{2} \text{とする．}$$

$$\left.\begin{array}{c}\sigma_2 = \sigma_1 - \sigma_y \\ \sigma_2 = \sigma_1 + \sigma_y\end{array}\right) \Rightarrow \sigma_y = \pm(\sigma_1 - \sigma_2) \quad (5.13)$$

ミーゼスの降伏条件

この降伏条件を次式で示す．金属の降伏条件式によく使用される．

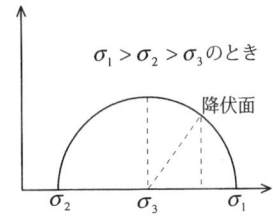

図 **5.10** 降伏面の考え方

$$\sqrt{\frac{1}{2}[(\sigma_1 - \sigma_2)^2 + (\sigma_2 - \sigma_3)^2 + (\sigma_3 - \sigma_1)^2]} = \sigma_y \tag{5.14}$$

ミーゼスの降伏条件は次のようにして導かれる．

ひずみエネルギーは $u = \frac{1}{2}(\sigma_x \varepsilon_x + \sigma_y \varepsilon_y + \sigma_z \varepsilon_z)$ で得られるので，フックの法則から ε_x, ε_y, ε_z を消去して $\varepsilon_x E = \sigma_x - \nu(\sigma_y + \sigma_z)$, etc. の関係式を入れると，次式が得られる．

$$u = \frac{1}{2E}[\sigma_x^2 + \sigma_y^2 + \sigma_z^2 - 2\nu(\sigma_x \sigma_y + \sigma_y \sigma_z + \sigma_z \sigma_x)] \tag{5.15}$$

この式に以下に示す中間応力すなわち静水圧成分を代入する．

$$\sigma_x = \sigma_1 - \frac{\sigma_1 + \sigma_2 + \sigma_3}{3}, \ \sigma_y = \sigma_2 - \frac{\sigma_1 + \sigma_2 + \sigma_3}{3}, \ \sigma_z = \sigma_3 - \frac{\sigma_1 + \sigma_2 + \sigma_3}{3}$$

$$\frac{\sigma_x + \sigma_y + \sigma_z}{3} = \frac{\sigma_1 + \sigma_2 + \sigma_3}{3}, \qquad \sigma_1 = \sigma_2 = \sigma_3$$

応力の静水圧分 (等分布応力) は降伏に寄与しないと仮定すると，式 (5.15) は

$$u_d = \frac{1+\nu}{6E}[(\sigma_1-\sigma_2)^2 + (\sigma_2-\sigma_3)^2 + (\sigma_3-\sigma_1)^2] \quad (5.16)$$

となる．単軸状態 $\sigma_1 = \sigma_y$，$\sigma_2 = \sigma_3 = 0$ だと $u_d = \dfrac{1+\nu}{3E}\sigma_y$ なので，上式より式 (5.14) の降伏応力が得られる．

トレスカとミーゼスの降伏条件式を図示すると，図 5.11 のようになる．

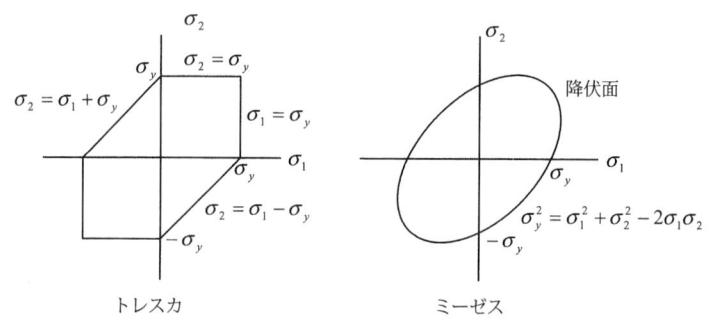

図 5.11 降伏条件

コンクリートでは図 5.12 に示す降伏面が載荷実験から得られている．この降伏面に相当する設計式はいくつか提案されているが，Drucker-Prager の提案式がよく使用されている．

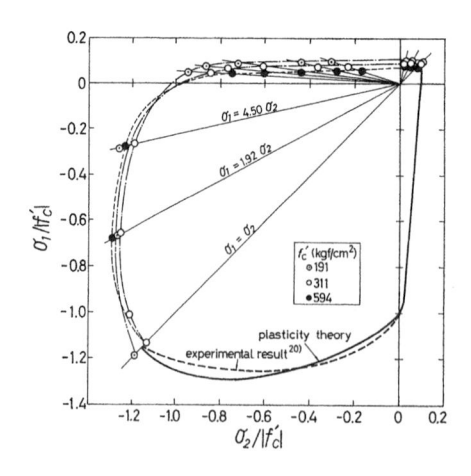

図 5.12 コンクリートの降伏面

第6章 構造モデル

6.1 構造物のモデル化

6.1.1 モデル化の概要

　橋梁，建物，鉄塔，コンクリート製ケーソン等，各種の構造物の断面力を計算する際，解析モデルを構築して所定の荷重条件下で各種の手法により計算を行う．モデルの作成の仕方により，同一の構造物でも断面力が異なったりするので，解析手法と関連して適切なモデルを選定する必要がある．

　モデルの作成の仕方は種々あるが，日常行う構造設計では，できるだけ簡単なモデルで構造設計を行うべきである．特に概略設計（基本設計）段階では，構造形式，断面諸元，外力等の条件を詳細に設定したとしても，途中での設計変更，仕様変更等でモデルを変更せざるを得ない場合が多々現場では生じる．このためにも簡易なモデルの方が有利である．最近では，パソコンの能力の向上や，市販の構造解析プログラムの価格が手ごろなことから，かなり複雑なモデルを作成して解析が行えるようになってきている．しかし後での計算チェックを考えると簡易なモデルでおおよその値を把握し，かつ特に数字の桁数，使用単位には十分注意する方が実務的には重要である．また多くの場合，多数の断面力を算出しても，実際は最大値で断面を決めたり代表点で断面を決める場合が多い．不必要に多数の断面力を出力してもそれに合わせて断面を変えたり，配筋量を変えることは現場での工事が煩雑になるだけである．

　モデルの作成の例としてコンクリート製ケーソンを図6.1に示す．ケーソンはコンクリート版で構成されているが，有限要素法モデルでは全体を多数の板要素に置換して解析を行う．一般的には版の接合部を剛体として，側壁と隔壁部材では3辺固定1辺自由，底版は4辺固定の境界条件で解析を行う．さらに版から単位幅当りを取り出し，両端固定の梁としての解析を行ってもよい．有限要素法は，複雑な荷重条件，形状の場合に有利である．荷重条件が集中荷重，等分布荷重，三角形分布など比較的単純で版厚が一様であれば版としての計算も可能である．こ

図 6.1 モデル化の概略

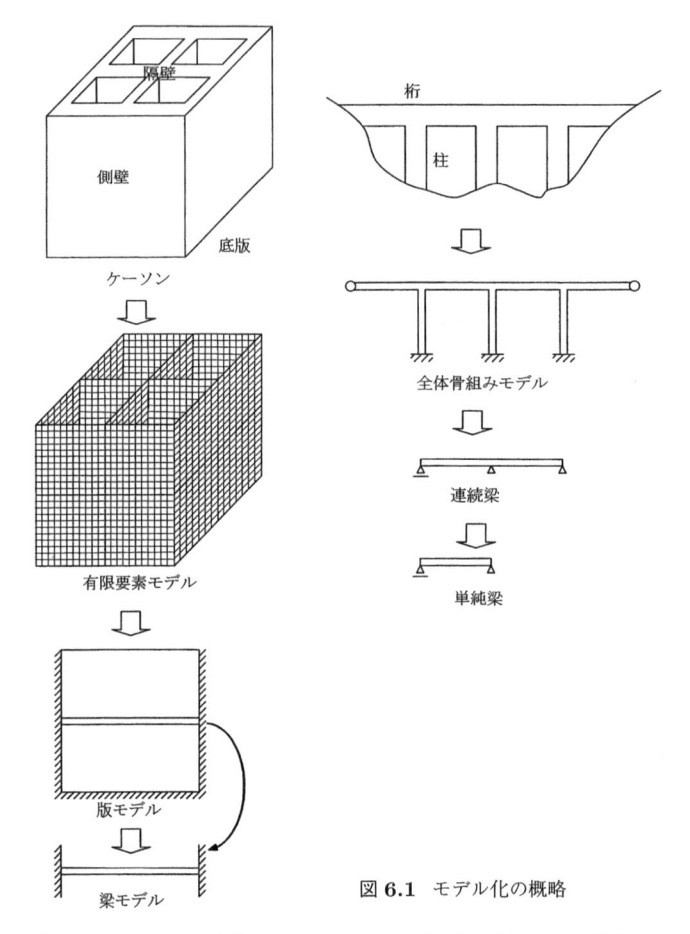

の計算を行う際には図表が提供されているので容易に断面力が計算できる．また境界部で隣接する箇所の断面力は剛比に従って再配分して調整する．さらに，単純な荷重条件下では，両端固定の梁として解析を行っても大きな断面力の違いは出てこない．

　橋梁の床版の設計では，第8章で述べるように荷重も単純化し，一方向版あるいは異方性版として計算を行っている．また橋梁のような構造物では，梁と柱を中心とした骨組み構造として解析するのが普通であるが，橋脚の柱と桁部分を別に分けたモデルで計算をすることもできる．連続桁では橋脚部分を固定支持あるいは移動支持して一本の梁としてモデル化できる．単純桁であれば，2点支持の単純梁としての解析ができる．

橋梁の設計や防波堤ケーソン等の設計では，従来上部構造と下部構造とを分離してモデル化を行っている．地盤の問題を構造解析の際に一緒に行うと，モデルの複雑さや精度の問題などが生じる．また一般的には，上部工は下部の基礎部分の安定の上に成立することから，図 6.2 に示すように別個に考え，力のやりとりだけで対処するのが普通である．すなわち橋梁の上部工では地盤と構造物の境界を固定あるいはヒンジとして取り扱い，基礎構造や地盤の安定性を解析するときには，上部工による自重，慣性力，曲げモーメント，せん断力等として境界に外力条件として入力する．同じように防波堤ケーソンでは，波力に対して生じる力を主にして版の計算を行う．基礎地盤と接する底版では地盤反力として考慮する．基礎地盤の方は，上部の自重と波力による三角形状の荷重をもとに支持力や斜面安定の計算を行う．

最近は，特に地震時の挙動で構造物と地盤の相互作用への関心が深まり，上部工と下部工とを一体化して解析する場合も多くなってきている．

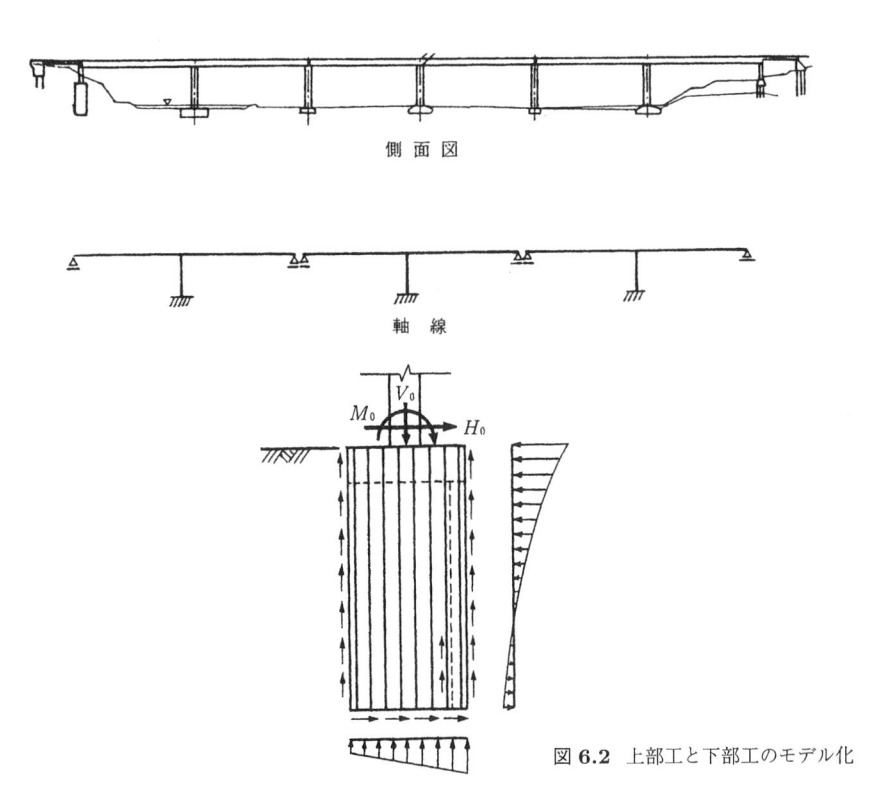

図 **6.2** 上部工と下部工のモデル化

6.1.2 二次元モデルと三次元モデル

構造モデルには一次元，二次元，三次元のモデルがある．一次元モデルは棒部材で軸力，曲げ，せん断等を受けるときに利用される．通常，簡易に理論的な計算が可能である．

土木施設では一次元の構造物はまれで，多くは高さと広がりのある構造物である．図6.3に二次元モデルと三次元モデルの比較を示すが，構造設計でのモデル化は一般的に二次元モデルが中心である．これは構造物が三次元的なものであるにも関わらず，力学的にはある一方向に一様な構造と荷重条件である場合が大半であり，かつ三次元にするとモデル化が複雑となることからである．

橋梁では橋軸方向にはほぼ同じ断面であるので，梁要素に置き換えたり，トラス橋でも2面あるトラス構造を一つにまとめても，力学的にはほとんど差がないからである．三次元的なことを考慮する必要のある場合は，橋梁では曲線橋，直方体ではない建築物等に限られている．三次元的に広がりのある構造物でも，構造系や地盤条件が一様であれば，一断面を取り出して二次元モデルで解析を行うのがよい．

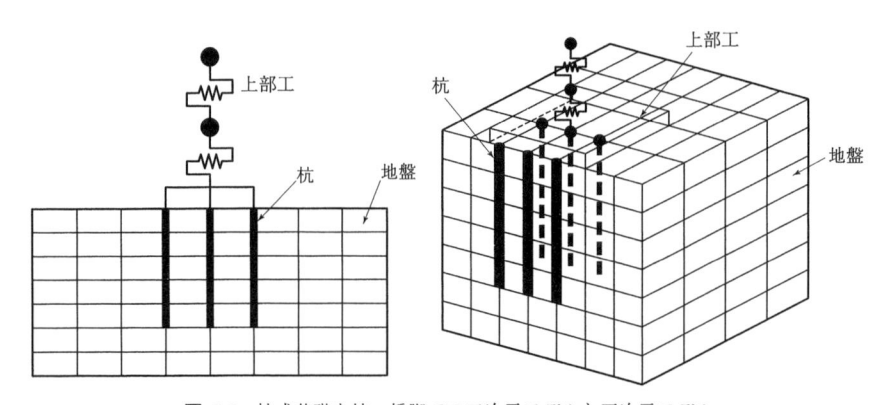

図 6.3 杭式基礎を持つ橋脚での二次元モデルと三次元モデル

6.1.3 線形と非線形

線形解析とは，微少変形理論のもとで，材料の応力とひずみ（荷重と変位，モーメントと回転角など）の関係が直線的な部分，すなわち弾性域で解析することである．一般の断面力を計算する構造設計では，材料を線形として解析するのが普通である．

一方，非線形では材料に関する非線形と幾何学的な非線形とがある．幾何学的な非線形は，大変形が問題となる非常に細長い梁，非常に薄い板，ケーブル構造等で使用され，一般の構造設計ではほとんど使用されていない．幾何学非線形解析をする片持ち梁（金属板）の変形状況を図 6.4 に示す．材料に関する非線形解析は，構造物の終局状態を照査する場合に使用される．荷重と変位との非線形性の状況を図 6.5 に示す．

非線形性では荷重と変位が直線的（比例）な関係になく，曲線的，あるいは折れ線で近似できる．最近では構造物の地震応答解析などで広く使われている．またコンクリート梁の終局限界状態を照査する場合には，鋼材とコンクリートの材料非線形性を考慮して断面の抵抗力を計算する．非線形解析で設計を行う場合には，事前に弾性解析を行い，おおよその断面を設定するのがよい．非線形解析では，入力パラメーターのわずかな差，収束条件，計算条件，モデル化等により解が大きく異なる場合があり，十分な経験を積んだ上で計算を実施する必要がある．また構造解析では，一般の方法で構造物の諸元を決めた上で，変形性能，終局耐荷力等を照査する目的で解析をするのが普通である．

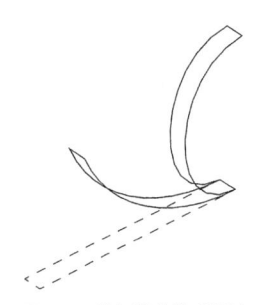

図 6.4　幾何学非線形解析

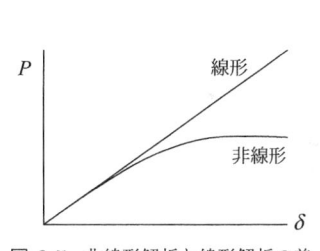

図 6.5　非線形解析と線形解析の差

6.2　構造部材のモデル化

6.2.1　部材のモデル
（1）梁モデル

一本の棒部材で表現する構造部材では最も基本となるモデルである．橋梁では桁橋等の設計に利用でき，図 6.6 に示すように単純支持梁モデル，連続梁モデル，両端固定モデル等がある．図 6.7 に桁橋の橋台での支持状況を示す．各種の支承があるが，ピンあるいはローラーの支承がよく用いられる．ピン構造では曲げモー

メントは伝達しないが，変位はいずれの方向にも拘束され図中で△で示される．ローラー構造は曲げモーメントは伝達しないが，橋軸方向の移動を許すもので，△の下に—線を離して付けて描き表す．単純支持された梁では，曲げモーメントとせん断力とが計算され，軸力は一般的に計算されない．両端固定は，剛性の高い壁や柱にしっかりと取り付けられた梁の解析に使用する．両端固定梁では軸力の項も必要となる．

単純梁モデル

連続梁モデル

両端固定梁モデル

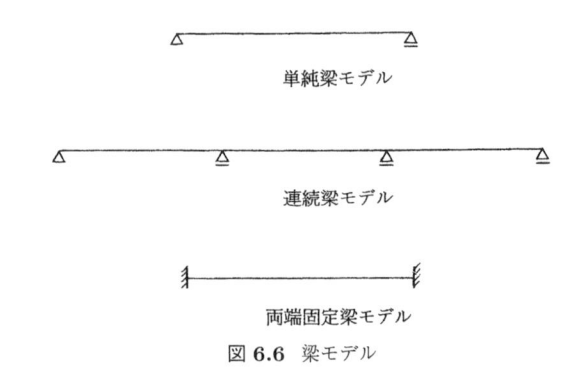

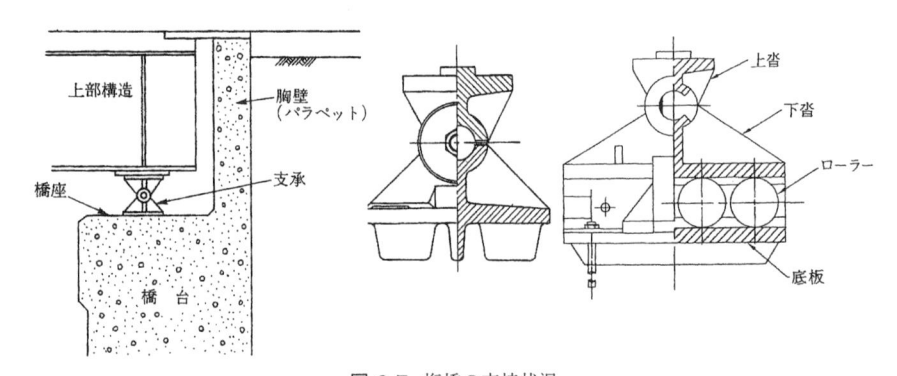

図 **6.6** 梁モデル

図 **6.7** 桁橋の支持状況

梁の曲げ応力の計算は次のように行う．
弧 AB, CD を考える．
中立軸 ρ より y 離れた弧では
$$CD = (\rho + y) \cdot \theta, \qquad AB = \rho \cdot \theta$$
y でのひずみ ε は伸びの差から

$$\varepsilon = \frac{\mathrm{CD} - \mathrm{AB}}{\mathrm{AB}}$$
$$= \frac{(\rho + y) \cdot \theta - \rho \cdot \theta}{\rho \cdot \theta} = \frac{y}{\rho} \quad (6.1)$$

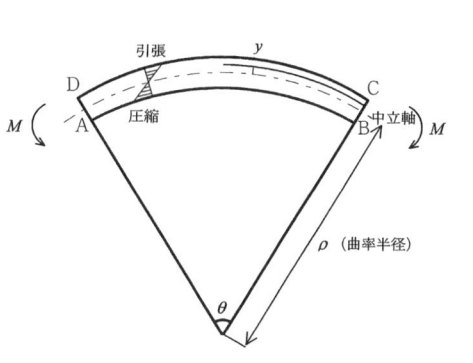

したがって
$$\sigma = \varepsilon E = \frac{y}{\rho} E$$

$y > 0$ 引張, $y < 0$ 圧縮と定義する.
この応力による内部力（モーメント）が外部モーメントと同じであるので

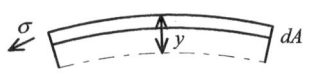

$$M = \sum \sigma y dA = \sum \frac{y^2}{\rho} E dA$$
$$= \frac{E}{\rho} \sum y^2 dA = \frac{EI}{\rho} \quad (6.2)$$

$\Sigma y^2 dA = I$　断面二次モーメント

式 (6.1) と (6.2) より ρ を消去
$$\frac{\sigma}{yE} = \frac{M}{EI}$$
$$\therefore \quad \sigma = \frac{M}{I} y = \frac{M}{I/y} = \frac{M}{Z}$$

ここで, Z：断面係数, I：断面二次モーメントである.

梁で, 曲げモーメント, たわみ角, 変位, せん断力, 荷重は次の関係がある.

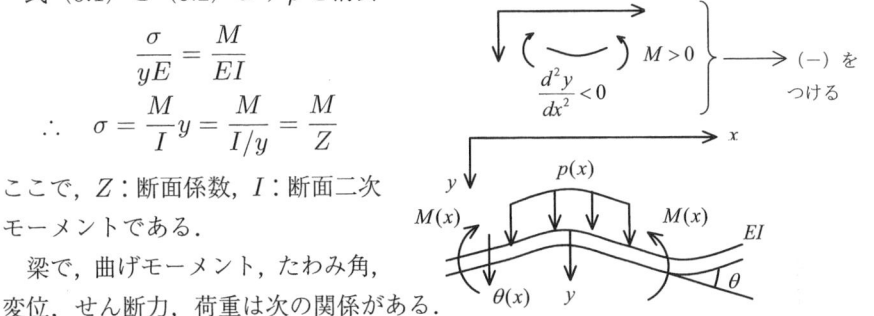

曲げモーメント： $\dfrac{d^2 y}{dx^2} = \dfrac{1}{\rho} = -\dfrac{M(x)}{EI}$ (6.3)

たわみ角　　　： $\dfrac{dy}{dx} = \theta = -\dfrac{1}{EI} \int M(x) dx + C$ (6.4)

変　　位　　　： $y = -\dfrac{1}{EI} \iint M(x) dx dx + C_1 x + C_2$ (6.5)

せん断力　　　： $Q = \dfrac{dM}{dx} \quad \therefore \quad \dfrac{d^3 y}{dx^3} = -\dfrac{dM(x)}{EI dx} = -\dfrac{Q(x)}{EI}$ (6.6)

荷　　重　　　： $p = \dfrac{dQ}{dx} \quad \therefore \quad \dfrac{dy^4}{dx^4} = -\dfrac{dQ(x)}{EI dx} = -\dfrac{d^2 M(x)}{EI dx^2}$ (6.7)

以上の関係式により, 曲げモーメント, 荷重, 境界条件等が与えられれば, 微分あるいは積分することで各々の量が計算できる.

(2) トラスモデル

図 6.8 に示すトラス構造は，橋梁，鉄塔，クレーン等の構造物に適用される．トラス構造は梁部材の集合で構成され，軸力のみ伝達する．このため初期の構造では図 6.9 に示すようにピンが使用されていたが，最近はボルトまたは溶接で接合される場合が多い．接合する際にはガセットと呼ばれる板に取り付ける．ガセットの角はフィレットと呼ばれる円弧（R）を取り入れ，応力集中を緩和している．このような取り付け方をするとピンではなくなり，曲げモーメントが生じる．この曲げモーメントによる応力を二次応力という．二次応力の影響は一般的に小さく，軸力材と仮定してもよい．

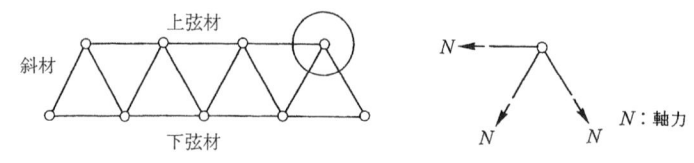

図 6.8 平面トラスモデル

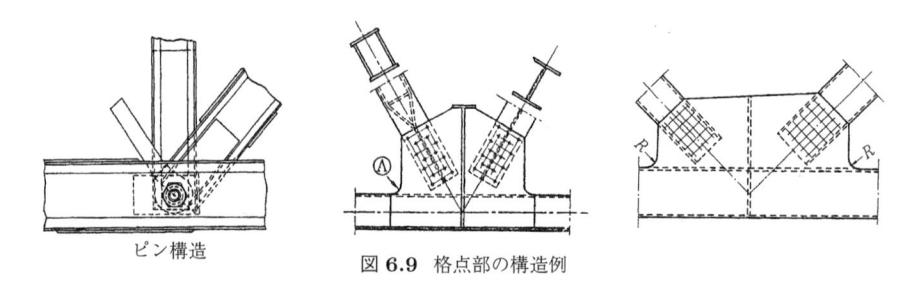

図 6.9 格点部の構造例

トラス構造は，切断法あるいは節点法と呼ばれる方法で解析できる．これらの方法は，トラスの各部材に部材力が生じているとして部材を切り出し，切り出した先に力が作用しているとする．この部分系に作用している力およびモーメントは釣り合っている．部材の外側に引張力（正）が作用しているとする．

節点法では例えば節点 B で関係する部材について x 方向，y 方向の式をたてる．水平方向力の釣合いは次式で計算する．

$$\sum H = D\cos\theta + L = 0$$

鉛直方向も同様に

$$\sum V = D\sin\theta + P_2 = 0$$

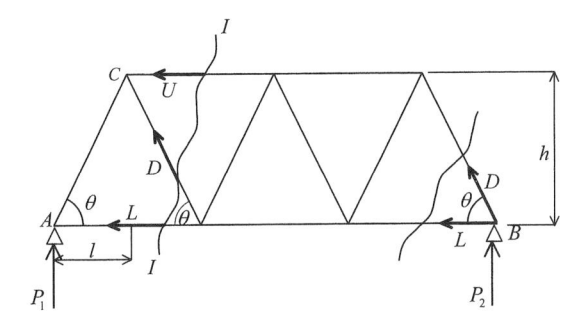

これより L, D が $D = -P_2/\sin\theta$, $L = P_2/\tan\theta$ として計算できる．トラスの各点で順次部材力が計算できる．

切断法ではある任意の断面で切断して力の釣合いとモーメントの釣合いを考える．いま I 断面で切断すると以下の関係が得られる．

 水平方向に $\sum H = U + D\cos\theta + L = 0$
 鉛直方向に $\sum V = D\sin\theta + P_1 = 0$
 C 点回りのモーメント $\sum M_c = P_1 \times l + L \cdot h = 0$

これより $D = -P_1/\sin\theta$, $L = -P_1 l/h$, $U = P_1/\tan\theta + P_1 l/h$ を得る．

節点法では順次節点ごとに釣合い式をたてて軸力を計算するが，切断法では求めたい箇所での軸力を容易に計算できる．

(3) ラーメンモデル

図 6.10 に示す平面フレームは梁部材の集合の構造であるが，ここでは軸力のほかに曲げモーメントとせん断力を考慮する．荷重は面内荷重を考える．ラーメン構造では節点は剛接として取り扱う．平面フレーム構造と同様に梁部材の集合体であるが，面外荷重を中心に作成されるのが図 6.11 に示す格子解析モデルである．梁の曲げモーメント，ねじりモーメントおよびせん断力が計算できる．ねじりが問題となる曲線橋梁や多主桁橋梁の床版の解析に用いられる．

N：軸力
Q：せん断力
M：曲げモーメント

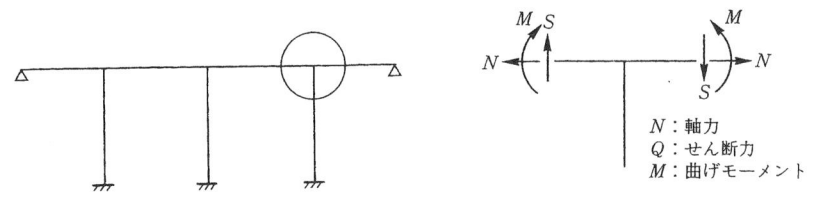

図 6.10　平面フレームモデル

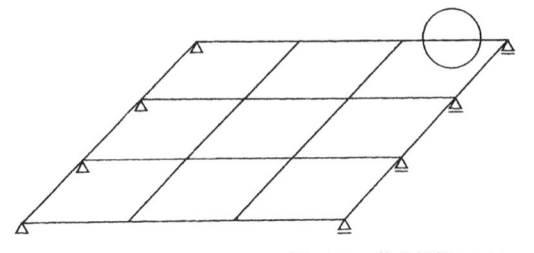

図 6.11 格子解析モデル

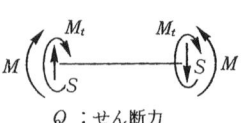

Q：せん断力
M：曲げモーメント
M_t：ねじりモーメント

ラーメンの解法には，エネルギー法，撓角撓度法，モーメント分配法等いくつかの方法が提案されている．ここでは理解のしやすいエネルギー法を紹介する．図 6.12 に示す門形ラーメンを例に挙げる．A 点，D 点では鉛直力 V と水平力 H が与えられる．力とモーメントの釣合いから，$V_A = Pb/l, V_D = Pa/l$ が容易に計算できる．($\because\ P \cdot b - V_A(a+b) = 0, P = V_A + V_D, l = a + b$)

各部材での曲げモーメントを計算し

$$W = \sum \int \frac{M^2}{2EI} dx$$

図 6.12 門形ラーメン

を求め，水平力を計算する．すなわち，AB, BC, DC 部材で部材軸に x_1, x_2, x_3 の座標を決めると，各部材の曲げモーメントは

AB：$M = -Hx_1$
BC：$M = V_A x_2 - Hh - \{P(x_2 - a)\}$
DC：$M = Hx_3$

となる．これより

$$W = \int_0^h \frac{(Hx_1)^2}{2EI_1} dx_1 + \int_0^h \frac{(Hx_3)^2}{2EI_1} dx_3$$
$$+ \int_0^l \frac{1}{2EI_2} [V_A x_2 - Hh - \{P(x_2 - a)\}]^2 dx_2$$

$$\frac{\partial W}{\partial H} = \int_0^h \frac{Hx_1^2}{EI_1}dx_1 + \int_0^h \frac{Hx_3^2}{EI_1}dx_3$$
$$+ \int_0^l \frac{1}{EI_2}[V_A x_2 - Hh - \{P(x_2-a)\}](-h)dx_2 = 0$$
$$\therefore \quad H = \frac{3Pab}{2hl(2I_2h/I_1l+3)}$$

H をもとの式に代入して各部材での曲げモーメントが計算できる．

ラーメン構造では図 6.13 に示す隅角部が存在する．隅角部では三角形状をしたハンチを取り付け，角の応力集中を緩和したり，コンクリートの打設を容易にする．この箇所では隣接する部材軸が交差しているが剛域と考え曲げモーメントを計算をせず，ハンチの端を部材端とする．部材長の考え方を図 6.14 に示すが，①では $L_C + B/2$, $L_C + d$ の小さい方を部材長とする．②の支点のある場合，③の柱や梁が太い場合には部材長を L_C とする．

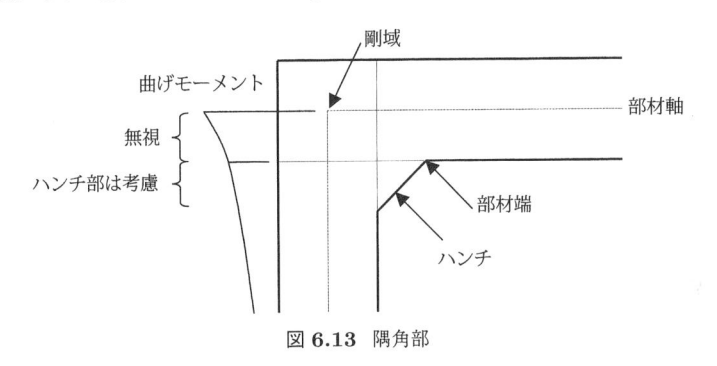

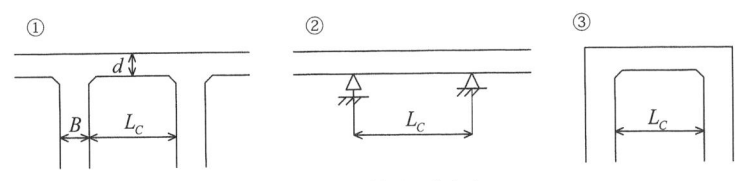

図 6.13 隅角部

図 6.14 部材長の考え方

（4）板モデル

板要素は箱形の桁，ケーソン等の薄板で構成される構造物に適用される．板要素は図 6.15 に示すように面外荷重と面内荷重を受ける．面内荷重を受けるときに

は図 6.16 に示す曲げモーメントとせん断力の力の釣合い式を解くことになる．面内荷重を受ける場合——特に圧縮力やせん断を受けるとき，鋼板では座屈が問題となる．

矩形の薄い板の基礎方程式を次式に示す．この一般解はフーリエ級数から得られ，境界条件より定数を定める．

$$\frac{\partial^4 w}{\partial x^4} + 2\frac{\partial^4 w}{\partial x^2 \partial y^2} + \frac{\partial^4 w}{\partial y^4} = \frac{P}{D} \tag{6.8}$$

ここで，w：たわみ
P：荷重強度
D：版の剛度　$D = \dfrac{Et^3}{12(1-\nu^2)}$
E：版のヤング係数
t：版厚
ν：ポアソン比

$$w = \frac{1}{\pi^4 D} \sum_{m=1}^{\infty} \sum_{n=1}^{\infty} \frac{a_{mn}}{\left(\dfrac{m^2}{l_x^2} + \dfrac{n^2}{l_y^2}\right)} \sin\frac{m\pi x}{l_x} \sin\frac{n\pi y}{l_y} \tag{6.9}$$

ここで，l_x：x 方向の長さ，l_y：y 方向の辺の長さである．

この式を解いてもよいが繁雑であるので，通常の設計では数表によって曲げモーメントを求める．表 6.1 の設計数表は 4 辺固定版，3 辺固定 1 辺自由版等の諸境界条件のもとで，各辺を 4, 6, 8 等分してある．辺長比 $\lambda = l_x/l_y$ のもと等分布荷重 q，あるいは三角形分布の最大荷重 q に対して

$$\lambda \leqq 1 \text{ のとき}, \quad M_x = Xql_x^2, \ M_y = Yql_y^2 \tag{6.10}$$

$$\lambda > 1 \text{ のとき}, \quad M_x = Xql_y^2, \ M_y = Yql_x^2 \tag{6.11}$$

ここで，X, Y：曲げモーメント係数である．

図 6.17 に 3 辺固定 1 辺自由版で等分したときの格子の交点の位置を示す．この位置での曲げモーメントの値を求める．

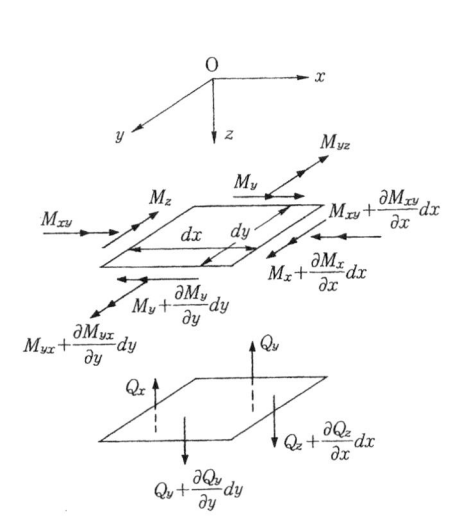

6.2 構造部材のモデル化 / 163

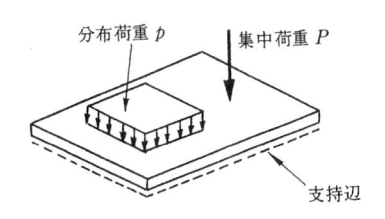

面外荷重を受ける板要素の例

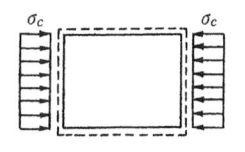

面内応力を受ける板要素の例

図 **6.15** 面内応力を受ける板要素の例　　図 **6.16** 板モデル

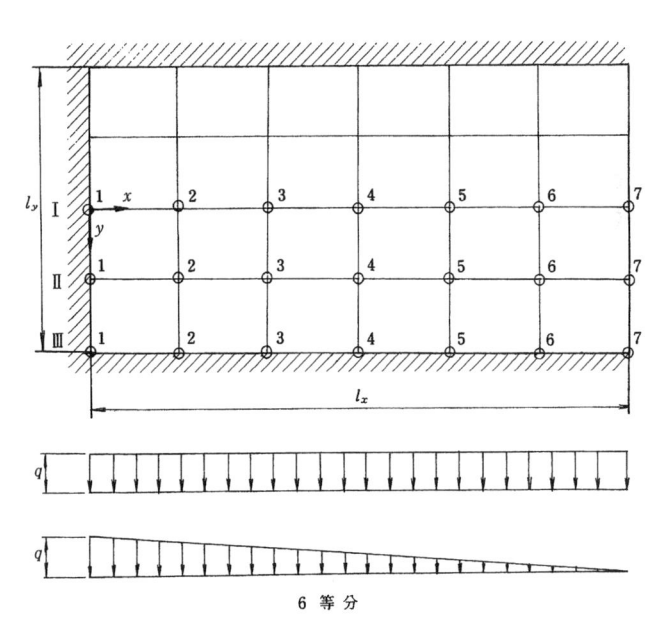

図 **6.17** 3 辺固定 1 辺自由版

表 6.1 3辺固定1辺自由版の計算数表（例）
x 方向 6 等分，y 方向 4 等分

(a) $\lambda = 0.30, 0.40, 0.50$

λ	荷重	曲げモーメント係数	座標	1	2	3	4	5	6	7
0.30	等分布荷重	X	I	−0.3819	−0.2308	−0.1193	−0.0434	0.0002	0.0143	0
			II	−0.2656	−0.1504	−0.0723	−0.0230	0.0035	0.0108	0
			III	0	−0.0031	−0.0128	−0.0249	−0.0379	−0.0533	0
		Y	I	−0.0636	−0.0347	−0.0061	0.0204	0.0436	0.0625	0.0762
			II	−0.0443	−0.0206	0.0024	0.0226	0.0391	0.0519	0.0614
			III	0	−0.0186	−0.0770	−0.1495	−0.2277	−0.3196	−0.4201
	三角形分布荷重	X	I	−0.1353	−0.0654	−0.0219	0.0009	0.0086	0.0067	0
			II	−0.1021	−0.0427	−0.0095	0.0053	0.0082	0.0049	0
			III	0	−0.0023	−0.0061	−0.0092	−0.0116	−0.0141	0
		Y	I	−0.0225	−0.0098	0.0002	0.0078	0.0134	0.0175	0.0207
			II	−0.0170	−0.0056	0.0032	0.0091	0.0127	0.0148	0.0164
			III	0	−0.0137	−0.0366	−0.0554	−0.0697	−0.0845	−0.0981
0.40	等分布荷重	X	I	−0.2840	−0.1497	−0.0596	−0.0051	0.0207	0.0220	0
			II	−0.1819	−0.0908	−0.0342	−0.0024	0.0111	0.0113	0
			III	0	−0.0033	−0.0127	−0.0236	−0.0346	−0.0648	0
		Y	I	−0.0473	−0.0188	0.0112	0.0397	0.0645	0.0848	0.1004
			II	−0.0303	−0.0109	0.0074	0.0229	0.0353	0.0448	0.0523
			III	0	−0.0195	−0.0761	−0.1419	−0.2078	−0.2811	−0.3553
	三角形分布荷重	X	I	−0.1084	−0.0431	−0.0058	0.0109	0.0136	0.0084	0
			II	−0.0770	−0.0257	0.0002	0.0094	0.0090	0.0044	0
			III	0	−0.0023	−0.0061	−0.0089	−0.0107	−0.0124	0
		Y	I	−0.0181	−0.0054	0.0052	0.0135	0.0196	0.0239	0.0274
			II	−0.0128	−0.0025	0.0051	0.0096	0.0117	0.0126	0.0133
			III	0	−0.0140	−0.0364	−0.0533	−0.0644	−0.0743	−0.0810
0.50	等分布荷重	X	I	−0.2053	−0.0916	−0.0229	0.0136	0.0269	0.0220	0
			II	−0.1269	−0.0538	−0.0124	0.0075	0.0131	0.0098	0
			III	0	−0.0034	−0.0122	−0.0216	−0.0301	−0.0389	0
		Y	I	−0.0342	−0.0079	0.0203	0.0465	0.0688	0.0866	0.1005
			II	−0.0212	−0.0051	0.0093	0.0207	0.0293	0.0356	0.0410
			III	0	−0.0205	−0.0733	−0.1294	−0.1806	−0.2334	−0.2818
	三角形分布荷重	X	I	−0.0858	−0.0267	0.0040	0.0151	0.0144	0.0078	0
			II	−0.0594	−0.0149	0.0051	0.0106	0.0084	0.0035	0
			III	0	−0.0024	−0.0059	−0.0083	−0.0095	−0.0102	0
		Y	I	−0.0143	−0.0021	0.0082	0.0160	0.0212	0.0246	0.0273
			II	−0.0099	−0.0006	0.0059	0.0091	0.0100	0.0097	0.0098
			III	0	−0.0143	−0.0356	−0.0499	−0.0570	−0.0165	−0.0613

（5）シェルモデル

シェル（殻）部材はタンク，建築物の屋根等に使用される．シェルの軸対称変形や応力を計算できる．一般化されたシェルでは，図 6.18 に示すように面外曲げモーメント（M_x, M_θ），せん断力（Q_z），軸力（N_x, N_θ）を考慮する．曲げモーメントとせん断力がゼロの場合には膜応力状態となり，軸力のみの解析となる．

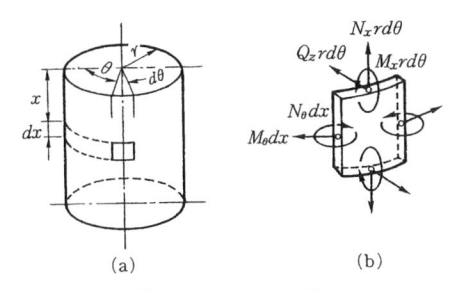

図 6.18 シェルモデル

6.2.2 境界条件，固定条件

構造物の境界は溶接，ピン，ボルト，支承，完全一体化と様々な状況にある．この状況を構造モデルに組み込む場合には，簡略化して力学モデルに組み込めるようにする必要がある．代表的な境界条件として，表 6.2 に示すように回転支点，可動支点，固定支点，自由端がある．それぞれの変位と断面力の条件を示すが，回転支点と可動支点では，鉛直変位と曲げモーメントがゼロとなる．回転支点では水平方向（軸方向）の変位も固定される．固定支点では鉛直変位とたわみ角がゼロである．以上の条件で不十分な場合には，図 6.19 に示すように，ばねを取り付けて変形を許した上で力を伝達させることができる．

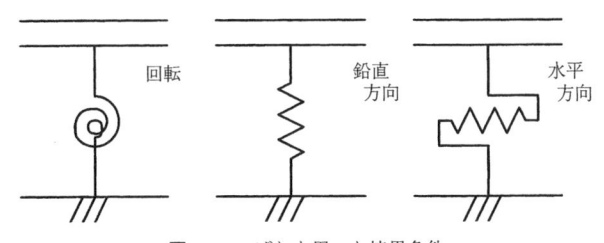

図 6.19 ばねを用いた境界条件

表 6.2　代表的な境界条件

境界条件	変位の条件	断面力の条件
回転支点 / 可動支点	$y = 0$	$\dfrac{d^2 y}{dx^2} = 0\,(M = 0)$
固定支点	$y = 0$ $\theta = \dfrac{dy}{dx} = 0$	—
自由端	—	$\dfrac{d^2 y}{dx^2} = 0\,(M = 0)$ $\dfrac{d^3 y}{dx^3} = 0\,(Q = 0)$

6.3　材料のモデル化

　構造設計では，コンクリートと鋼材の，ひずみと応力の関係を直線的すなわち線形として取り扱う場合が多い．ただし最近では，設計で材料非線形性を取り扱う場面も増加している．材料の応力－ひずみ関係は材料試験から得られるが，構造設計ではこれを簡略化し計算しやすくしている．以下に代表的な応力－ひずみ曲線のモデル化を示す．またこの関係は応力－ひずみの関係だけでなく，荷重と変位の関係にも適用できる．

　①バイリニア型：
　材料の応力－ひずみ関係を2本の直線で近似する方法である．図6.20には弾－完全塑性体を示す．降伏応力度を超えるとそれ以降は応力度の増加がなく，ひずみのみ伸びていく性質を表示している．鋼材に適用されている．

　図6.21の剛－完全塑性体は，弾性域がなく降伏まで荷重が上昇してもひずみが生じない状態を表す．剛体の滑動などを表示するときに用いる．

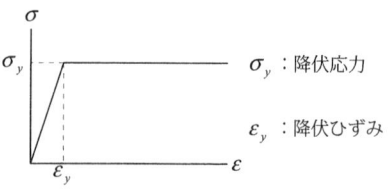

σ_y：降伏応力
ε_y：降伏ひずみ

図 6.20　弾－完全塑性体モデル

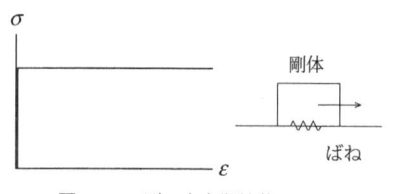

図 6.21　剛－完全塑性体モデル

材料が降伏後にまだ応力度が増加する性質は，鋼材や土などにみられる特徴である（図6.22）．この性質はひずみ硬化と呼ばれる．ひずみ硬化の勾配は計算結果に大きな影響を与えるので注意が必要である．

② トリリニア型：

応力度とひずみの関係を図6.23のように3本の直線で表示する．バイリニアより精度が高くなる．PCケーブル等，鉄筋コンクリート部材に使用される．

③ 曲線＋直線型

コンクリートでは，図6.24に示すように曲線＋直線で近似する．コンクリートの弾性域の挙動は，鋼材のような直線よりも曲線性が高く，正確な構造計算を行うためには一軸圧縮試験結果を忠実に再現する必要があるからである．

④ 接触型

構造物と土との境界部によく使用されるモデルである．境界面が圧縮場のときには力を伝達し，引張場ではゼロとする（図6.25）．

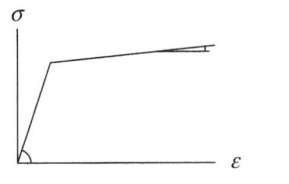

図 6.22 ひずみ硬化モデル

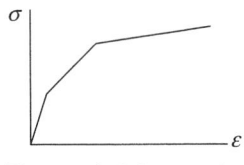

図 6.23 トリリニアモデル

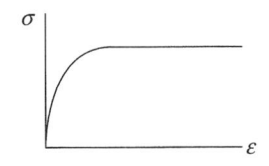

図 6.24 コンクリートの挙動モデル

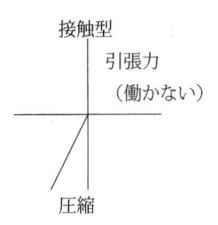

図 6.25 接触型モデル

6.4 弾性床上の梁

パイプライン，トンネル，線路，杭等の非常に長い構造物が，地中あるいは地表に連続的に設置されている場合は，図6.26のように，弾性床に支えられている梁としての計算を行って設計する．梁の下面は変位に比例する反力を受ける鉛直ばね，と仮定して計算する．

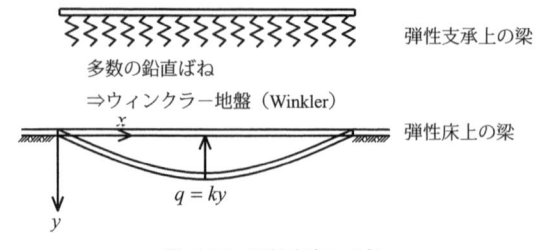

図 **6.26** 弾性支床上の梁

単位長さ当りの力の釣合いは，y を変位とすると以下の式で示される．

$$q = ky \tag{6.12}$$

たわみ角度は EIy'，曲げモーメントは EIy''，せん断力は EIy'''，荷重は EIy'''' でそれぞれ表される．すなわち

$$EIy'''' = -ky \tag{6.13}$$

である．この一般解（y）は 4 回微分して元に戻ることから，e^x と $\sin x$ 関数であることが予想される．そこで，

$$\beta = \sqrt[4]{k/4EI} \tag{6.14}$$

とすると，

$$y = e^{\beta x}(A\cos\beta x + B\sin\beta x) + e^{-\beta x}(C\cos\beta x + D\sin\beta x) \tag{6.15}$$

ここで，A, B, C および D は係数である．
　　　β：地盤と構造物の相対的剛度を示す（1/m）．
　　　k：地盤反力（N/m^2）を示す

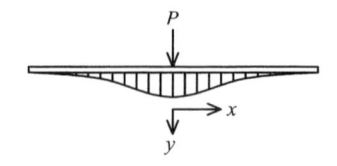

図 **6.27** 集中荷重を受ける弾性床上の梁

簡単な例で弾性床上の梁の計算をしてみる．図 6.27 に示すように，中央に P なる集中荷重があるとする．左右対称であるから半分のみを考える．境界条件から $x \to \infty$, 第 1 項は発散するので，変位 $y = 0$ になるためには，

$$A = B = 0$$

$x = 0$ でたわみ $y' = 0$, $EIy'''' = P/2$ であるので，これら条件より未定係数 A, B, C, D を決める．

$$y' = e^{-\beta k}(C\cos\beta x + D\sin\beta x + C\sin\beta x - D\cos\beta x)$$

$x = 0$, $y' = 0$ とすると $C - D = 0$ ∴ $C = D$

すなわち，
$$y = Ce^{-\beta x}(\cos\beta x + \sin\beta x)$$
$$y' = -2\beta C e^{-\beta x}\sin\beta x$$
$$y'' = 2\beta^2 C e^{-\beta x}(\sin\beta x - \cos\beta x)$$
$$y''' = 4\beta^3 C e^{-\beta x}\cos\beta x$$

$x = 0$ でせん断力は $P/2$ であるので，半分を考えると $EIy''' = P/2$ より，$4\beta^3 C \cdot EI = P/2$ となる．

$$\therefore\ C = P/8\beta^2 EI \tag{6.16}$$

この式を使えば等分布荷重，多数の集中荷重を重ね合わせられる．例えば等分布荷重では，A 点のたわみは，P の代わりに wdx を入れて積分すればよい．

$$y = \frac{P}{8\beta^3 EI}e^{-\beta x}(\cos\beta x + \sin\beta x)$$
$$y = \int_{-c}^{b}\frac{wdx}{8\beta^3 EI}e^{-\beta x}(\cos\beta x + \sin\beta x)$$
$$= \frac{w}{2k}(2 - e^{-\beta b}\cos\beta b - e^{-\beta c}\cos\beta c)$$

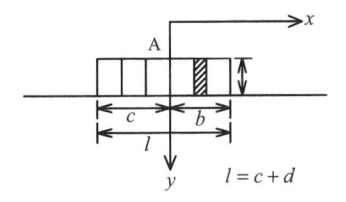

図 6.28 多数の集中荷重の重ね合わせ

一点集中荷重を受ける弾性支床上の梁でのたわみ曲線，モーメント図，せん断力図と式を図 6.29 に示す．

図 6.29 中の式：

$$y = \frac{P}{8\beta^3 EI} e^{-\beta x} (\cos \beta x + \sin \beta x)$$

$$M = \frac{P}{4\beta} e^{-\beta x} (\sin \beta x - \cos \beta x)$$

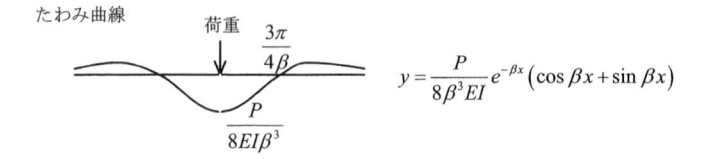

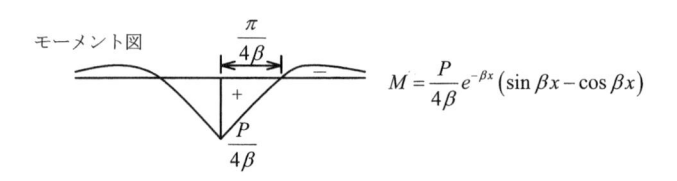

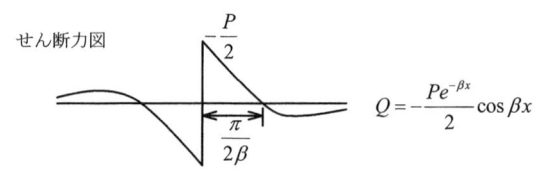

$$Q = -\frac{Pe^{-\beta x}}{2} \cos \beta x$$

図 6.29 弾性床上の梁でのたわみ曲線，モーメント図，せん断力図

第7章

部材の計算法

7.1 鉄筋コンクリート部材

7.1.1 鉄筋コンクリート構造の概要

　鉄筋コンクリート部材（RC部材）は，主に異形鉄筋とコンクリートで構成される．異形鉄筋より付着の劣る丸鋼は，最近はほとんど使用されない．RC梁の構造の概要を図7.1に示す．梁の上縁と下縁に鉄筋を配置する．鉄筋上端とコンクリート表面までの距離をかぶりという．かぶりは鉄筋とコンクリートの付着を

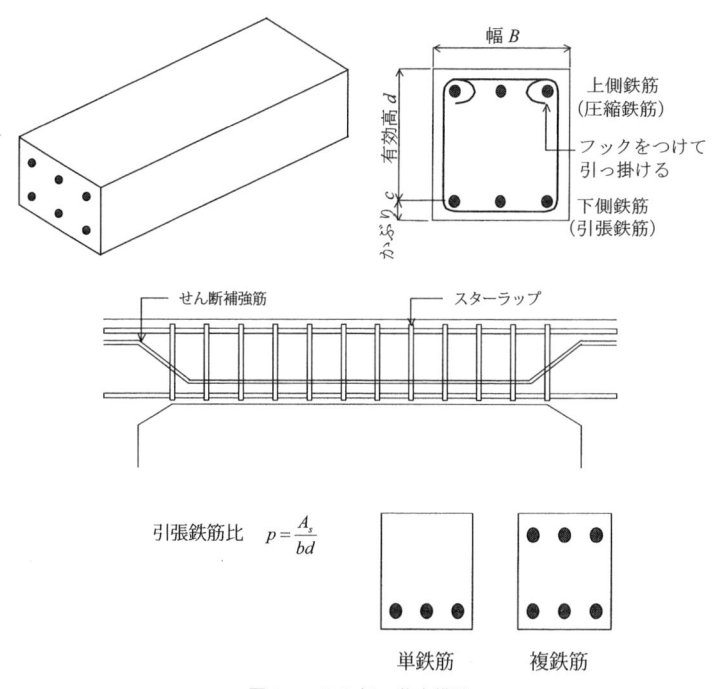

引張鉄筋比　$p = \dfrac{A_s}{bd}$

図 7.1 RC梁の基本構造

確保し力学的に一体化するとともに，コンクリート打設を容易にしたり，鉄筋が水分や塩分により酸化，腐食するのを押さえる役割がある．

曲げモーメントを受ける梁では，図では上縁が圧縮応力場となり，この位置に配置される鉄筋を圧縮鉄筋という．引張応力場にある場合には引張鉄筋という．圧縮力をコンクリートのみで負担させ，鉄筋を引張応力場に配置するのが単鉄筋，両側に配置するのが複鉄筋である．荷重の向きが一定の場合，あるいは部材内で軸方向に引張場と圧縮場が移り変わらない場合には単鉄筋としてよい．荷重の向きが反転したり，応力場が梁軸方向に符号が変化する場合には複鉄筋が採用される．梁の軸方向に配置されるこれらの鉄筋を主鉄筋という．コンクリートは引張力が生じると，小さい力でひび割れが生じ外力に抵抗できなくなるので，構造設計では一般的にはコンクリートの引張場の強度を無視する．すなわち引張力に対して鉄筋で，圧縮力に対してコンクリートで抵抗する機構となる．

圧縮縁から引張鉄筋までの高さを有効高さといい，構造設計的に考慮する部分である．かぶりの部分は剥落する可能性もあり，構造体に考慮しない．梁構造ではせん断力に抵抗するため，一般的には帯鉄筋（スターラップ）が引張鉄筋と圧縮鉄筋を囲むように配置されるか，梁の両端に斜めに鉄筋を配置する．帯鉄筋を配置することにより，囲まれたコンクリートの強度が，破壊時までに低下することを押さえたり，コンクリートが剥離して鉄筋が座屈するのを防止する．このため，帯鉄筋は必ず全周巻くとともに，鉄筋端部を折り曲げて主鉄筋に引っかける必要がある．斜め鉄筋ではひび割れ面を挟んで生じる引張力に抵抗し，かつ鉄筋のせん断耐力にも期待している．

桁の構造は長方形以外にT形，I形，箱形等がある．基本的には長方形断面として設計することが可能である．図中の斜線部はコンクリートの圧縮領域を表す．

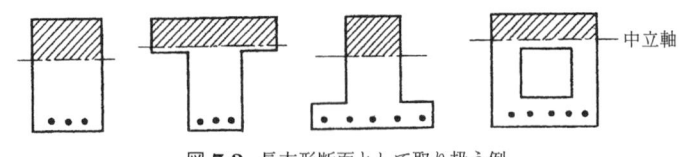

図 7.2　長方形断面として取り扱う例

橋脚などの柱の場合の構造は，基本的に梁構造と同じであるが，梁のように上下方向の荷重が大半でなく，断面では各方向から荷重を受ける場合が多い．このため，鉄筋を等間隔に配置することが多い．

板は橋梁の床版や防波堤ケーソンの壁などに使用される．鉄筋は格子状に2段

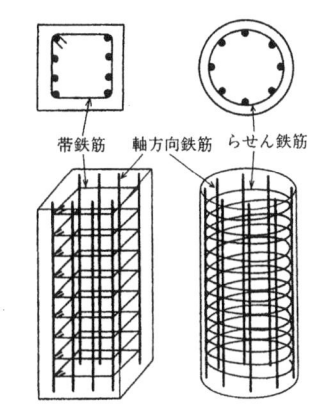

図 7.3 柱の帯鉄筋およびらせん鉄筋

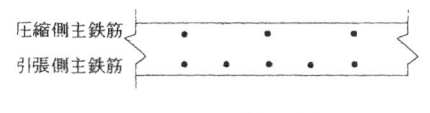

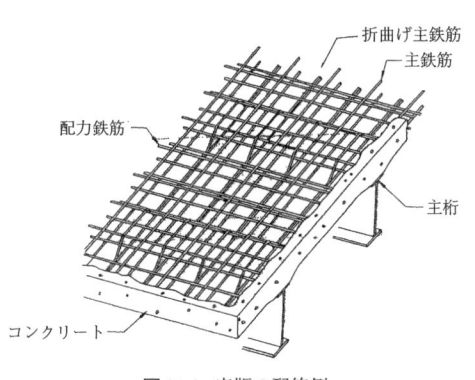

図 7.4 床版の配筋例

で配置される場合が多い．断面力が大きい方向が主鉄筋，小さい方向が配力筋になる．橋梁の床版では橋軸直角方向が主鉄筋，橋軸方向が配力筋となる場合が多い．両者の鉄筋を考慮するのを鉄筋が2方向に入ることから二方向板による解析，主鉄筋のみを考慮して設計するのを一方向板による解析という．また，一般にせん断力に対してはコンクリートで抵抗できる場合が多いので，薄い版ではせん断補強鉄筋を入れないのが普通である．

7.1.2 曲げ耐荷力

RC部材が曲げモーメントとを受けたときの挙動と設計の考え方を示す．直方体断面の梁を両側の2点で単純支持し梁の中央部の2点で載荷し，荷重を順次上げたときの梁の曲げ挙動を順次説明する．

この条件では曲げモーメントの分布は，載荷点間で一定で，支点と載荷点間では直線である．一方せん断力は，支点と載荷点間で一定で，載荷点間ではゼロである．この中央部を純曲げ区間といい，支点と載荷点間をせん断スパン a と呼ぶ．梁の上縁と下側の引張鉄筋の距離は有効高さ d であり，この比 a/d をせん断スパン比と呼ぶ．図7.6に示すように，梁はせん断スパン比が小さいとせん断力により破壊し，大きいと曲げにより破壊する．

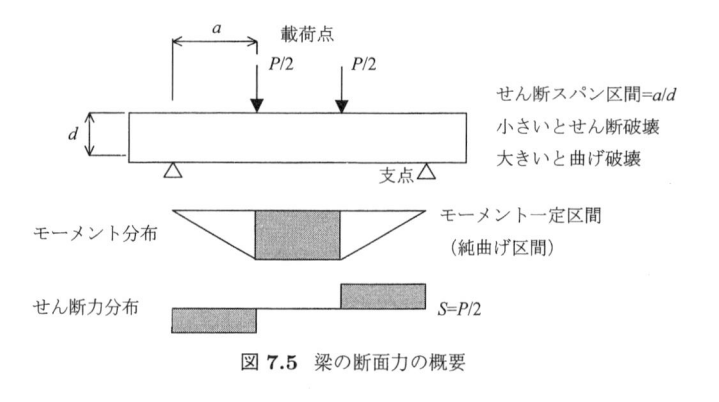

図 7.5 梁の断面力の概要

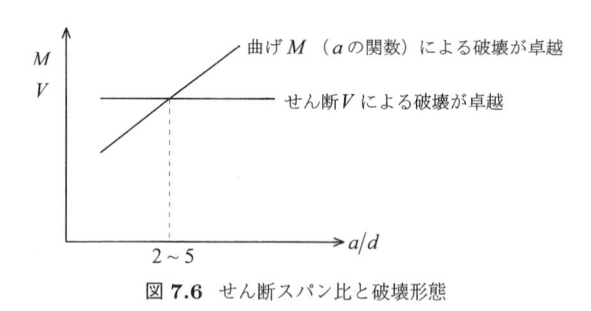

図 7.6 せん断スパン比と破壊形態

（1）コンクリート梁の曲げの現象

荷重をかけると図7.5に示すように，曲げモーメントとせん断力が梁内に生じるが，荷重が小さいときにはコンクリートにひび割れが入らない状態で，全断面で外力に抵抗する．構造設計的にはこれを全断面有効と考える．この条件では，コ

ンクリートの引張側が引張強度 σ_t 以内であればひび割れが入らないとし，計算上は鉄筋を無視してコンクリートのみで考えてもよい．実際には σ_b が曲げ引張強度に達するとひび割れが入る．曲げモーメント M が作用するときの断面内の引張応力度 σ_b は次式で計算できる．

$$\sigma_b = \frac{M}{Z} \tag{7.1}$$

ここで，$Z = BH^2/6$：梁の断面係数，B：梁の幅，H：梁の高さである．

さらに荷重を増加し引張応力度が曲げ引張応力度以上になると，梁の下端中央付近から鉛直方向にひび割れが入る．ひび割れの本数とひび割れ幅は荷重の増加とともに次第に増加していく．この状態では，図 7.7 に示すように外力に対してコンクリート圧縮側と引張鉄筋とで抵抗する．これに従い梁中央に位置していた中立軸が上へと移動していく．しかし断面内のひずみは平面内で直線で，平面保持がなされている．すなわち，鉄筋とコンクリートは付着が十分でずれないとする．

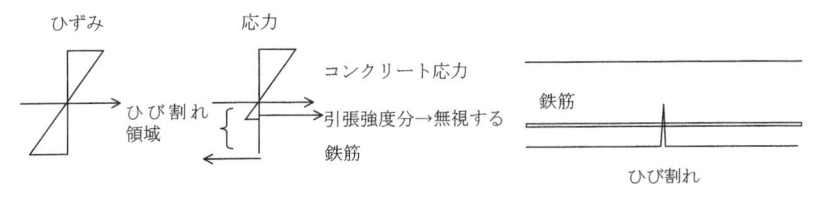

図 7.7 ひび割れが入った状態

図 7.8 梁でのひび割れ発生状態

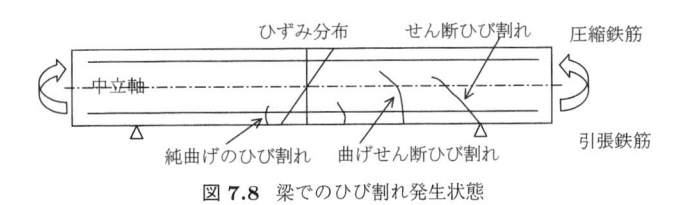

図 7.8 に示すように，曲げによるひび割れは，純曲げ区間にまず生じるが，その後せん断スパン内にも発生する．このひび割れは当初鉛直方向に進展するが，次第に載荷点の方向に向かう．このひび割れを曲げせん断ひび割れという．さらに支点より，せん断ひび割れと呼ばれる斜め方向にひび割れが進展する．

さらに荷重を与えると下側の鉄筋は降伏し，次に載荷点間の上縁付近のコンクリートは圧壊する．この時点で梁は破壊し終局を迎えたと定義する．

(2) 梁の中の応力分布

梁の中の応力分布を図 7.9 に示す.

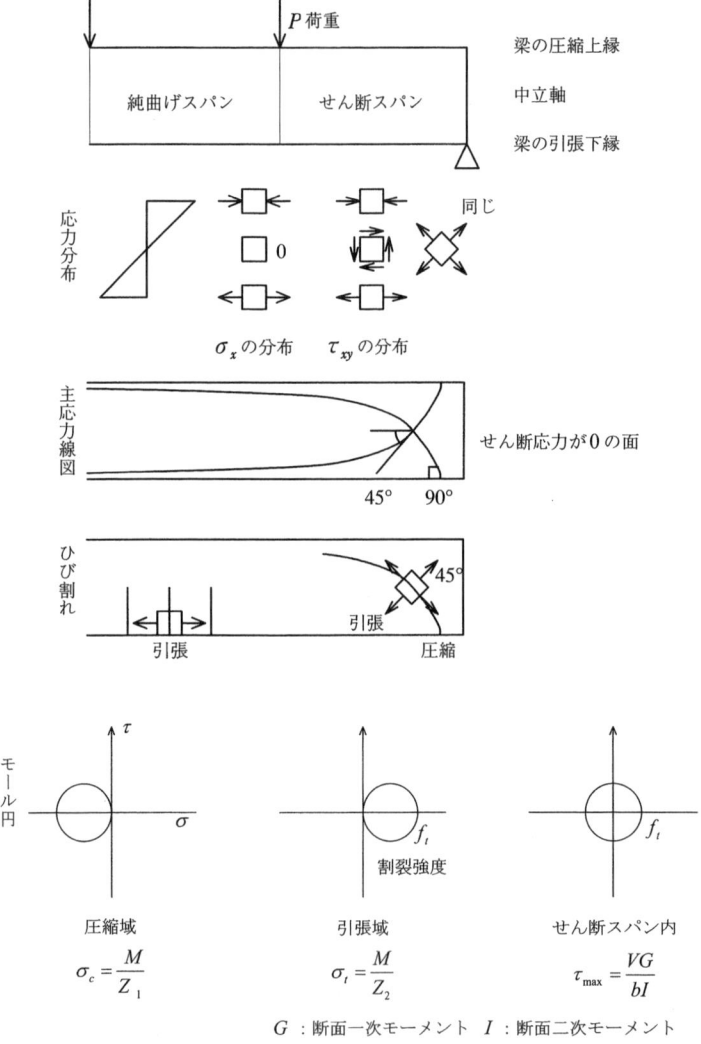

応力分布: 純曲げスパン / せん断スパン, P 荷重
- 梁の圧縮上縁
- 中立軸
- 梁の引張下縁

σ_x の分布 　　τ_{xy} の分布 　　同じ

主応力線図: せん断応力が 0 の面 　45° 　90°

ひび割れ: 引張 / 引張 / 圧縮 　45°

モール円

圧縮域	引張域	せん断スパン内
$\sigma_c = \dfrac{M}{Z_1}$	$\sigma_t = \dfrac{M}{Z_2}$ （割裂強度 f_t）	$\tau_{max} = \dfrac{VG}{bI}$

G：断面一次モーメント 　I：断面二次モーメント
B：梁幅 　　$Z = \dfrac{I}{y}$

図 7.9 梁内の応力の状況

（3） 曲げモーメントを受ける鉄筋コンクリート梁

両端を単純支持されている長さ l の梁では，等分布荷重や集中荷重により曲げモーメントが生じるが，一般的に梁中央部に最大曲げモーメント $M_{\max}$ が発生する．図 7.10 に示すように等分布荷重では $M_{\max} = wl^2/8$，中央部の集中荷重では $M_{\max} = Pl/4$ の最大曲げモーメントである．ここで，l はスパン長である．

いまコンクリートが圧懐しない，鋼材が降伏しないとし，この条件下での計算方法を示す．この方法は，許容応力度法と限界状態設計法での使用限界の照査に使用できる．許容応力度法ではコンクリートの圧縮応力度は許容値の σ_{ca} 以下，鉄筋引張応力度は σ_{sta} 以下となるように計算する．使用限界状態では各種の安全係数を 1.0 に設定して計算をする．

$M_{\max} = wl^2/8$ $M_{\max} = Pl/4$

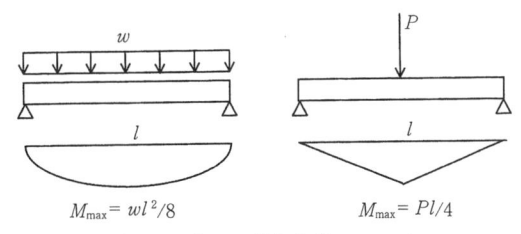

図 7.10 梁での最大曲げモーメント

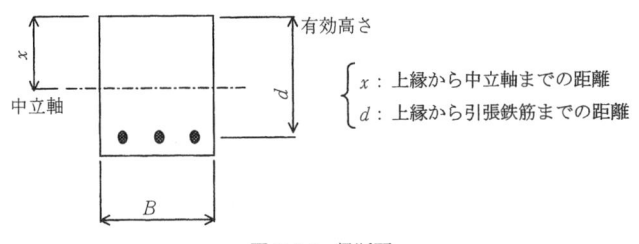

x：上縁から中立軸までの距離
d：上縁から引張鉄筋までの距離

図 7.11 梁断面

上縁のコンクリートが圧壊するまでの計算の過程は，以下のとおりである．
① 断面内のひずみは中立軸からの距離に比例する（平面保持）．
② コンクリートの引張力は無視する．引張力は鉄筋で，圧縮力はコンクリートで負担する．
③ 鉄筋とコンクリートのヤング係数比は，$n_s = E_s/E_c = 15$ とする．

一般的に，E_s：鉄筋のヤング率 $2.1 \times 10^8 \, \text{kN/m}^2$，$E_c$：コンクリートのヤング率 $2.35 \times 10^7 \, \text{kN/m}^2$ である．この仮定で計算して，鉄筋の引張応力度とコンク

リートの圧縮応力度を計算する．添え字の c はコンクリートを，s は鉄筋を指す．

ひずみ ε は中立軸からの距離 x に比例する．

$$\frac{\varepsilon_c}{x} = \frac{\varepsilon_s}{d-x} \tag{7.2}$$

引張鉄筋の合力は鉄筋に生じる応力度 σ_s に引張鉄筋 A_s の断面積をかけて求める．

$$T = \sigma_s A_s \tag{7.3}$$

コンクリートの圧縮の合力は，梁内のコンクリートの圧縮応力度 σ_c が三角形分布と仮定して面積を求め，奥行き B を乗じて計算する．

$$C = \frac{\sigma_c B x}{2} \tag{7.4}$$

$T = C$ より，$\sigma_s A_s = \sigma_c B x / 2$ が得られる．

モーメントの釣合いは，$M = CZ' = TZ'$ となる．

ここで，$Z' = d - x/3$ でコンクリートの合力の中心と引張鉄筋までの距離となる．以上より，

$$\frac{\sigma_c}{E_c}(d-x) = \frac{\sigma_s}{E_s} x \longrightarrow n\sigma_c(d-x) = \sigma_s x \tag{7.5}$$

$$x = \frac{2A_s}{B} \frac{\sigma_s}{\sigma_c} = \frac{2A_s}{B} \frac{n(d-x)}{x} \tag{7.6}$$

したがって，中立軸と圧縮縁間での距離 x が次式で計算できる．

$$x^2 + 2n\frac{A_s}{B}x - 2n\frac{A_s}{B}d = 0 \tag{7.7}$$

これより，中立軸の位置が

$$x = \frac{nA_s}{B}\left(-1 + \sqrt{1 + \frac{2Bd}{nA_s}}\right) \tag{7.8}$$

と求まる．したがって，$M = \dfrac{\sigma_c B x}{2}\left(d - \dfrac{x}{3}\right)$ となり，曲げモーメントが作用したときのコンクリートの圧縮応力度が次式で計算できる．

$$\sigma_c = \frac{2M}{Bx\left(d - \dfrac{x}{3}\right)} \tag{7.9}$$

同じく鉄筋の引張応力度が計算できる．

$$\frac{2\sigma_s A_s}{Bx} = \frac{2M}{Bx\left(d-\dfrac{x}{3}\right)} \quad \therefore \quad \sigma_s = \frac{M}{A_s\left(d-\dfrac{x}{3}\right)} \tag{7.10}$$

直方体断面以外にも T 形梁等も同じようにして解ける．

載荷荷重が増加して終局に近づくと，鋼材の降伏とコンクリートの圧壊が生じる．構成材料の非線形を考慮する．この現象を取り入れた計算方法が限界状態設計法に示されている．

鋼材が降伏すると一定値となると仮定する．

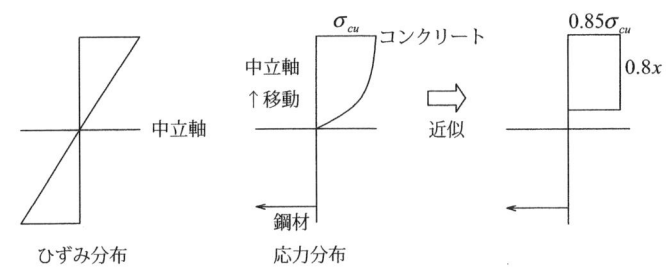

図 7.12 最終段階での状況

$$\sigma_c = 0.85 f_{ck} \frac{\varepsilon_c}{0.002}\left(2-\frac{\varepsilon_c}{0.002}\right), \quad \sigma_{cu} = f_{ck}$$

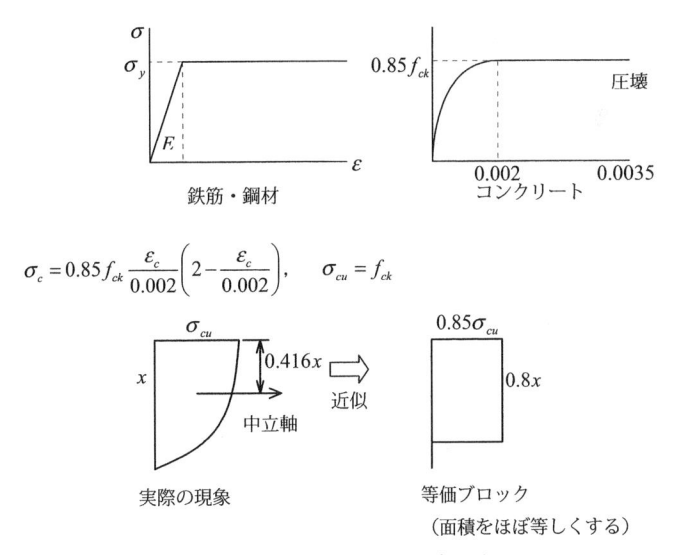

図 7.13 材料の非線形性の取扱い方

鉄筋降伏先行型では，図 7.13 に示す等価ブロックを用いて曲げ耐荷力を容易に計算できる．コンクリートの応力とひずみの非線形性は曲線状であるので，断面内の圧縮応力度分布が放物線上になる．このまま圧縮応力度の合力を計算してもよいが，面積が同じ直方体に近似できるとする．これを等価ブロックと呼ぶ．これは β_1 の換算係数で変換する．

圧縮応力の合力 C は次式で計算する．ここで，B：梁の奥行き長さ，f'_c：コンクリートの圧縮強度である．

$$C'_c = (\beta_1 x \cdot B) k_3 f'_c \tag{7.11}$$

引張鉄筋の合力は，断面積に降伏応力度 f_y を乗じて計算する．

$$T = A_s \cdot f_y \tag{7.12}$$

水平方向の力の釣合いから，$C'_c = T$ より中立軸と梁上縁の距離 x が計算できる．

$$x = \frac{A_s f_y}{(\beta_1 B) k_3 f'_c} \tag{7.13}$$

終局モーメントは鋼材で $M_u = A_s f_y \times (d - k_2 x)$ で，コンクリートで $M_u = \beta_1 k_3 B x f'_c (d-x)$ となる．x を消去して

$$M_u = A_s f_y \left(d - \frac{A_s f_y k_2}{\beta_1 B k_3 f'_c} \right) \tag{7.14}$$

ここで，β_1 は放物線分布を等価ブロックに変換する係数で 0.80，k_1 は $x/2$ に換算する係数で 0.40，k_3 はコンクリートの圧縮強度が部材内で低減する係数で 0.85 とする．

$\dfrac{k_2}{\beta_1 k_3} = \dfrac{1}{1.7}$ となるので，終局曲げモーメントは以下の式となる．

$$M_u = B d^2 p f_y \left(1 - \frac{p f_y}{1.7 f'_c} \right) \tag{7.15}$$

ここで，p：鉄筋比 $\dfrac{A_s}{Bd}$ である．鉄筋比は，梁断面の有効面積で引張鉄筋の断面積を除した値である．

せん断破壊はコンクリートのせん断破壊，圧壊を伴い急激な破壊を生じるので，鋼材降伏の曲げ破壊をせん断破壊に先行させるのがよい．

7.1.3 せん断耐荷力

せん断に関しては，梁のウェブ（腹部）に斜めひび割れが生じるが，補強する鉄筋量はどのくらいか，コンクリートが支点部や載荷点付近で圧縮破壊するかを照査する．まずコンクリートのせん断応力度 τ の大きさを計算する．梁部材のコンクリートのせん断応力は以下の手順で計算する．

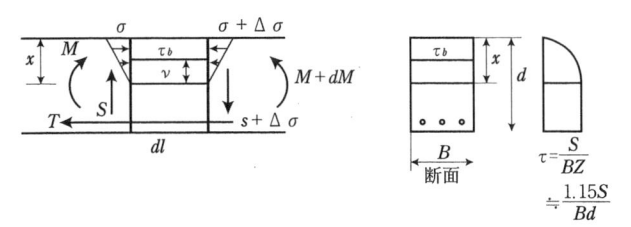

図 7.14 せん断応力の梁内の分布

CC' に生じるせん断応力は AC と AC' に作用する曲げ応力の差と釣り合う．

$$\therefore \quad \tau_b \cdot dl = \int_\nu^x B dy d\sigma \tag{7.16}$$

ここで，コンクリートの応力は，前の曲げモーメントと同じように，距離に比例考えると次式となる．

$$\sigma = \frac{y}{x}\sigma_c = \frac{2My}{Bx^2\left(d-\dfrac{x}{3}\right)} \tag{7.17}$$

両辺を微分して

$$\therefore \quad d\sigma = \frac{2y}{Bx^2\left(d-\dfrac{x}{3}\right)}dM \tag{7.18}$$

となる．しかるにモーメントとせん断力の間には $S=dM/dl$ なので

$$d\sigma = \frac{2y}{Bx^2\left(d-\dfrac{x}{3}\right)} \cdot Sdl \tag{7.19}$$

上式を式 (7.16) に代入する．

$$\tau_b B \cdot dl = \frac{2Sdl}{x^2\left(d-\dfrac{x}{3}\right)} \cdot \int_\nu^x y dy = \frac{2S \cdot dl}{x^2\left(d-\dfrac{x}{3}\right)} \cdot \left(\frac{x^2}{2} - \frac{\nu^2}{2}\right)$$

$$\tau_b = \frac{S(x^2 - \nu^2)}{Bx^2\left(d - \dfrac{x}{3}\right)} \tag{7.20}$$

中立軸では，$\nu = 0$

$$\therefore \quad \tau = \frac{S}{B\left(d - \dfrac{x}{3}\right)} \tag{7.21}$$

となる．中立軸より下は引張応力場であるが，せん断応力を受けるとして一定値となる．この τ が許容応力度以内 τ_a か照査する．ただし，いったんせん断ひび割れが生じると上記の仮定が成立せず，解析が大変難しくなる．

せん断破壊はコンクリートに急激な破壊が生じるので，鉄筋降伏先行の曲げ破壊をせん断破壊に先行させる．またせん断破壊のメカニズムは，ばらつきが多い．どうしてもせん断破壊が中心となるときは安全率を上げる．部材係数として 1.3 をとり，曲げの 1.15 よりも大きな値となっている．

梁の破壊状況を考慮したせん断機構は，梁機構とアーチ機構に分類できる．

$$M = TZ' \tag{7.22}$$

ここで，T：引張力，Z'：両作用点間距離（圧縮力と引張力）である．

曲げモーメントとせん断力との関係は $V = \partial M/\partial x$ であるので，

$$V = \frac{\partial T}{\partial x}Z' + T\frac{\partial Z'}{\partial x} \tag{7.23}$$

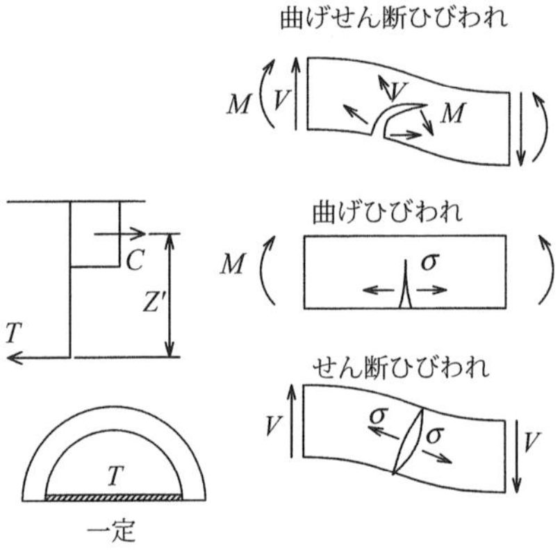

ここで，dT/dx は鋼材の引張力の変化を表す．$\partial T/\partial x = 0$ ならタイドアーチとなる．$\partial Z'/\partial x$ は Z' が変化することを示す．これは圧縮力の合力の軌跡が変化すること（実現象ではアーチ状になる）に対応する．

図 7.15 せん断機構

梁のせん断耐荷力でのせん断抵抗の要因は，以下の式に示す 4 項目を累加して求める．

$$V = \underset{\substack{\text{コンクリート負担}}}{V_{cz}} + \underset{\substack{\text{ひび割れ面沿いのせん}\\\text{断伝達力の鉛直成分}}}{V_{ay}} + \underset{\substack{\text{スターラップ負担分}\\(\text{せん断補強鋼材})}}{V_s} + \underset{\substack{\text{全鉄筋のダウエル力}\\(\text{鋼材})}}{V_d} \tag{7.24}$$

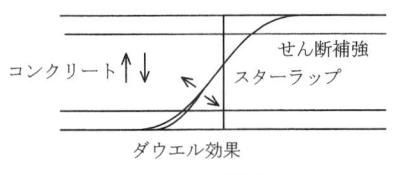

図 7.16 せん断抵抗力

せん断ひび割れが大きくなると，ひび割れが大きくなり V_{ay} と V_d が消える．骨材のかみ合わせで鋼材のダウエル効果はなくなり，終局時には $V = V_{cz} + V_s$ のみとなる．すなわちコンクリートとせん断補強鉄筋のみとなる．この機構は図 7.17 に示すトラス理論で解くことができる．

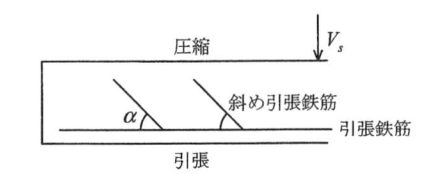

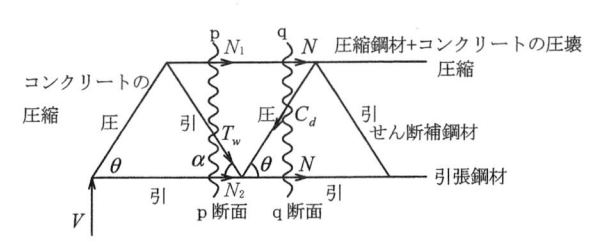

図 7.17 トラス理論

断面 (切断) 法でこのトラスを解く

p–p 断面での力の釣合いは，鉛直方向と水平方向にそれぞれ次式で表せる．

$$V = T_w \sin \alpha \tag{7.25}$$

$$0 = N_1 + N_2 + T_w \cos \theta \tag{7.26}$$

q–q 断面での力の釣合い

$$V = -C_d \sin \theta \tag{7.27}$$

$$0 = -C_d \cos \theta + N_1 + N_2 \tag{7.28}$$

以上から

$$T_w = V/\sin\alpha \quad \text{(引張):せん断補強材の引張力} \quad (7.29)$$
$$C'_d = -V/\sin\theta \quad \text{(圧縮):コンクリートの圧縮力} \quad (7.30)$$
$$N_1 + N_2 = V\cos\theta \quad \text{(引張)} \quad (7.31)$$

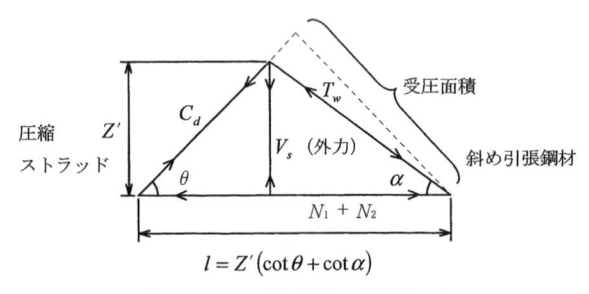

図 7.18 せん断補強筋に作用する力

せん断補強筋に作用する力は結局,以下の式となる.

$$V_s = T_w \sin\alpha, \qquad N_1 + N_2 = V_s \cot\theta$$

ここで,

$$T_w = A_w f_{wy} \times (長さ区間におけるせん断補強鋼材の本数)$$
$$= A_w f_{wy} \frac{l}{S} \quad (:せん断補強鋼材の間隔)$$
$$= A_w f_{wy} Z'(\cot\theta + \cot\alpha)/S$$

Z': コンクリートの力の重心位置と鉄筋との距離

せん断外力 (V_s) はしたがって以下の式で表示できる.

$$V_s = A_w f_{wy} Z'(\cot\theta + \cot\alpha)\sin\alpha/S \quad (7.32)$$

鉛直スターラップなら $\alpha = 90°$ であるので,以下の式となる.

$$V_s = A_w f_{wy} Z' \cot\theta/S \quad (7.33)$$

これはスターラップ(斜め引張鉄筋)の降伏でせん断強度が決まる場合である.

斜め圧縮材の耐荷力に関して，圧縮ストラットの圧縮耐力 C'_d は

$$C'_d = f'_{wc} \times (\text{受圧面積}) = f'_{wc} \times b_w Z'(\cot\theta + \cot\alpha)\sin\theta$$

$$(f'_{wc} \text{ は一般に } f'_c \text{ よりやや小さい})$$

$$\therefore \quad V_{wc} = C_d \sin\theta = f'_{wc} b_w Z'(\cot\theta + \cot\alpha)\sin^2\theta \tag{7.34}$$

$\alpha = 90°$ とすると（コンクリートではせん断補強鋼材は鉛直）

$$V_{wc} = f'_{wc} b_w Z' \sin\theta \cos\theta \tag{7.35}$$

ここで，コンクリートの圧縮材の耐荷力をスターラップの引張耐荷力より小さくしておくのがよい．

$$V_s < V_{wc}$$

コンクリート標準示方書（限界状態設計法）では

$$V_{yd} = V_{cd} + V_{sd} = \beta_d \beta_p \beta_n b_w d/\gamma_b + \frac{A_s f_{ywd}(\sin\alpha + \cos\alpha)}{S}/\gamma_b \tag{7.36}$$

ここで，$\beta_d = \sqrt[4]{100/d}, \beta_d = \sqrt[3]{100 P_w}, \beta_n = 1 + M_0/Md$ （$\beta_n > 2$ なら 2）としている．

以上はせん断耐荷力の計算法であるが，せん断耐荷力としてその他以下の面内せん断力と押し抜きせん断力についても検討する．

面内せん断力　　押し抜きせん断力

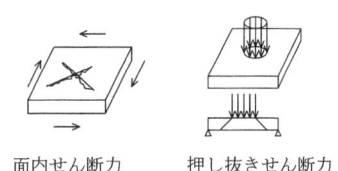

図 7.19 せん断耐荷力

7.2 鋼部材

7.2.1 鋼部材の特徴

設計上の鋼材の特性として以下の項目を列挙できる．

(1) 冶金的特性があり炭素 C 等の含有量により強度とじん性が変えられる．柔らかい軟鋼から高強度鋼までの材質がある．新しい鋼材として耐火性に優れた高温強度特性の鋼は，すでに建築物に使用されている．チタン合金，ステンレス合金は耐食性に優れメインテナンスを容易にしている．最近では非常に純度が高い（結晶が小さい）鋼材料が開発され耐食性，高強度等の面で進歩が著しい．

(2) 機械的特性として，コンクリートと比較して，圧縮，引張の耐荷力が大きく，じん性が大きいため，構造物の脆性的な破壊を防止できる．この結果構造物の軽量化ができる．ただし圧縮力を受ける場合には，座屈の検討が不可欠となるのと，細長い部材は風，地震等で振動しやすい．
(3) 加工性が良く，溶接，切断，切削，孔あけ，曲げプレス加工が容易で精度良くできる．工場内のみならず現場でも加工ができる．加工性が良いことから鋼管，H鋼，鉄筋など各種の形状の鋼材が提供できる．
(4) 溶接性があり組立が容易で，溶接部の強度の低減の必要性がない．溶接が難しい箇所ではボルト接合もできる．
(5) 腐食性があり長期間放置されるといずれ錆びてくる．メインテナンスが重要で，塗覆装が行われると10年ごとくらいのペンキ塗り替えが必要となる．最近ではメインテナンスが少なくなる鋼材の開発，塗覆装の開発がなされてきている．
(6) 材料価格がコンクリートと比較して高い．

7.2.2 座屈

（1）弾性座屈

座屈は，梁部材，板部材などが圧縮力を受けたときに生じる．座屈現象には弾性座屈，塑性座屈，局部座屈等があり，通常大きな変形を伴う．このため弾性論のみでは現象をうまく説明できず，載荷実験，材料非線形解析，幾何学非線形解析等によって現象の把握が行われている．この中で弾性座屈は，材料の応力度が降伏応力度以下の状態で大きく変形する現象で，細長い柱・梁部材や薄い板部材に生じる．弾性座屈は，固有値問題あるいはエネルギー原理として解く．エネルギー原理では，図7.20に示すように，玉が凹の箇所にあると解が得られるが，棚にあるポテンシャルが中立のときある条件を与えると解が得られる．変位の絶対値は得られない．

固有値として解く場合，たわみ曲線の微分方程式を解く過程で，ある条件（パラメーター）が特定の値のとき解が得られる場合がある．座屈問題と振動問題でこの現象が生じる．座屈荷重では固有値に対応してたわみ曲線が得られる．振動解析では固有値に対応して振動モードが得られる．

図7.21に示す両端ピン条件において，細長い棒部材の任意の点でのモーメントは次式で得られる．y を横方向たわみ，P_{cr} を鉛直方向の圧縮荷重とする．

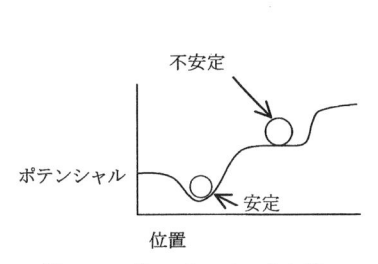

図 7.20 ポテンシャルエネルギー　　　図 7.21 両端ピンの座屈

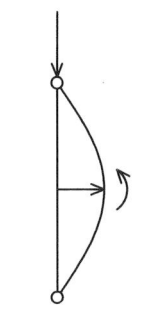

$$M_x = P_{cr} \cdot y \tag{7.37}$$

$$EI\frac{d^2y}{dx^2} = -M_x \tag{7.38}$$

であるので,

$$\frac{d^2y}{dx^2} = \frac{-P_{cr}}{EI}y \tag{7.39}$$

これより

$$\frac{d^2y}{dx^2} + k^2y = 0 \tag{7.40}$$

となる. ただし, $k^2 = P_{cr}/EI$ とおく.

この一般解は, $y = C_1 e^{ikx} + C_2 e^{-ikx}$ もしくは $y = A\cos kx + B\sin kx$ である.

境界条件を両端ピンとすると次の関係式が得られる.

$$\left.\begin{array}{l} x=0, \quad y=0, \quad \therefore \quad A=0 \\ x=l, \quad y=0, \quad \therefore \quad B\sin kl = 0 \end{array}\right\}$$

y の解があるためには $A = B = 0$ ではない. $B \neq 0$ でないためには, $\sin kl = 0$ でなくてはならない. B の値のいかんに関わらず, すなわち変位振幅値が決まらなくても, 境界条件から形状に関する解が求まる.

$$kl = n\pi \quad (n = 1, 2, 3 \cdots)$$

もとの式で $k^2 = P_{cr}/EI$ なので

$$\left(\frac{n\pi}{l}\right)^2 = \frac{P_{cr}}{EI}, \quad \therefore \quad P_{cr} = \frac{EI}{l^2}n^2\pi^2 \tag{7.41}$$

$n=1$ ならオイラー荷重となる．図 7.22 に示すように n ごとに解があることを示している．

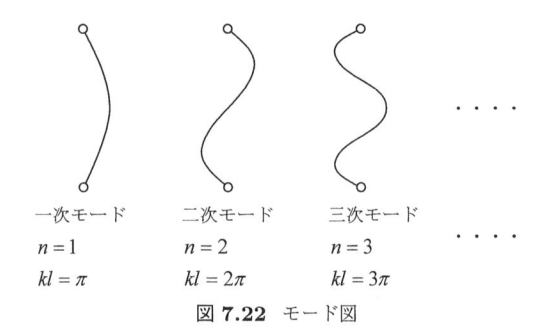

図 7.22 モード図

一次モード　　二次モード　　三次モード
$n=1$　　　　 $n=2$　　　　 $n=3$
$kl=\pi$　　　 $kl=2\pi$　　 $kl=3\pi$

弾性座屈では，各モードの限界荷重は，EI, l で決まるので，ヤング率 E と断面二次モーメント I の大きい方が有利となり，弾性座屈では鋼材の材質の違いは基本的に関係ない．E が同じなら高強度鋼でも普通鋼でも同じである．I が大きい方が有利なので，同じ材料なら中身の詰まったものより中空の管の方が有利となるが，あまり薄いと局部座屈を起こす危険がある．

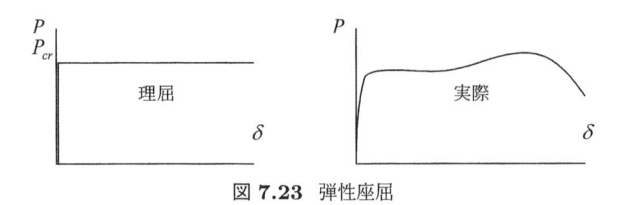

図 7.23 弾性座屈

変位 δ は不定のまま残る．変形モードのみ計算される．

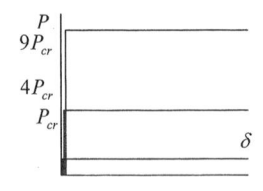

図 7.24 変形モードによる座屈強度の違い

圧縮力や曲げモーメントを受ける柱の設計では，オイラーの公式で座屈荷重 (P_{cr}) と座屈応力 (σ_e) を計算できる．ここで，$r^2 = EI/A$ とする．A は断面積である．

細長比 $l/r > 100$ のとき

$$P_{cr} = \frac{\pi^2 EI}{l^2}, \qquad \sigma_e = \frac{\pi^2 E}{(l/r)^2} \tag{7.42}$$

ここで，l：換算長（$=\beta L$）で β は柱の両端固定で 0.5，両端ピンで 1.0 とする．換算長と圧縮応力度の関係は図 7.25 に示す．添え字の a は許容値を示す．

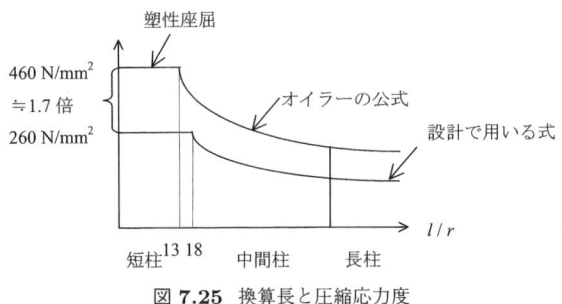

図 **7.25** 換算長と圧縮応力度

換算長と応力度との関係は，短柱，中間柱，長柱の 3 つに分類する．短柱では，降伏応力度で決める $\sigma_y/1.7$ を基本に σ_a を設定する．中間柱と長柱では，座屈で許容値を決める．ただし，圧縮部材では，細長比 $l/r < 120$（引張部材では，$l/r < 200$）の制限を設けてある．

(2) 横 (ねじれ) 座屈

曲げモーメントに抵抗する部材を設計する場合，できる限り効率のよい断面を求めると，曲げモーメントが働いている面内での高さが高いものほどよいことになる．すなわち，I 形断面の梁の場合は，ウェブの板厚をなるべく薄くして高くすれば，曲げに対して効率のよい断面が得られる．しかし，曲げを受けている I 形梁のフランジを取り出してみると，断面の垂直軸方向はウェブがその変形を抑えているが，水平軸方向は薄いウェブの抵抗を無視すると，圧縮フランジ自身の垂直軸回りの曲げ剛性で変形を防いでいることになる．すなわち，圧縮フランジに働いている圧縮力によるフランジの柱としての側方への座屈が生じ，梁は図 7.26 に示したように，圧縮フランジは側方へたわみ，全体としてはねじれた形で座屈を起こす．

いま簡単のため，曲げを受けている場合を考える．フランジには一様な応力が働き，ウェブと引張フランジのねじれと曲げに対する影響を無視すると，圧縮フ

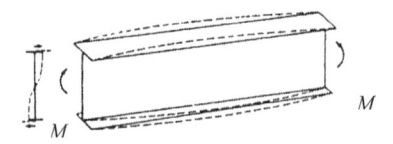

図 **7.26** フランジの側方への曲げ座屈

ランジは単独で側方へ座屈することになり，限界応力 σ_{bcr} は次式で与えられる．

$$\sigma_{bcr} = \frac{\pi^2 E_t I_f}{A_f L^2} \tag{7.43}$$

ただし，$I_f = \dfrac{t_f b^3}{12}$, $A_f = t_f b$, L：部材長，t_f：フランジ厚，b：フランジ幅，I_f：フランジの垂直軸まわりの断面二次モーメントである．

道路橋示方書では次式で横倒れ座屈を照査する．

$\alpha < 0.2$ のとき $\sigma_{cr}/\sigma_y = 1.0$．短い梁は横倒れ座屈を起こさない．
$\alpha > 0.2$ のとき

$$\sigma_{cr}/\sigma_y = 1.0 - 0.412(\alpha - 0.2) \tag{7.44}$$

ここで，$\alpha = 2Kl/\pi b \cdot \sqrt{\sigma_y/E}$，$A_w$：ウェブの断面積，$A_c$：圧縮フランジの断面積

ただし，$K = \sqrt{3 + A_w/2A_c}$ ：　$A_w/A_c > 2$ のとき
　　　　$K = 2$ ：　$A_w/A_c \leqq 2$ のとき

表 7.1，表 7.2 に代表的な座屈の状況と設計のまとめを示す．

(3) 鋼板の座屈

板要素で構成されている柱では，板の座屈強度は柱の座屈強度以上とする．

$$(\sigma_{cr})_{板} \geqq (\sigma_{cr})_{柱}$$
$$k\frac{\pi^2 E}{12(1-\nu^2)}\left(\frac{t}{b}\right)^2 \geqq \frac{\pi^2 E}{(\beta l/r)^2} \tag{7.45}$$

したがって $\dfrac{b}{t} \leqq 0.3\dfrac{\beta l \sqrt{k}}{r}$ となり，板の幅 (b) と厚さ (t) の比の関数（幅厚比）となる．道路橋示方書では，圧縮力を受ける板の最小板厚比を表 7.3 に決めている．また局部座屈に対する許容応力を次のように設定している．

$$\begin{aligned}\sigma_{cr}/\sigma_y &= 1.0 & R \leqq 0.7 \text{ のとき}\\ \sigma_{cr}/\sigma_y &= 0.5/R^2 & R > 0.7 \text{ のとき}\end{aligned} \tag{7.46}$$

表 7.1 代表的な座屈の現象

	現象	構造物	主要なパラメーター
横倒れ座屈		細長い梁，橋梁の桁 仮設工の切ばり	ヤング率：E 長さ/幅：l/b ウェブの面積/フランジの面積：A_w/A_b 降伏応力：σ_y
全体座屈		細長い柱 建物の柱 橋梁のトラス部材	長さ：l 曲げ剛性：EI 材料の降伏強度にはよらない．
局部座屈		薄板による橋脚（鋼製） シェルタンク	厚さ/幅：t/b 辺長比：b/a ヤング率：E

表 7.2 座屈の設計のまとめ

	設計における主な対策	道路橋示方書における主な式
横倒れ座屈	ウェブを厚く補強する． $(E)I$ を大きくする．	$\dfrac{\sigma_{cr}}{\sigma_y} = 1.0 - 0.412(\alpha - 0.2)$ $\alpha = \dfrac{2}{\pi}K\sqrt{\dfrac{\sigma_y}{E}}\dfrac{l}{b}$ $P_{cr} = \dfrac{\pi^2 EI}{l_e^2}$ l_e：有効長（支点の固定条件で決まる）
全体座屈	$(E)I$ を大きくする． 同じ材料量なら，中実より中空にする． 大きな軸方向荷重をかけない．	$P_{cr} = \dfrac{\pi^2 EI}{l_e^2}$ l_e：有効長（支点の固定条件で決まる）
局部座屈	補鋼材をつける． 板厚を厚くする．	$\dfrac{\sigma_{cr}}{\sigma_y} = \dfrac{0.5}{R^2}$ $R = \sqrt{\dfrac{\sigma_y}{\sigma_E}} = \dfrac{b}{t}\sqrt{\dfrac{\sigma_y}{E}\dfrac{12(1-\nu^2)}{\pi^2 K}}$

K：座屈係数，σ_y：降伏応力，σ_E：弾性座屈，$K = 2$, $\dfrac{A_w}{A_c} \leqq 2$, $K = \sqrt{3 + \dfrac{A_w}{2A_c}} > 2$

　すなわち $R > 0.7$ のときオイラー座屈強度の半分を基準値にして幅厚比と降伏応力度の関数として許容応力度を設定している．

　自由突出板については，板厚 t は自由突出幅の 1/16 以上とし表 7.4 に示す許容応力度を決めている．

表 7.3 圧縮応力を受ける両縁支持板の最小板厚
(道路橋示方書　表 3.2.1　ただし板厚 40 mm 以下のみ抜粋)

鋼種	SS400 SM400 SMA400W	SM490	SM490Y SM520 SMA490W	SM570 SMA570W
板厚	$\dfrac{b}{56f}$	$\dfrac{b}{48f}$	$\dfrac{b}{46f}$	$\dfrac{b}{40f}$

$$t \geqq \frac{b}{80f} \quad かつ \quad t \geqq \frac{b}{220}$$

ここに, t:板厚 (cm), b:板の固定縁間距離 (cm), f:応力勾配による係数 $(= 0.65\varphi^2 + 0.13\varphi + 1.0)$, φ:応力勾配 $\left(= \dfrac{\sigma_1 - \sigma_2}{\sigma_1}\right)$, σ_1, σ_2:それぞれ板の両縁での縁応力度 (N/mm^2), ただし, $\sigma_1 \geqq \sigma_2$ とし, 圧縮応力を正とする.

板の固定縁間距離　　　板の縁応力度

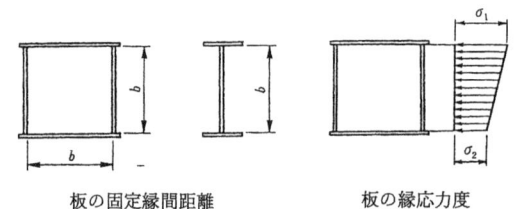

表 7.4 自由突出板の局部座屈に対する許容応力度
(道路橋示方書　表 3.2.3　ただし板厚 40 mm 以下を抜粋)

鋼種	局部座屈に対する許容応力度 (N/mm^2)	
SS400 SM400 SMA400W	$140 : \dfrac{b}{12.8} \leqq t$	$23\,000 \left(\dfrac{t}{b}\right)^2 : \dfrac{b}{16} \leqq t < \dfrac{b}{12.8}$
SM490	$185 : \dfrac{b}{11.2} \leqq t$	$23\,000 \left(\dfrac{t}{b}\right)^2 : \dfrac{b}{16} \leqq t < \dfrac{b}{11.2}$
SM490Y SM520 SMA490W	$210 : \dfrac{b}{10.5} \leqq t$	$23\,000 \left(\dfrac{t}{b}\right)^2 : \dfrac{b}{16} \leqq t < \dfrac{b}{10.5}$
SM570 SMA570W	$255 : \dfrac{b}{9.5} \leqq t$	$23\,000 \left(\dfrac{t}{b}\right)^2 : \dfrac{b}{16} \leqq t < \dfrac{b}{9.5}$

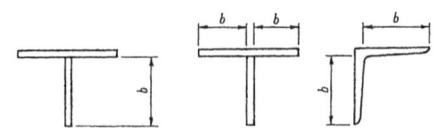

自由突出幅

7.2.3 組合せ応力

鋼部材の梁や柱では，曲げモーメントや圧縮力を受けると座屈により断面が設定される場合が多い．構造設計では基本的に以下の5種類の項目について検討する．①曲げモーメント：部材の曲げ圧縮応力度，引張応力度を照査する．②横倒れ座屈および局部座屈：座屈応力度を照査する．③せん断力：せん断応力度を照査する．④組合せ応力：曲げ応力度とせん断応力度の組合せを照査する．⑤軸引張力と軸圧縮力．座屈以外の項目について以下に概説する．

①曲げモーメントの検討

曲げモーメントを断面係数で除して，部材上端あるいは下端の位置での応力度を計算する．応力度は次式で容易に計算できる．許容応力度法では，この値が許容曲げ圧縮応力度以下にする．

$$\sigma_{bt} = \frac{M}{Z} \leqq \sigma_{bta} \tag{7.45}$$

ここで，M：曲げモーメント，Z：断面係数 $\left(= \dfrac{I}{Y/2}\right)$，$I$：部材の断面二次モーメント，$Y$：中立軸から部材上端あるいは下端までの距離である．

②軸力の検討

柱が引張力 T を受けたとき，引張応力度は $\sigma_t = T/A \leqq \sigma_{ta}$ で計算できる．柱の断面積 A ではボルトの穴を除く純断面積である．圧縮力 N を受けたとき圧縮応力度は，$\sigma_c = N/A \leqq \sigma_{ca}$ で計算できる．

a) 軸方向が引張の場合

$$\sigma_t + \sigma_{byt} + \sigma_{btz} \leqq \sigma_{ta} \tag{7.46}$$

$$-\frac{\sigma_t}{\sigma_{ta}} + \frac{\sigma_{byt}}{\sigma_{bagy}} + \frac{\sigma_{btz}}{\sigma_{bao}} \leqq 1 \tag{7.47}$$

$$-\sigma_t + \sigma_{bcy} + \sigma_{bcz} \leqq \sigma_{cal} \tag{7.48}$$

b) 軸方向が圧縮の場合

$$\frac{\sigma_e}{\sigma_{caz}} + \frac{\sigma_{bcy}}{\sigma_{bagy}\left(1 - \dfrac{\sigma_c}{\sigma_{eay}}\right)} + \frac{\sigma_{bcz}}{\sigma_{bao}\left(1 - \dfrac{\sigma_c}{\sigma_{eaz}}\right)} \leqq 1 \tag{7.49}$$

$$\sigma_c + \frac{\sigma_{bcy}}{\left(1 - \dfrac{\sigma_c}{\sigma_{eay}}\right)} + \frac{\sigma_{bcz}}{\left(1 - \dfrac{\sigma_c}{\sigma_{eaz}}\right)} \leqq \sigma_{cal} \tag{7.50}$$

ここに，

- σ_t, σ_c : それぞれ照査する断面に作用する軸方向力による引張および圧縮応力度 (N/mm^2)
- $\sigma_{bty}, \sigma_{btz}$: それぞれ強軸および弱軸回りに作用する曲げモーメントによる曲げ引張応力度 (N/mm^2)
- $\sigma_{bcy}, \sigma_{bcz}$: それぞれ強軸および弱軸回りに作用する曲げモーメントによる曲げ圧縮応力度 (N/mm^2)
- σ_{ta} : 許容軸方向引張応力度 (N/mm^2)
- σ_{caz} : 弱軸回りの許容軸方向圧縮応力度 (N/mm^2)
- σ_{bagy} : 局部座屈を考慮しない強軸回りの許容曲げ圧縮応力度 (N/mm^2)
- σ_{bao} : 局部座屈を考慮しない許容曲げ圧縮応力度 (N/mm^2)
- σ_{cal} : 両端支持板，自由突出板，補剛板および鋼管についてそれぞれ局部座屈に対する許容応力度 (N/mm^2)
- $\sigma_{eay}, \sigma_{eaz}$: それぞれ強軸および弱軸回りの許容オイラー座屈応力度 (N/mm^2)

$$\sigma_{eay} = 1\,200\,000/(l_e/r_y)^2 \tag{7.51}$$

$$\sigma_{eaz} = 1\,200\,000/(l_e/r_z)^2 \tag{7.52}$$

- l_e : 各章に規定する有効座屈長 (mm)
- r_y, r_z : それぞれ強軸および弱軸回りの断面二次半径 (mm)

③せん断応力の検討

せん断応力度は，部材断面内のせん断応力度を次式で簡易に計算して照査する．

$$\tau_b = \frac{S}{A_w} \leqq \tau_a \tag{7.53}$$

ここで，S：せん断力，A_w：ウェブの断面積である．

せん断応力度は断面内で放物線分布をするが，平均的なせん断応力を考える．フランジの面積は，せん断応力度の照査の場合には一般的に無視する．

④組合せ応力度の検討

曲げモーメントとせん断力を同時に受ける場合には次式で組合せ応力を照査する．

$$\left(\frac{\sigma_b}{\sigma_a}\right)^2 + \left(\frac{\tau_b}{\tau_a}\right)^2 \leqq 1.2 \tag{7.54}$$

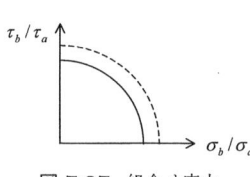

図 **7.27** 組合せ応力

ここで，τ_a：許容引張応力度，σ_a：許容せん断応力度である．

上式は Von Mises の最大せん断ひずみエネルギー $U = \dfrac{1}{2}(\sigma_x \varepsilon_x + \sigma_y \varepsilon_y + \sigma_z \varepsilon_z)$ が最大値となるときで設定されている．

$$\sigma_y = \sqrt{\sigma_x^2 + \sigma_y^2 + \sigma_z^2 - \sigma_x\sigma_y - \sigma_y\sigma_z - \sigma_z\sigma_x + 3(\tau_{xy}^2 + \tau_{yz}^2 + \tau_{zx}^2)} \tag{7.55}$$

これより，$\sqrt{\sigma_b^2 + 3\tau_b^2} \leqq \sigma_a$ で安全率を 1.1 とし $\sigma_a = \sqrt{3}\,\tau_a$ とすると，次式の関係が得られる．

$$\sigma_b^2 + 3\tau_b^2 \leqq (1.1)^2 \sigma_a^2 \tag{7.56}$$

この関係から次式が誘導される．

$$\left(\frac{\sigma_b}{\sigma_a}\right)^2 + 3\left(\frac{\tau_b}{\sigma_a}\right)^2 \leqq 1.21 \tag{7.57}$$

表 **7.5** 柱の有効座屈長

L：部材長（cm）

	1	2	3	4	5	6
座屈形が点線のような場合						
βの理論値	0.5	0.7	1.0	1.0	2.0	2.0
βの推奨値	0.65	0.8	1.2	1.0	2.1	2.0

材端条件	回転に対して	水平変位に対して
(固定端)	固定	固定
(回転自由・水平固定)	自由	固定
(回転固定・水平自由)	固定	自由
(自由端)	自由	自由

表 7.6 鋼杭および鋼管矢板の許容応力度（告示第 35 条別表第 8）

応力度の種類	鋼種	
	SKK400, SHK400, SHK400M, SKY400	SKK490, SHK490M, SKY490
軸方向引張応力度（純断面積につき）	140	185
軸方向圧縮応力度（純断面積につき）	l/r が 18 以下の場合　140 l/r が 18 を超え，92 以下の場合 　　　　$140 - 0.82(l/r - 18)$ l/r が 92 を超える場合 $$\frac{1\,200\,000}{6\,700 + (l/r)^2}$$	l/r が 16 以下の場合　185 l/r が 16 を超え，79 以下の場合 　　　　$185 - 1.2(l/r - 16)$ l/r が 79 を超える場合 $$\frac{1\,200\,000}{5\,000 + (l/r)^2}$$
曲げ引張応力度（純断面積につき）	140	185
曲げ圧縮応力度（純断面積につき）	140	185
軸方向力および曲げモーメントを同時に受ける部材の照査	(1) 軸方向力が引張の場合　　$\sigma_t + \sigma_{bt} \leq \sigma_{ta}$ かつ $-\sigma_t + \sigma_{bc} \leq \sigma_{ba}$ (2) 軸方向力が圧縮の場合　　$\dfrac{\sigma_c}{\sigma_{ca}} + \dfrac{\sigma_{bc}}{\sigma_{ba}} \leq 1.0$	
せん断応力度（純断面積につき）	80	105

(N/mm²)

[備考]
この場合において $l, r, \sigma_t \sigma_c, \sigma_{bt}, \sigma_{bc}, \sigma_{ta}, \sigma_{ca}$ および σ_{ba} は，それぞれ次の数値を表すものとする．

　　　l：部材の有効断面長 (cm)

　　　r：部材総断面の断面二次半径 (cm)

　σ_t, σ_c：それぞれ断面に作用する軸方向引張力による引張応力度および軸方向圧縮力による圧縮応力度 (N/mm²)

σ_{bt}, σ_{bc}：それぞれ断面に作用する曲げモーメントによる最大引張応力度および最大圧縮応力度 (N/mm²)

σ_{ta}, σ_{ca}：それぞれ許容引張応力度および弱軸に関する許容軸方向圧縮応力度 (N/mm²)

　　σ_{ba}：許容曲げ応力度 (N/mm²)

7.2.4 溶接

　鋼部材の接合には溶接と高力ボルト接合，リベット接合（**7.2.5** 参照）がある．溶接は手溶接とロボットによる自動溶接に分けられるが，できる限り施工管理が行き届いた工場内で溶接をするのが好ましい．現場では，現場溶接あるいはボルト接合により鋼部材同士を接合する．現場では溶接作業の管理，鋼板の寸法合わ

せ，ボルト孔の合わせ作業等に苦労するので，事前の十分な準備と現場での適切な対処法をとる必要がある．

溶接接合を採用すると，リベット接合や高力ボルト接合とは異なり，継手に孔をあけることによる損失や，細部構造上の制約などが少なくなる，鋼材量を節約できる，自由に細部構造を作ることができる等の利点がある．ただし，熱変化の影響を受ける継手部の母材の材質の変化や，残留ひずみの発生の問題が生じてくる．そのため，特に使用鋼板の材質に対する注意が必要であり，その選択あるいは細部構造が不適当であったり，施工が悪いと，リベットや高力ボルト継手構造より脆性破壊や疲労破壊の起こる危険性が高くなる．

鋼材は基本的に SM 材を用いる．構造的に重要な部分には SS 材を用いない．

(1) 溶接の原理

代表的な溶接法である被覆アーク溶接の状況を図 7.28 に示す．溶接棒は心線と固形フラックス（被覆剤）より製作される．この溶接棒を鋼板に近づけると電流によりアークが飛び高温になり金属が溶けだす．冷えると金属は再度固まり接合できる．溶接棒の心線は良質の鉄 (Mn が多い，S, P, Si は少ない) で，固形フラックスは砂と酸化鉄でできており，燃焼して還元性のガス CO_2, CO, H_2O を出し金属の酸化を防ぎ溶接部を被覆し安定したアークを出す．被覆アーク溶接の言葉の由来になっている．

溶接後のスラグ（燃えかす）は金属の急冷と酸化，窒化を防ぐ．溶接後ハンマーでスラグを取り除く．溶接に使用する電気は，直流，交流とも可で，アーク電圧として 10〜65 V，アーク電流で 70〜250 A である．溶接部の状況図 7.29 に示すが，溶けた溶接金属が固化し，高温で解けた母材の鋼材と一体化する．この部分では母材の材質が硬くなる．硬化の程度はビッカース硬度試験で判定できる．この試験では角錘を溶接部に打ち込み，できたくぼみの寸法から固さを決める．溶接部は，母材と比較して硬くなっている．

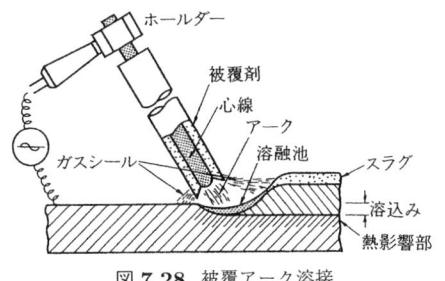

図 7.28 被覆アーク溶接

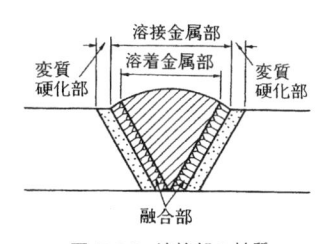

図 7.29 溶接部の材質

(2) 溶接の種類

溶接の種類には，図 7.30 に示すように溶込みグルーブ溶接とすみ肉溶接がある．溶込みグルーブ溶接では開先をとる．開先とは，鋼板の端部をカットして溶接しやすくした部分を指す．すみ肉溶接では，開先をとらずに溶接する．鋼板の位置関係から突き合わせ継手，角継手，十字継手，T 継手の種類がある．図 7.31 に示すように開先の形状により呼び方が X 形，K 形，V 形などあり，設計図面の中に図 7.32 に示すように書き込む．

開先の形状は多数あるが，重要箇所の溶接は開先を取るのがよい．開先部分では板厚が厚い場合は何層にも溶接を重ねていく．開先がない場合はすみ肉溶接となる．構造設計的には，開先を取るグルーブ溶接は全強度を見込み，すみ肉溶接ではこれを見ない場合が多い．ただ開先をどうしても取れない場合があり，すみ肉溶接により構造体を製作することもある．すみ肉溶接では図 7.33 に示すように当て金を添えて溶接を行い，強度を確保する場合もある．またボックスの場合，

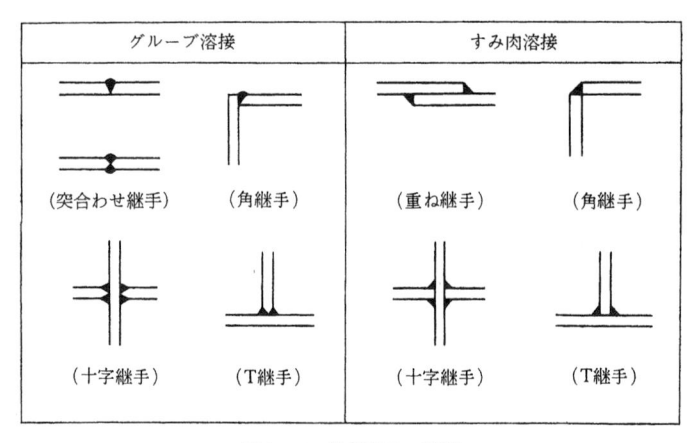

図 7.30 溶接継手の種類

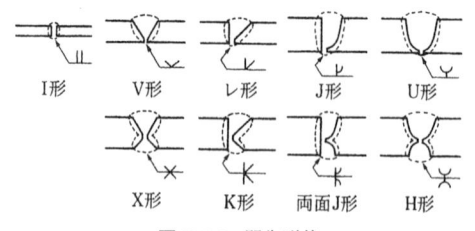

図 7.31 開先形状

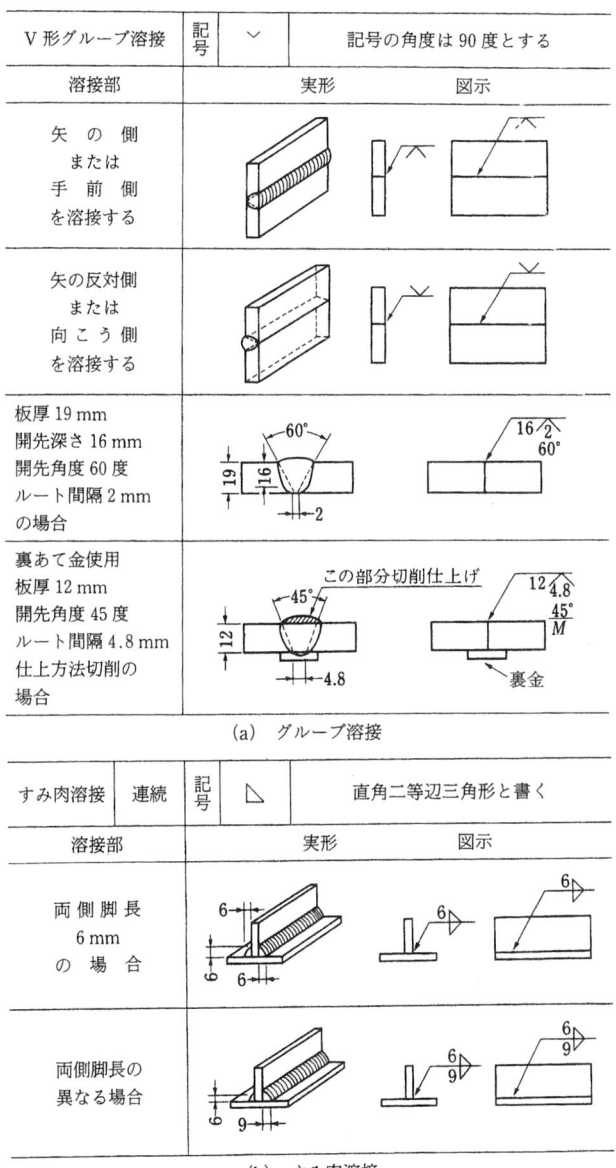

V形グルーブ溶接	記号	∨	記号の角度は 90 度とする	
溶接部		実形		図示
矢の側 または 手前側 を溶接する				
矢の反対側 または 向こう側 を溶接する				
板厚 19 mm 開先深さ 16 mm 開先角度 60 度 ルート間隔 2 mm の場合				16 2 60°
裏あて金使用 板厚 12 mm 開先角度 45 度 ルート間隔 4.8 mm 仕上方法切削の場合		この部分切削仕上げ		12 4.8 45° M 裏金

(a) グルーブ溶接

すみ肉溶接	連続	記号	△	直角二等辺三角形と書く
溶接部		実形		図示
両側脚長 6 mm の場合			6	6
両側脚長の 異なる場合			6 9	6 9

(b) すみ肉溶接
溶接部の表示

図 **7.32** 溶接部の種類

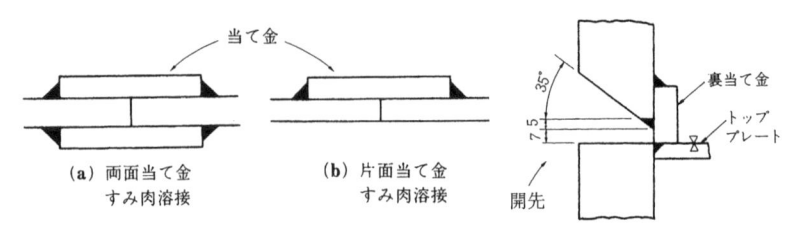

図 7.33 当て金継手

すみ肉溶接のみで製作しても可としている．

工場，現場の状況をよく把握しておかないと溶接が不十分になる場合があるので，設計図書では注意が必要である．また，溶接部での応力集中，繰返し荷重による亀裂の発生を押さえるため，溶接表面をチッピング，研削，切削等の処理を行う場合もある．

(3) 溶接部の許容応力度

溶接部の名称を図 7.34 に示す．図中で s はサイズ（脚長）で，鋼板面での溶接の厚さを示す．a ののど厚は溶接部の最小の長さを示す．開先の種類により，のど厚の設定は様々である．

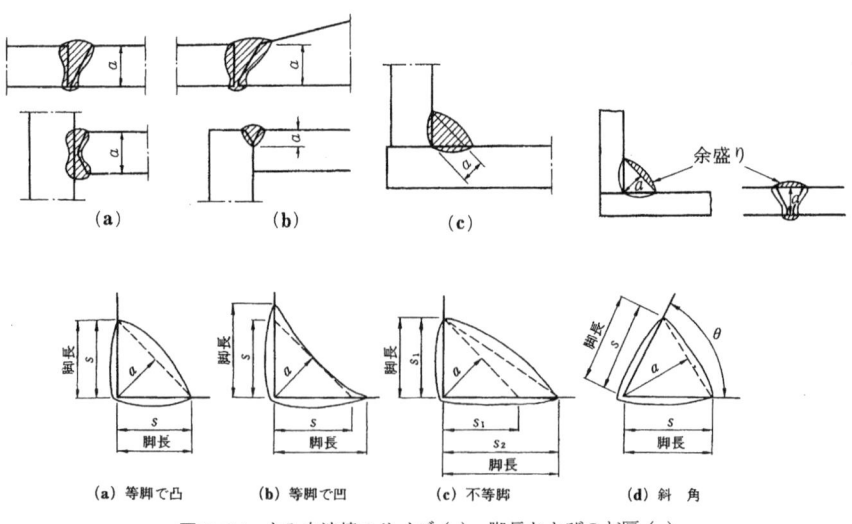

図 7.34 すみ肉溶接のサイズ (s)，脚長およびのど厚 (a)

溶接の有効長は，図 7.35 に示すように溶接の開始点から溶接終点までの距離を示し，すみ肉溶接では有効長 l を $10 \times s$（サイズ）以上あるいは 80 mm 以上とする．また，サイズ s は 6 mm 以上とするのがよい．

図 7.35 溶接の有効長

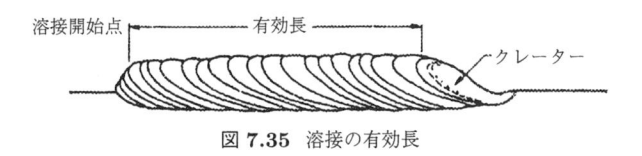

溶接部での応力度の照査を以下に示す．軸方向力の応力度は，外力をのど厚と有効長を乗じた面積で割り，応力度を計算して許容応力度以内とする．溶接部の許容応力度を表 7.7 に示す．溶接部の許容応力度はかつては一般部よりやや低減した値を用いていたが，現在は一般の鋼材の許容応力度と同一の値としている．図 7.36 に，軸方向力とせん断力を受ける場合の応力計算における，溶接面積計算の考え方を示す．基本的には，有効長とのど厚の積を合計した面積で軸力あるいはせん断力に抵抗する．

$$\sigma_t = \frac{P}{\sum al} \tag{7.58}$$

せん断力の応力度も同様に考える．$a = s/\sqrt{2}$ とすると，

$$\tau = \frac{P}{\sum al} = \frac{P}{\sum (0.707sl)} \tag{7.59}$$

曲げモーメントを受ける場合の応力度は部材の最外縁で照査する．

$$\sigma_b = \frac{M}{I}\frac{H}{2} \tag{7.60}$$

ここで，M：作用曲げモーメント，I：溶接部の断面二次モーメント，H：梁（部材）の高さである（$l_1 + 2a_1$）．また，溶接部の断面二次モーメントの考え方を図 7.36 に示す．

すみ肉溶接では，図 7.36 (b) を参考として

$$I = 2\frac{1}{12}a_3(l_1 - 2a_2)^3 + 2(b-t)a_2\left(\frac{l_1 - a_2}{a}\right)^2 + 2ba_1\left(\frac{l_2 + a_1}{2}\right)^2$$

として計算する．

表 7.7 溶接部の許容応力度（単位；N/mm^2）

溶接の種類		応力度の種類	鋼種			
			SM400, SMA400	SM490	SM490Y, SM520, SMA490	SM570, SM570
工場溶接	全断面溶込みグループ溶接	圧縮応力度	140	185	210	255
		引張応力度	140	185	210	255
		せん断応力度	80	105	120	145
	すみ肉溶接, 部分溶込みグループ溶接	せん断応力度	80	105	120	145
現場溶接		①原則として工場溶接と同じ値とする. ②鋼管杭・鋼矢板については工場溶接の 90%とする.				

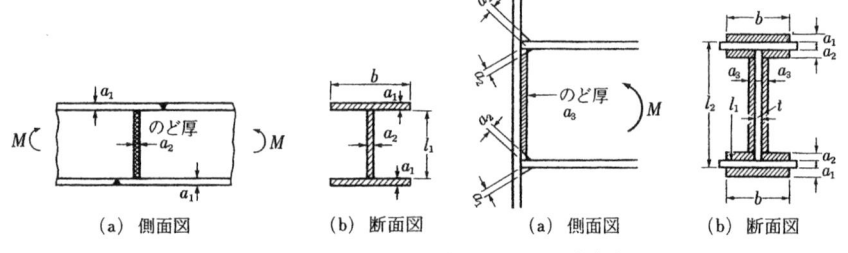

図 7.36 溶接部の断面二次モーメントの考え方

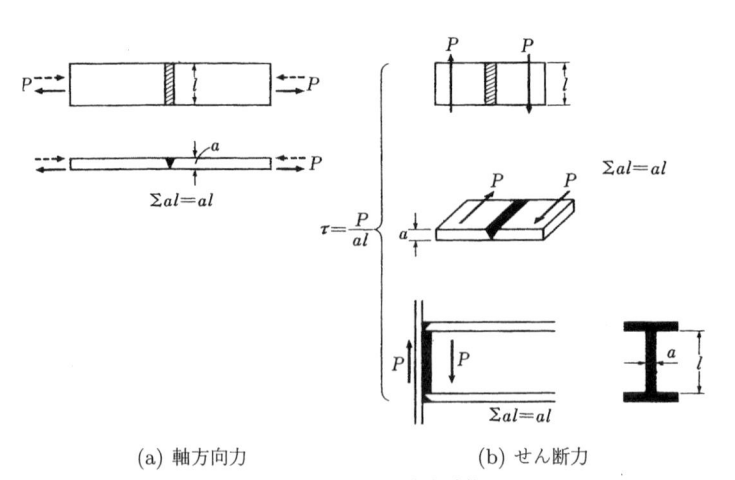

図 7.37 溶接部の応力計算

(4) 溶接の検査

　溶接の欠陥は第1種から第3種までの3段階に分類されている．第1種は，ブローホールの存在で，欠陥の数が少なければよいとする．第2種は，スラグの巻き込み，溶け込み不十分，第3種は，ひび割れが生じているものである．溶け込み不十分やひび割れが発見された場合は溶接のやり直しとなる．溶接欠陥の要因は図7.38に示すように多数あり，施工管理，材料の選定，作業管理などで十分に注意する必要がある．

　図7.39に，すみ肉溶接での各種の形状的な欠陥を示す．のど厚不足，脚長不足，余盛過大，アンダーカット，オーバーラップがある．アンダーカットは，母材を溶かしすぎた場合に生じ，オーバーラップは溶接部が垂れ下がってしまう状態である．突き合わせ溶接でも同じような欠陥が生じる．

　図7.40には溶接部に生じる割れの状況を示す．このような割れは，溶接初期に生じる場合もあるし，繰返し荷重による経年変化で進展する場合もある．

　溶接部の検査方法には以下の方法がある．検査の概要を図7.41に示す．

X線検査 R線	写真上に欠陥を発見する
超音波探傷（含む AE）	パルスを発信して欠陥部の反射をみる
磁粉探傷	内部欠陥による磁力線（磁粉）の乱れをみる
浸透探傷	染料を欠陥に染み込ませ色をみる

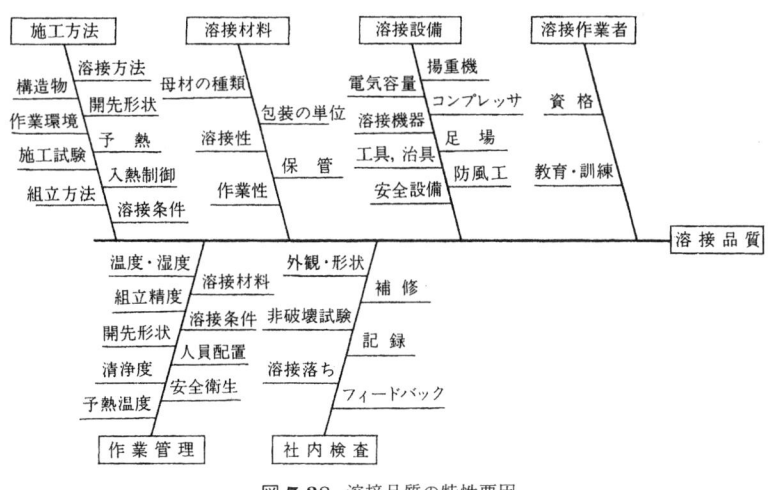

図 **7.38** 溶接品質の特性要因

(a) 溶け込み不足

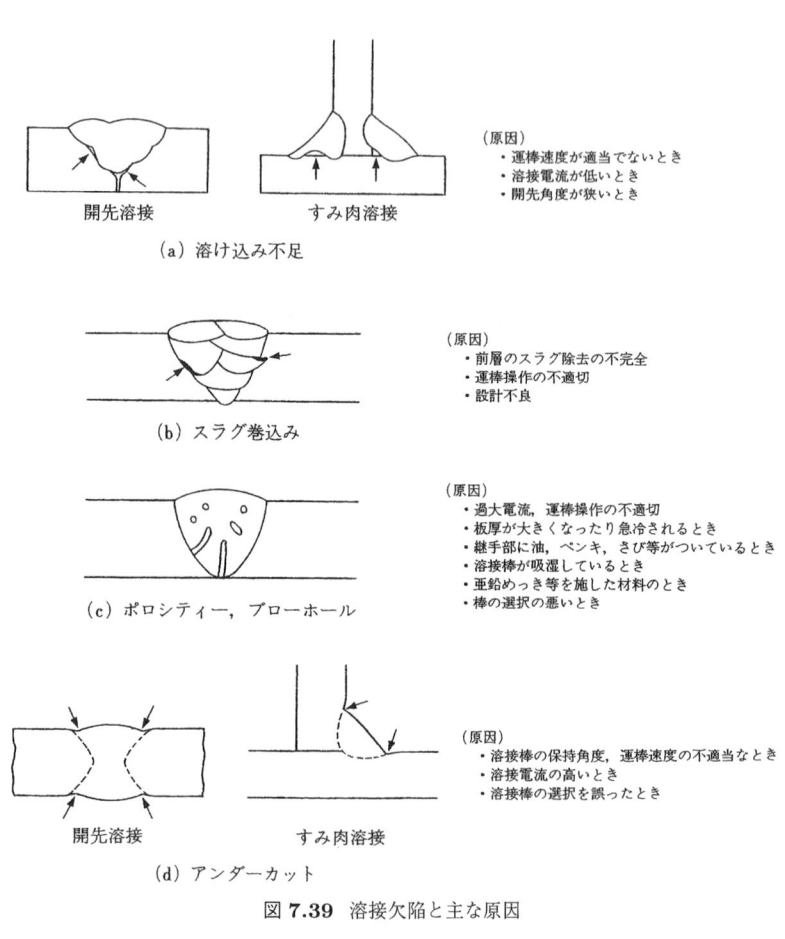

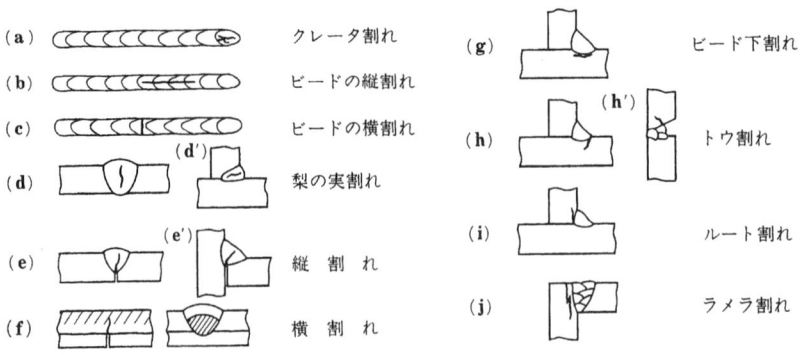

開先溶接　　すみ肉溶接

(原因)
・運棒速度が適当でないとき
・溶接電流が低いとき
・開先角度が狭いとき

(b) スラグ巻込み

(原因)
・前層のスラグ除去の不完全
・運棒操作の不適切
・設計不良

(c) ポロシティー，ブローホール

(原因)
・過大電流，運棒操作の不適切
・板厚が大きくなったり急冷されるとき
・継手部に油，ペンキ，さび等がついているとき
・溶接棒が吸湿しているとき
・亜鉛めっき等を施した材料のとき
・棒の選択の悪いとき

(d) アンダーカット

開先溶接　　すみ肉溶接

(原因)
・溶接棒の保持角度，運棒速度の不適当なとき
・溶接電流の高いとき
・溶接棒の選択を誤ったとき

図 7.39　溶接欠陥と主な原因

(a) クレータ割れ
(b) ビードの縦割れ
(c) ビードの横割れ
(d) (d') 梨の実割れ
(e) (e') 縦割れ
(f) 横割れ
(g) ビード下割れ
(h) (h') トウ割れ
(i) ルート割れ
(j) ラメラ割れ

図 7.40　溶接割れの諸相

前処理	試験面／欠陥	表面の異物を取り除く．(洗浄液)
浸透処理	浸透液	浸透性の高い塗料を欠陥内に浸透させる．浸透時間が重要．(浸透液)
洗浄処理	(a) 水洗浄　(b) 溶剤洗浄	欠陥の中の浸透液を洗い流すことなく試験体表面の余剰浸透液を洗浄する．水で洗浄する場合と溶剤で洗浄する場合がある．
現像処理	現像剤（白色の微粉末）	欠陥の指示模様をつくり，識別性を高める．(現像剤)

浸透探傷試験

(a) 磁粉の適用　　(b) 磁粉の吸着

磁粉の指示模様の形式
磁粉探傷試験

超音波探傷試験

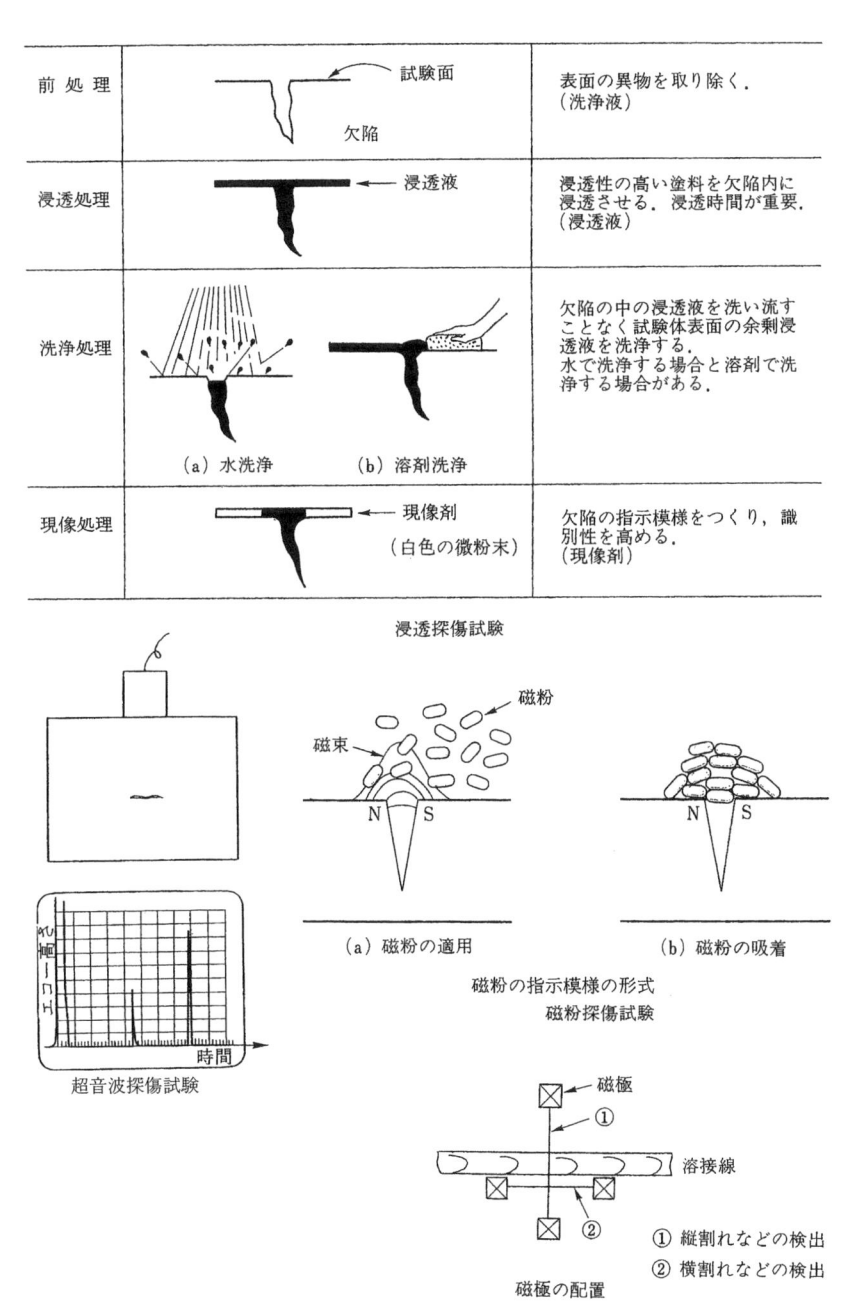

磁極の配置

① 縦割れなどの検出
② 横割れなどの検出

図 **7.41** 溶接検査の概要

(5) 溶接での疲労の問題

一般に橋梁では死活重の割合が大きく疲労の問題は小さい．しかし溶接部，ボルト部を中心に長大橋等の事故が発生し，安全性照査のため最近重要となった．特に都市部での交通量の増大や過積車両の影響で，溶接部にひび割れなどの欠陥が生じている事例が見られる．

疲労の検討は，応力振幅が許容値以内であることを確認する．

$$\sigma_{max} - \sigma_{min} \leqq \sigma_{fa} \Rightarrow \beta\gamma\sigma_{fa}$$

$$\tau_{max} - \tau_{min} \leqq \tau_{fa} \Rightarrow \beta\gamma\tau_{fa}$$

$\beta = 1.0$ を標準とする．平均主応力の影響がもし大きければ 1.1 くらいとする．γ は引張で 0.8，圧縮で 0.9 にとる係数である．疲労の影響を小さくするために，溶接部では細かい配慮があり，溶接端を仕上げた場合には端部を丸くする，あるいは鋼板角をまわすなどの処理が必要である．

(6) 溶接による変形

溶接部は溶接時の高温で熱膨張するが，周囲が拘束する場合には残留応力が生じ，拘束がない場合には変形が生じる．この状況を図 7.42 に示す．加熱と冷却で，最終的には鋼材は溶接部を中心に収縮変形する．この対策として工場や現場では，焼きなまし，プレス，局部加熱（おきゅう），事前に逆ひずみを与える，溶接順序を考えるなどの対策が取られる．急激な加熱は材質が固くなりもろくなるので 40～100°C であたため予熱をする．また溶接後 600°～800° で後熱し温め，

突合せ継手　　T 継手

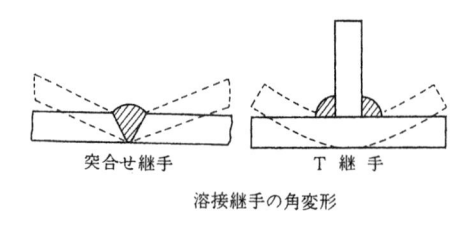

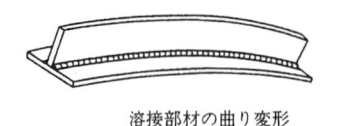

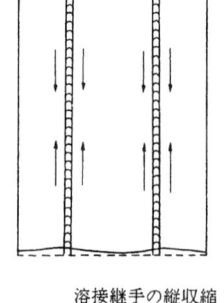

溶接継手の角変形

溶接継手の縦収縮

溶接部材の曲り変形

図 7.42 溶接による変形

少し時間をとって水冷する．以上の作業でひずみをとり残留応力を減らし，低温割れや疲労破壊を防ぐことができる．

（7）溶接での注意事項

設計段階で考えておく溶接する上での注意事項を以下に列挙する．

① 構造体で応力集中する所は避ける．溶接欠陥は疲労破壊の出発点になりやすい．
② 施工条件が悪い所を避ける．組立て方法を考えて狭い箇所の溶接は避け，上向き，横向きの溶接を極力しないようにする．溶接検査できないところはボルト接合である．
③ 溶接の交差はしない．
④ 溶接部の板厚を大きく変えない．厚さの大きく異なる鋼板の間にテーパーを付けたり，1枚途中に板をはさんだりする．
⑤ 重ね継手より突き合わせ溶接をする．
⑥ 溶接とリベットの併用はしない．応力集中などの性状が異なるし，それぞれの荷重分担が不明確であるからである．
⑦ 衝撃・繰返し応力を受ける所ではグルーブ（開先）溶接にする．
⑧ 溶接するときひずみがでる．鋼板の最小板厚 8〜6 mm が決まる理由にもなっているが，鋼板が薄いと溶接による変形が大きくなる．
⑨ 断続溶接をしない．橋桁などでは連続溶接にする．
⑩ 溶接の始点を応力集中点にしない．できる限りまわし溶接する．
⑪ 施工上の取扱い上の注意．溶接部分，溶接棒の乾燥，清掃が重要である．不純物や不必要なガスが発生すると材質が悪くなる．また高湿，強風下，高低温での溶接は避けるべきで，現場での管理が重要となる．
⑫ 溶接同士の板の部材角を 60 度以下 120 度以上にしない．

7.2.5 ボルト接合

（1）ボルト接合の種類

溶接以外の鋼板の接合の方法には，ボルトあるいはリベットが用いられる．現在リベット接合はなくなってきた．高強度が得られないことと，リベットを灼熱する等現場工事が大変である上，熟練工がいないことによる．鋼構造の組立は溶接が主流だが（X線検査の困難な箇所，溶接しづらい箇所，残留応力が残る箇所）では高力ボルトが使用されている．

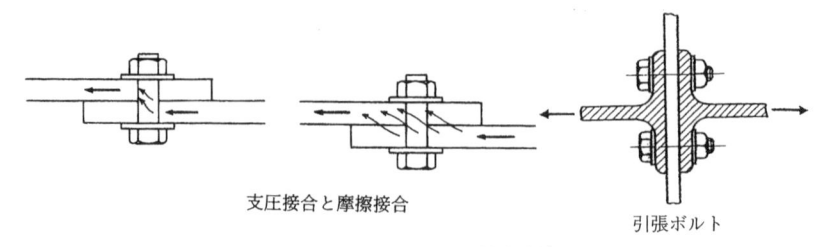

図 **7.43** 高力ボルトの接合方法

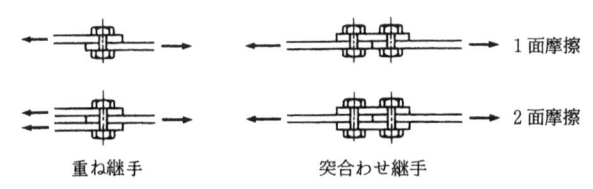

図 **7.44** 摩擦ボルト継手の種類

図 7.43 に示すように，高力ボルト接合には摩擦接合，支圧接合，引張接合の 3 種類がある．摩擦接合は，使用例が大半でトルクを加えてボルトを締め付けて座金と鋼板間で摩擦をとる．支圧接合は，リベット同様にボルトの支圧とせん断力で抵抗する．引張接合はボルトの引張力を使う方法であるが，橋梁ではほとんど使われていない．現場で接合するためにはボルト孔の精度が大事となり，鋼板のそりが悪い加工だと現場での作業が大変困難になり，ひどい場合には再度工場に持ち帰り孔を広げたりすることになる．

継手の形式には，図 7.44 に示すように重ね継手と突き合わせ継手とがある．重ね継手は 2 枚の鋼板を直接ボルトで接合するが，突き合わせ継手では，添板を取り付けて間接的に接合する．添板は 1 枚と 2 枚の場合があるが，力の偏りが重ね継手より小さく，重要な箇所に用いられる．

(2) ボルトの種類

高力ボルトの種類は，50 キロ鋼からから 130 キロ鋼まであるが，数字は材料強度（N/mm^2）を表し，F8T, F10T 等と表示する．F9T は，ボルトの引張強度が $9\,N/mm^2$，F13T は引張強度 $13\,N/mm^2$ である．ねじの呼び名は M20, M22, M24 等で示され，数字はねじの外径（mm）を指す．

(3) ボルト接合の破壊形式

継手の破壊形式には，鋼板の有効断面の破壊，ボルト前面の鋼板の支圧破壊およびボルトのせん断破壊等がある．鋼板の有効断面の破壊は，母材が引張力でボ

ルト孔より亀裂が生じ，最終的には鋼板が破断する．ボルト前面の鋼板の支圧破壊では，ボルトが鋼板内に食い込み，最終的には鋼板が支圧破壊を生じる．支圧は接合部の端部ほど大きいので端から順次破壊していく場合が多い．ボルトのせん断破壊は，重ねられた鋼板間でボルトがせん断破壊し，急激に切断される．図 7.45 にこれらの破壊状況の概略を示す．

多数のボルトを使用した場合，個々のボルトに作用するせん断力等の力は均一とならない場合が多く，図 7.46 に示すように，一般的には端の方に力が偏る傾向がある．個々のボルトでの荷重と変位関係は図 7.47 に示すように非線形性が強い．

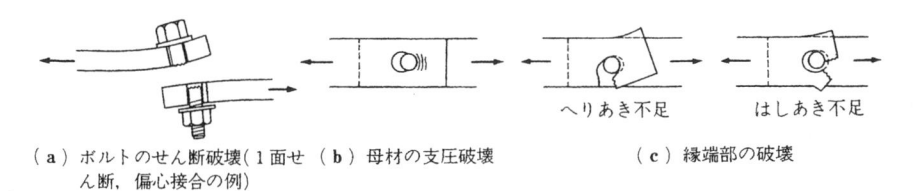

（a）ボルトのせん断破壊（1面せん断，偏心接合の例）　（b）母材の支圧破壊　（c）縁端部の破壊

図 **7.45** ボルトでの破壊状況

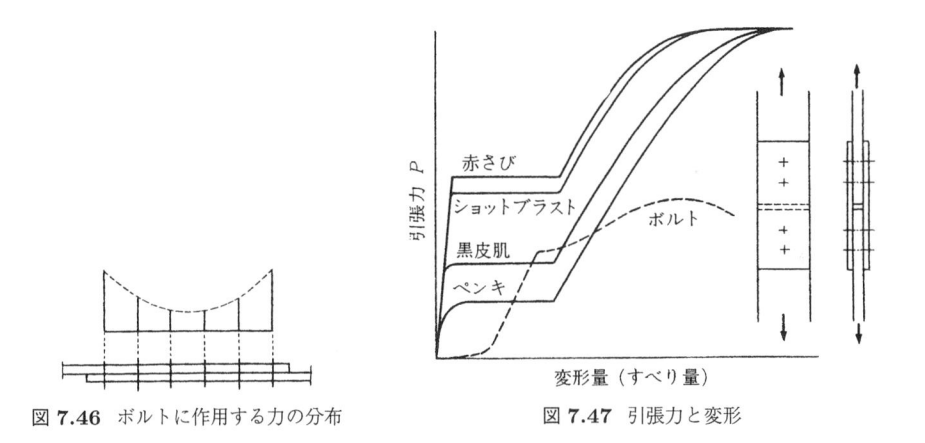

図 **7.46** ボルトに作用する力の分布　　図 **7.47** 引張力と変形

（4）ボルト接合の設計方法

支圧力として継手部の耐えられる力（全強）は許容応力度×断面積 である．軸圧縮力の場合，鋼板を全断面積有効と考え，軸引張力の場合は，全断面積−ボルトの1断面での本数×断面積 を設計断面（A）とする．ボルト孔の直径は遊びを考慮して 3 mm を加える．

$$A = 2t(B - nd) \tag{7.61}$$

ここで，t：板厚，B：鋼板の幅，n：ボルト本数，d：ボルト直径 $+3\,\mathrm{mm}$ である．ボルトの配置として，高力ボルトの最小中心間隔は，表 7.8 に示すようにボルト径の 3 倍以上の寸法とする．一方，高力ボルトの最大中心間隔は表 7.9 に示す値を標準とする．

表 **7.8** ボルトの最小中心間隔 (mm)

ボルトの呼び	最大中心間隔
M24	85
M22	75
M20	65

表 **7.9** ボルトの最大中心間隔 (mm)

ボルトの呼び	最大中心間隔		
		p (応力方向の間隔)	g (応力直交方向の間隔)
M24	170	12t 千鳥の場合は，	24t ただし，300 以下
M22	150	$15t - \dfrac{3}{8}g$ ただし，12t 以下	
M20	130		

ここに，t：外側の板または形鋼の厚さ (mm)
　　　　p：継手に作用する応力の方向のボルトの間隔 (mm)
　　　　g：継手に作用する応力の直角方向のボルトの間隔 (mm)

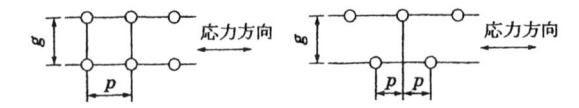

ボルトの配置と間隔のとり方

軸方向力およびせん断力が作用する場合は，作用力をボルト本数で除して 1 本当りの力を計算し，この値が許容値以下となるように設計する．ここで，μ は金属間の摩擦係数で 0.4 をとり，ν は安全率で 1.7 である．高力ボルトの許容値はボルト軸力の許容値 N に対して次式で計算する．

$$\rho_a = \mu \cdot N/\nu \tag{7.62}$$

$$\rho = P/n \leqq \rho_a \tag{7.63}$$

ここで，P：作用力，n：ボルト本数，ρ：ボルト 1 本に作用する力，ρ_a：ボルト 1 本当りの許容値である．表 7.10 に高力ボルトの許容値を示す．

表 7.10 高力ボルトの許容値

高力ボルトの等級	ねじの呼び	ν	μ	σ	σ_y (N/mm^2)	軸力 N A_e (mm^2)	N (kN)	ρ_a (kN)
F8T	M20 M22 M24	1.7	0.4	0.85	640	245 303 353	133 165 192	31.3 38.8 45.2
F10T	M20 M22 M24	1.7	0.4	0.75	900	245 303 353	165 205 238	38.8 48.2 56.0

一方,曲げモーメントが作用するときは,各列でのボルト 1 本当りの作用力を計算する.

$$\rho = My_i / \sum y_i^2 \leqq \rho_a y_i / y_n \tag{7.64}$$

ここで,M:作用曲げモーメント,y_i:中立軸からの距離で最外縁が n となる.軸力,曲げモーメント,せん断力が複合して作用する場合は下式の条件を満足させる.

$$\rho^2 = (\rho_p + \rho_m)^2 + \rho_s^2 \leqq \rho_a^2 \tag{7.65}$$

ここで,ρ_p:軸方向力による作用力,ρ_m:曲げモーメントによる作用力,ρ_s:せん断力による作用力である.

摩擦接合では,トルクを導入して締め付け摩擦力で外力に抵抗する.図 7.48 に摩擦接合での力の流れを示す.トルクによりボルトにねじりを与えるとボルトに軸力が生じる.この軸力により鋼板間に摩擦力が導入される.したがってトルクが施工管理上重要になり,トルク係数を事前に調べてトルクレンチで力を導入する.これをトルク法という.

$$T = kNd \tag{7.66}$$

ここで,k:比例定数でトルク係数,T:トルク,d:ボルトの直径,N:張力である.k は,0.1 くらいである.トルクを与えることによりねじれせん断力ナットで締める.これにより軸圧縮力が作用する.ねじれ応力 τ は,次式で計算する.

$$\tau = \frac{T}{I_p}\frac{d}{2} = \frac{16T}{d^3\pi} \tag{7.67}$$

ここで,T:トルク,d:直径,I_p:断面極二次モーメント($= \pi d^4/32$)である.

トルク T で与えられる軸力 N より軸応力度を計算する．

$$\sigma = \frac{N}{A} = \frac{4N}{d^2\pi} \tag{7.68}$$

軸応力度とせん断応力度の合成応力を求める．降伏応力度を σ_y とすると，$\sigma_y \fallingdotseq 1.22\sigma$ となり，降伏応力度の 8 割くらいしか応力度をとれない．このことから軸力の設計値は，$N = \alpha \sigma_y A$ となる．ボルトの材質により異なるが，α は 0.8 程度となる．この軸力によって生じる摩擦力は，$F = \mu N$ である．ボ

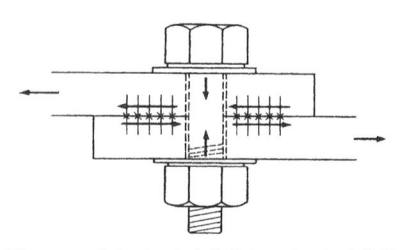

図 **7.48** 高力ボルト摩擦接合の力の伝達機構

ルトの締付けでは，設計ボルト軸力の 10%増しで締付けトルクを設定し，トルクレンチを使用する．これはクリープ（一定の力でひずみが進行）やリラクゼーション（力がぬけること），トルクのばらつきを考慮するからである．

7.2.6 鋼材の腐食と防食
(1) 腐食の要因

鋼材は空中，水中，土中のいずれでも腐食を起こす．腐食の基本原理は，金属は条件が異なる所では電位が異なり，セル（電池）ができるからである．電気的には 0.1 V～1.6 V の範囲のセルができる．

腐食の要因としては，場所ごとに金属の表面状態が異なる，気象環境が場所ごとに不一致，異金属と接している，微生物の活動，電気が流れている（直流電車から漏電）等が挙げられる．地中埋設管やトンネルの鉄部分は，水分の差，土質条件の差があるために，またコンクリートと土の境界でも，腐食が進行しやすい．異金属（Cu, Z, …）の接触箇所では，鉄は錆びやすい．ステンレスと鋼材，ボルトと母材の材質違いででも腐食が進行する．

電池の陽極（+）すなわちアノードでは，次式に示す Fe の酸化反応すなわち腐食が生じる．

$$Fe \rightarrow Fe^{2+} + 2e^- \tag{7.69}$$

陰極（−）すなわちカソードでは OH^- の還元反応が生じる．

$$\frac{1}{2}O_2 + H_2O + 2e^- \rightarrow 2OH^- \tag{7.70}$$

鉄は錆びるに従い，水酸化第一鉄を経て水酸化第二鉄の赤い錆となる

$$\mathrm{Fe + H_2O + \frac{1}{2}O_2 \to Fe(OH)_2 \to 2Fe(OH)_3} \tag{7.71}$$

基本的には水と酸素の存在が大きく影響する．乾燥していれば腐食の進行は遅い．また密閉空間では酸素が供給されないので錆の進行は遅い．すなわち O_2 が錆のため消費され，酸素がなくなるために錆が進行しない．土中に置かれた杭の内部，合成構造の内部では，鋼に穴があかない限り腐食が進行しない．橋梁の桁のフランジ上に泥，雨がたまり腐食が進むことがある．工業地帯では亜硫酸ガスで，また海の近くでは塩分で腐食が進行する．水分の供給を断つため，例えば橋梁のケーブル内に絶えず空気を送り込み乾燥させている場合もある．

(2) 腐食の問題点

鋼材が腐食すると板厚の減少が生じ，強度が低下し応力度の増加，たわみの増加となる．最終的には強度不足から構造物が崩落することもある．集中腐食で穴があくことを孔食と呼ぶが，この周囲では集中応力が生じ強度が弱まるとともに亀裂の発生箇所になりやすい．土留め壁ではこの孔食から土砂が流失することもある．また，応力腐食割れ等で疲労強度も落ちる．

(3) 腐食量

鋼材の腐食量と環境との関係はおおよそ次のようになる．

海洋環境	干潮帯	0.1～0.3 mm/年
	水中	0.1 mm/年
	土中	0.03 mm/年
陸上部	大気中	0.1 mm/年
	土中	0.02～0.03 mm/年

表 **7.11** 鋼材の腐食速度の標準値

	腐食環境	腐食速度 (mm/年)
海側	H.W.L. 以上	0.3
	H.W.L. ～ L.W.L. −1 m まで	0.1～0.3
	L.W.L. -1 m～海底部まで	0.1～0.2
	海底泥層中	0.03
陸側	陸上大気中	0.1
	土中（残留水位以上）	0.03
	土中（残留水位以下）	0.02

海洋環境下では表 7.11 に示すような腐食の進行量を設計で考慮する．腐食の進行は場所ごと環境ごとに異なるが，護岸用の鋼矢板での腐食の進行量を図 7.49 に示す．海水が飛沫となって鋼材にかかる飛沫帯での腐食の進行が非常に早い．

(4) 防食工の種類

鋼材の腐食を防止するためにいくつかの対策がある．陸上構造物では塗装工法が一般的である．海洋構造物では，被覆防食工法や電気防食がよく採用される．かつては，事前に腐食代（前もって腐食量分だけ板厚を大きくする）をとる工法が採用されていたが，現在ではあまり行わない．

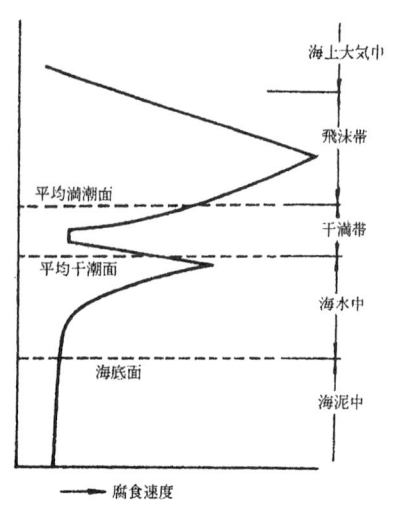

図 7.49 鋼材の腐食速度分布

表 7.12 一般的な塗装方法

塗装面		外面			内面
環境分類		一般環境	やや厳しい腐食環境	厳しい腐食環境	区別なし
素地調整		ブラスト処理			ブラスト処理
一次プライマー		長曝エッチングプライマー		無機ジンクリッチプライマー	長曝エッチングプライマー
二次素地調整		動力式の工具による処理		ブラスト処理	動力式の工具による処理
工場塗装	1層	鉛系さび止めペイント 1 種		無機ジンクリッチペイント	タールエポキシ樹脂塗装
	2層	鉛系さび止めペイント 1 種		ミストコート	タールエポキシ樹脂塗装
	3層	（フェノール樹脂 MIO 塗料）	フェノール樹脂 MIO 塗料	エポキシ樹脂塗料	なし
	4層	なし	なし	エポキシ樹脂 MIO 塗料	
現場塗装	中塗	長油性フタル酸樹脂塗料	塩化ゴム系塗料	ポリウレタン樹脂塗料	なし
	上塗	長油性フタル酸樹脂塗料	塩化ゴム系塗料	ポリウレタン樹脂塗料	

MIO (Micaceous Iron Oxide)：リン片状酸化物で，環境により塗装する場合としない場合がある．
ミストコート (mist coat)：エポキシ樹脂塗料をシンナーで薄めた下塗用塗料で，1 層目の塗装による亜鉛膜間の空隙を埋めるために行われる．

塗装工法では，鋼板の下地処理（ケレンと呼ぶ）すなわち汚れ，油，錆，水分等を十分取り除いた後で塗装を何重にも行う．塗装の寿命は10年程度，最近ではより寿命の長い塗装もあるが，いずれにせよ使用期間中に何度か塗り替える必要がある．橋梁での塗料の一例を表7.12に示す．塗料の材料の組合せはほかにも多数あるので，周囲の環境，メインテナンス等を考え適切に選定する．

最近では塗装の代わりに金属被覆，溶融亜鉛メッキや金属溶射を行う工法も提案されている．被覆塗装としては有機系と無機系がある．有機系では，ポリエチレン被覆，FRP（繊維強化プラスチック fiber reinforced plastic），レジンモルタル等が使用され，無機系ではモルタル，コンクリートライニングが使用されている．

海洋構造物の水中部では，電気防食工法がよく採用される．溶存酸素の多い所は電位が高く陰極となり，逆に溶存酸素の小さい所は電位が低く陽極となる．陽極では金属が減るので，陰極部に外部から電気を流して電位差を低くしてやる．この方法を流電陽極といい，アルミニウム棒を取り付けることが行われる．外部電源を用いる方法もあるが，長期間のメインテナンスの問題があり，最近ではあまり採用されない．流す電気量 (A) としては海水部で $0.1\,\mathrm{A/m^2}$，陸上部では $0.01\,\mathrm{A/m^2}$ 程度である．

最近では耐候性の金属を使用する場合が多い．ステンレスや耐候性鋼 (Cu, Cr, 0.2〜0.5%加える) の使用もある．ステンレス鋼は Cr, Ni を多量に添加して腐食を少なくする．耐候性鋼材 (SMA 材) は Cu, Cr, P 等を加え酸化被覆（錆）を作って錆の進展を防ぐもので，橋梁の桁に採用される場合があり，塗装を省くことができる．錆ができたときの色は茶色で，これが安定錆となる．最近，海洋構造物では，鋼材の上にチタンやステンレスを張って防食する工法が提案されている．

7.3 合成構造

7.3.1 合成部材の概要

合成構造は，鋼板とコンクリートから構成される構造部材である．内部に鉄筋が入ることもある．鋼板とコンクリートは，ずれ止め等で力学的に連結されている．合成部材の種類は多く，表7.13にその種類を示す．鋼部材と鉄筋コンクリート部材とを接続して製作する構造物は混合構造と呼ばれ合成構造とは区別される．

表 7.13 合成部材の種類

分類	内容
I. 合成構造	部材断面が異種材料の組合せによって構成され，一体として作用するもの．
a) 合成桁	鋼桁の上に RC 床版をのせ，両者をずれ止めで結合したもの．
b) H 鋼埋め込み桁，SRC 桁	H 形鋼，あるいは溶接 I 断面鋼橋等を鉄筋コンクリート梁の中に埋め込み，一体として作用させた桁．
c) 合成柱，SRC 柱	鉄骨を鉄筋コンクリートの中に埋め込み，一体として作用させた柱．
d) 鋼管コンクリート柱	鋼管や矩形断面鋼柱の中にコンクリートを充填させたもの．（CFT）
e) 合成壁	連続した鋼柱列をコンクリートで被覆した壁体構造（土留めや基礎等）
f) 合成床版	鋼製床組をコンクリートに埋め込んだ床版，鋼板とコンクリートを合成した床版，箱断面鋼床版，箱断面鋼床版にコンクリートを充填した床版等（主として橋梁用）
g) 合成シェル	曲面鋼板とコンクリートを複層に連結した構造

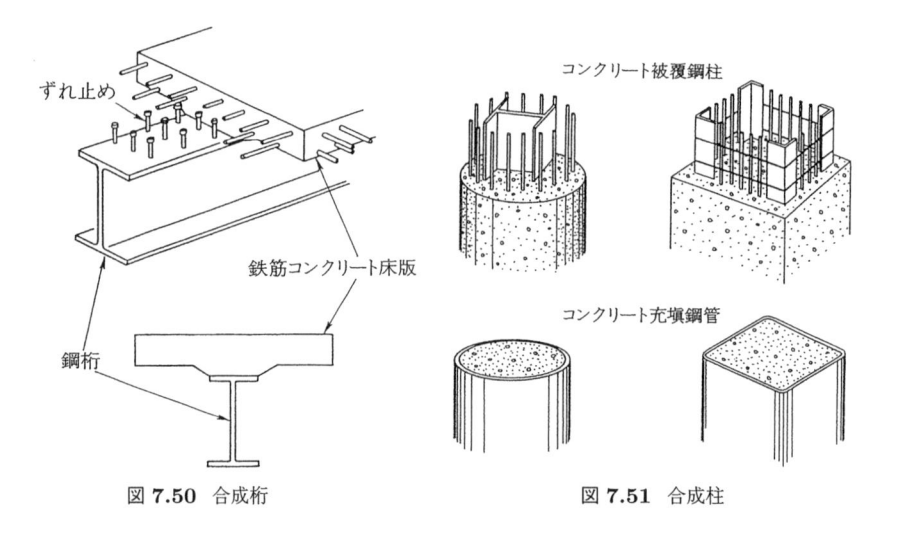

図 7.50 合成桁

図 7.51 合成柱

　図 7.50 に示す合成桁は橋梁の床版に用いられた例であるが，鉄筋コンクリート製の床版と鋼桁がずれ止めにより一体化されている．この図ではスタッドジベルと呼ばれるボルトを鋼桁に溶接してずれ止めとしている．

　図 7.51 に示す合成柱は建築，橋梁基礎等に使用される．鋼管などの鋼材の中にコンクリートを充填する方法と，コンクリートの中に H 鋼などの形鋼を鉄筋とともに埋設する方法の 2 種類がある．

　橋梁床版の一例を図 7.52 に示す．下部の鋼板は構造部材の役割とともにコンクリートの型枠にもなる．鋼板には補鋼材が溶接されており，ずれ止めと鋼板の補

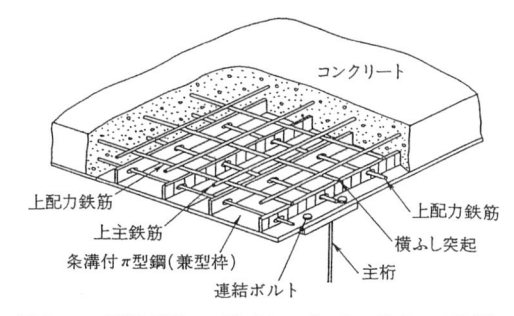

図 7.52 橋梁床版の一例（オープンサンドイッチ部材）

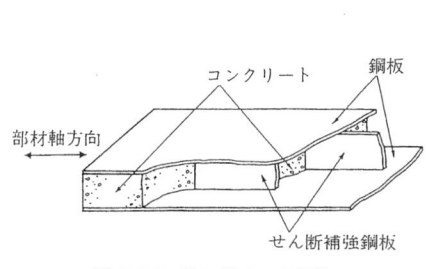

図 7.53 サンドイッチ部材

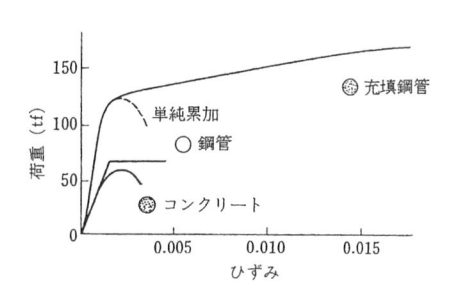

図 7.54 軸圧縮力を受けるコンクリート充填鋼管の荷重−ひずみ曲線

強の役割がある．その上に鉄筋を配置しコンクリートを打設して構造部材とする．

図 7.53 に示すサンドイッチ部材は，せん断補強鋼材で連結された 2 枚の鋼板中にコンクリートを充填する，沈埋トンネルの壁や連続地中壁などに利用される．

このように各種の構造部材があるが，合成構造にすることにより強度が増加し変形性能が高くなる．またコンクリート充填した鋼管や梁では，鋼板の座屈が押さえられ強度と変形性能が飛躍的に増加する．

合成構造は基本的には鉄筋コンクリートの設計法と同様な設計を行う．かつては，鋼材の強度とコンクリートの強度を別々に計算して単純に合計する累加方式が使用されていた．図 7.54 に，充填コンクリート柱でのコンクリートと鋼管の単純累加したときと実際の挙動との差を示す．実際の方が強度も変形性能も大きく伸びていることがわかる．単純累加方法では，計算は簡単であるが終局時の強度特性が計算できないことから，合成構造の特性が生かされない可能性があり，最近は鉄筋コンクリート方式が用いられる．ただし，許容応力度による設計法での検討の際には，累加方式が簡便で有力な計算方法となる．

鋼管充填コンクリートのように周囲が鋼材で囲まれている場合には，拘束効果により見かけ上コンクリート強度が増加する．コンクリートが表面にある場合の使用限界の照査は，ひび割れ幅に関して鉄筋コンクリート部材と同様に行う．コンクリートは，鋼板に覆われている場合は，耐久性の観点からのひび割れ幅の照査は基本的に必要ではないが，変位や変形についての検討は必要に応じて行う必要がある．

鋼殻内に打設されたコンクリートの振動締固めは困難であるので，自己充填性のあるコンクリートを使用することが望ましい．鋼殻内の充填性を確実にするため，適切な空気抜き孔の設置，補鋼材の隅の切り落とし等の対策をする必要がある．充填の確認は，鋼板にパイプやホースを取り付け，コンクリートがこれらにあふれ出たことにより確認する．鋼板沿いの未充填部の検査は，打撃法（打音法），ライジオアイソトープ法などにより，必要に応じて行うのがよい．大きな未充填部が発見された場合には，モルタル等で充填する．

7.3.2 曲げとせん断耐荷力

(1) 曲げモーメントと軸力に対する設計

表面鋼板をかぶりがゼロの引張鋼材として扱い，通常の鉄筋コンクリート部材設計の慣用理論に従い，曲げモーメントと軸力に対する鋼板とコンクリートの応力度を算定する．

圧縮側の鋼板は局所座屈する可能性が高いが，ずれ止めを密に配置することによりそれを防ぐことができる．座屈が防げれば複鉄筋として取り扱うこともできる．

(2) せん断力に対する設計

せん断力の算定方法は，合成構造の種類によって考え方が若干異なる．鋼管柱では，鉄筋コンクリート部材のせん断耐荷力の計算式に，内部に入った鉄骨や形鋼のせん断耐荷力を次式で計算して累加する．ただし鋼材がコンクリートの表面にある充填鋼管では，鋼材をせん断耐荷力に累加しない場合がある．

$$V_{rd} = f_{vyd} z_w t_w / \gamma_b \tag{7.72}$$

ここで，f_{vyd}：鋼材の設計せん断降伏強度，z_w：鉄骨やH鋼の腹部（ウェブ）高さ，t_w：鉄骨やH鋼の腹部厚さ，γ_b：部材係数1.15である．

サンドイッチ部材としての設計せん断耐力は，せん断補強鋼材の有無，配置により大きく異なる．せん断補強鋼材が部材軸方向に配置されている場合と，軸直角方向に配置されている場合がある．しかし一般的には鉄筋コンクリートと同様

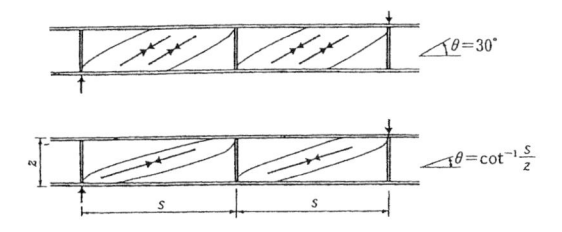

(a) 部材軸直角方向のせん断補強鋼板の間隔と部材高さとの比が大きい場合

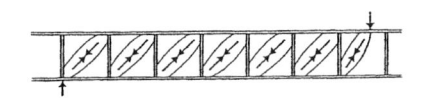

(b) 部材軸直角方向のせん断補強鋼板の間隔と部材高さとの比が小さい場合

図 **7.55** 部材軸方向のせん断補強鋼板を用いた場合のせん断抵抗機構

な考え方でせん断耐力を計算するが，この際，トラス構造を構成する斜材の角度を 30 度とする．この間隔以上にせん断補強鋼材が密に入っている場合は対角斜線の角度としてよい．これを図 7.55 に示す．

7.3.3 ずれ止め

シアコネクタとして表面鋼板内面の形鋼，ダイヤフラム，スタッドジベル，溶接鉄筋等を利用する．シアコネクタの量は，着目範囲に作用するずれせん断力の合計値に対して，シアコネクタのせん断力の合計値が上回るように決定する．次式にその関係式を示す．

$$\gamma_i H_d \bigg/ \sum_{i=1}^{s} n_{sc} V_{scdi} \leqq 1 \tag{7.73}$$

ここに，H_d：区間 L における鋼板とコンクリートとの間で単位幅当りに作用する設計せん断力 $= t_f \sigma_f$，
γ_i：構造物係数，
V_{scdi}：単位幅当りの個々のずれ止めの設計せん断伝達耐力，
n_{sc}：区間 L における単位幅当りのずれ止めの総数，
t_f：最大曲げモーメント作用断面の鋼板の厚さ，
σ_f：最大曲げモーメント作用断面における鋼板に生じる引張応力度

$= f_{yd} M_d / M_{ud}$ （ここで，f_{yd}：設計降伏応力度），

L：最大曲げモーメント作用断面と曲げモーメントが 0 となる断面との間の区間，

M_d：最大曲げモーメント作用断面の設計曲げモーメント，

M_{ud}：最大曲げモーメント作用断面の設計曲げ耐力

$$S = t_w \cdot \sigma_s \tag{7.74}$$

ここに，t_w：最大曲げモーメント作用断面の鋼板の厚さ，

σ_s：最大曲げモーメント作用断面における鋼板の引張応力度

$\sigma_s = f_{yd} \cdot (M_{\max} / M_r)$,

f_{yd}：鋼板の引張降伏強度，

$M_{\max}$：最大曲げモーメント作用断面の設計曲げモーメント，

M_r：最大曲げモーメント作用断面の抵抗曲げモーメント

ダイヤフラムをシアコネクタとして利用する場合の算式は次式のとおりである．

$$Q_a = t_w \cdot w_{sc} \cdot \sigma_{sa} / \sqrt{3} \tag{7.75}$$

ここに，t_w：ダイヤフラムの板厚，

w_{sc}：ダイヤフラムの幅，

σ_{sa}：鋼板の引張応力度

表面鋼板に取り付けるシアコネクタには，スタッドジベルを使用する方法が多いが，溶殖したスターラップ（せん断補強用鉄筋）もシアコネクタとして考慮できるものとする．

シアコネクタの設計せん断耐力は次式により算出する．

$$V_{ud} = 1.6 \cdot d^2 \cdot \sqrt{\sigma_{ck}} / \gamma_b \tag{7.76}$$

$$V_{ud} = 0.3 \cdot d \cdot H \cdot \sqrt{\sigma_{ck}} / \gamma_b \tag{7.77}$$

ここで，V_{ud}：設計せん断力 (kN/本)，

d：シアコネクタの径 (cm)，

H：シアコネクタの高さ (cm)，

σ_{ck}：コンクリートの設計基準強度 (N/mm^2)，

γ_b：部材係数 1.3 である．

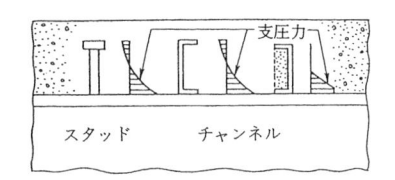

図 7.56 柔なずれ止めの支圧応力分布

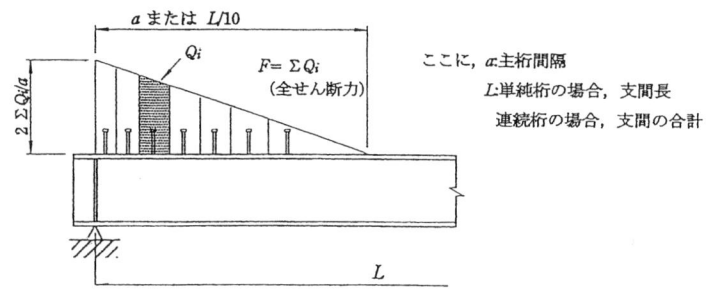

図 7.57 ずれ止めに作用するせん断力

　シアコネクタの最大間隔は 60 cm，最小間隔は $5d$ または 10 cm のうち大きい方とする．また，シアコネクタと鋼板定着端との最小純間隔は 2.5 cm とする．スタッドジベルの径は 19 mm，22 mm とし，全高は 150 mm を標準とする．また，シアコネクタとして考慮できるスターラップ径は D19，D22 を標準とする．

第8章 計算例

8.1 梁部材での計算例

許容応力度法と限界状態設計法との比較を簡単な単純梁を対象に説明を行う．図 8.1 に計算モデルを示す．長さ 2.5 m の単純梁に波力と自重が梁の上方から作用すると設定する．

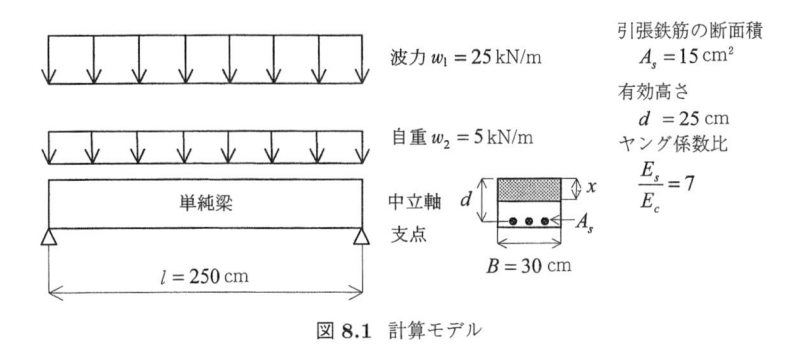

図 8.1 計算モデル

8.1.1 許容応力度法による計算例

単純梁の構造設計としてまず断面の最大モーメント ($M_{\max}$) を求める．

$$M_{\max} = \frac{(w_1 + w_2)}{8} l^2 = \frac{25 + 5}{8} \times 2.5^2 = 23.4 \,\text{kN} \cdot \text{m}$$

次に部材断面の中立軸位置 (x) を計算する．

$$x = \frac{nA_s}{b}\left(-1 + \sqrt{1 + \frac{2bd}{nA_s}}\right) = \frac{7 \times 15}{30}\left(-1 + \sqrt{1 + \frac{2 \times 30 \times 25}{7 \times 15}}\right)$$

$$= 10.2 \,\text{cm}$$

梁上端のコンクリートの圧縮応力度を計算する．

$$\sigma_c = \frac{2M_{\max}}{bx\left(d-\dfrac{x}{3}\right)} = \frac{2\times 2340\,\text{kN}\cdot\text{cm}}{30\times 10.2\left(25-\dfrac{10.2}{3}\right)} = 0.708\,\text{kN/cm}^2$$

$$= 7.08\,\text{N/mm}^2$$

梁の引張縁側の鋼材の応力度を計算する．

$$\sigma_s = \frac{M_{\max}}{A_s\left(d-\dfrac{x}{3}\right)} = \frac{2340\,\text{kN}\cdot\text{cm}}{15\left(25-\dfrac{10.2}{3}\right)} = 7.28\,\text{kN/cm}^2 = 72.8\,\text{N/mm}^2$$

コンクリートの許容応力度を設定する．

$$\sigma_{ca} = \frac{2.4}{3} = 0.8\,\text{kN/cm}^2 = 8\,\text{N/mm}^2$$

この許容応力度と計算されたコンクリートの圧縮応力度を比較する．

$$\sigma_c \leqq \sigma_{ca} \quad \therefore \quad \text{OK}$$

許容応力度内に収まっている．同じように鋼材についても比較する．

$$\text{鉄筋の許容応力度} \quad \sigma_{sa} = 14\,\text{kN/cm}^2 = 140\,\text{N/mm}^2$$
$$72.8\,\text{N/mm}^2 \leqq 140\,\text{N/mm}^2 \quad \therefore \quad \text{OK}$$

この計算例ではコンクリートも鋼材もそれぞれ許容応力度以内であるので計算はここで終了する．もし許容応力度内に収まっていなかったら断面寸法や鉄筋径を修正して再計算をする．

8.1.2 限界状態設計法による計算例
（終局限界状態）

終局限界状態は，ここでは曲げモーメントに関して照査する．単純梁に作用する荷重を求める．波力は変動荷重，梁の自重は永久荷重とする．

$$w = \gamma_1 w_1 + \gamma_2 w_2 = 1.3 \times 25 + 1.1 \times 5 = 38\,\text{kN/m}$$

部材に与えられる断面力を計算する．構造解析係数 $\gamma_a = 1.0$ とする．

$$M_d = \frac{w}{8}l^2 = \frac{38}{8}\times 2.5^2 = 29.7\,\text{kN/m}$$

次に材料強度の設定を行う．

コンクリート　$f_{cd} = f_{ck}/1.3 = 2.40/1.3 = 1.851\,\mathrm{kN/cm^2} = 18.51\,\mathrm{N/mm^2}$

鉄筋　　　　　$f_{yd}/1.0 = 30.0/1.0 = 30.0\,\mathrm{kN/cm^2} = 300\,\mathrm{N/mm^2}$

梁部材の曲げに関する断面耐力を計算する．

$$M_u = A_s f_{yd} d \left(1 - 1.7\frac{p f_{yd}}{f'_{cd}}\right)$$

$$p : 鉄筋比 \left(= \frac{鉄筋の断面積}{コンクリートの有効面積}\right)$$

$$= 15 \times 30.0 \times 25 \left(1 - 1.7\frac{\dfrac{15}{25 \times 30}30.0}{1.851}\right) = 90.6\,\mathrm{kN/m}$$

作用断面力と断面耐力を比較する．

$$\gamma_i M_d \gamma_a \leqq M_u/\gamma_b$$

ここで，γ_a：構造解析係数，γ_b：部材係数，γ_i：構造物係数である．
$\gamma_i = 1.2$ とする．

$$29.7 \times 1.2 \leqq 90.6/1.15$$

$$35.64 \leqq 78.8\,\mathrm{kN/m}$$

断面耐力が作用断面力より大きいので計算を終了する．

(使用限界状態)

使用限界状態ではひび割れ幅の検討を行う．

まず許容ひび割れ幅の設定をする．鋼材のかぶりを 5 cm とする．

$$0.035C = 0.035 \times 5 = 0.0175\,\mathrm{cm}$$

ひび割れ幅（w_c）の計算は次式による．

$$w_c = k_1 \{4C + 0.7(C_\phi - \phi)\} \left\{\frac{\sigma_s}{E_s} + \varepsilon_\phi\right\}$$

ただし，k_1：係数．異形鉄筋で 1.0
　　　　C：かぶり
　　　　C_ϕ：中心間隔
　　　　ϕ：鉄筋径
　　　　ε_ϕ：乾燥収縮（水中 $\fallingdotseq 0$，気中 $\fallingdotseq 150 \times 10^{-6}$）

荷重としては 1 年確率波として，単位長さ当りの荷重は $w = 1.0 \times 20 + 1.0 \times 5 = 25\,\mathrm{kN/m}$ として，上と同じやり方で σ_s を出す．出し方は許容応力度法のときと同じ．使用限界状態でのモーメントは

$$M = \frac{25}{8} 2.5^2 = 23.43\,\mathrm{kN \cdot m}$$

このときの鉄筋の応力度 σ_s は

$$\sigma_s = \frac{2\,343}{15\left(25 - \dfrac{10.2}{3}\right)} = 60.1\,\mathrm{kN/cm^2}$$

ひび割れ幅は，部材が湿潤状態（$\varepsilon_\phi = 0$）として計算する．

$$w_c = 1.0 \times (4 \times 5 - 0.7(8 - 2.5)) \times \frac{60.1}{21 \times 10^4}$$
$$= 0.0046\,\mathrm{cm} \leqq 0.0175\,\mathrm{cm} \qquad \therefore\quad \mathrm{OK}$$

ただし，許容ひび割れ幅 w_a は

$$w_a = 0.0035 \times 5 = 0.0175\,\mathrm{cm}$$

である．

8.2　橋梁上部工での計算例

橋梁の床版の設計方法を説明する．床版の橋軸直角方向に関する断面力の求め方と背景を示す．ここでは，1–0 法と呼ばれる方法を用い，床版を単純桁に分割し影響線法により断面力を求める．

(1) 影響線

橋梁上部工の構造計算を簡単な方法で行う手順を説明する．橋梁の桁に作用する外力（曲げモーメント，せん断力）は，影響線を用いて計算するのが容易であ

る．この方法で，橋梁に多数の荷重が乗り，かつ移動する場合のある点での曲げモーメントとせん断力を求める．最大値，最小値も容易に求められる．移動する単位荷重 1 を作用させる．図 8.2 に示した計算モデルで，R_A の影響線を求める．

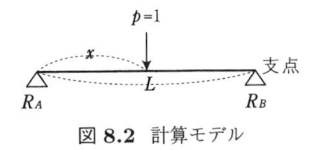

図 **8.2** 計算モデル

$LR_A - p(L-x) = 0$ より，$R_A = 1 - x/L$ が得られ，これを影響線という．R_A の影響線を図 8.3 に示す．$p = 1$ とする．

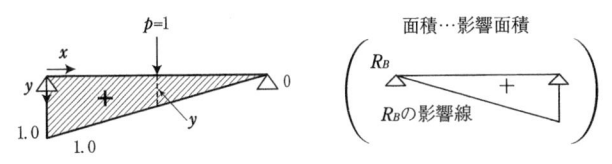

図 **8.3** R_A の影響線

多くの集中荷重が乗った場合の反力 R_A は，$R_A = P_1 y_1 + P_2 y_2 + P_3 y_3 + \cdots = \sum P_i y_i$ として，図 8.4 に示すように重ね合わせの法則で計算できる．

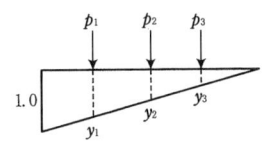

図 **8.4** 重ね合わせの法則

等分布荷重が乗った場合の反力は図 8.5 のように，$R_A = \displaystyle\int_a^b wy\,dx = wF$ で計算できる．荷重が載った影響線の面積に荷重強度を乗ればよい．

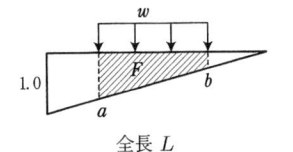

ここで，F：斜線部分の面積である．

図 **8.5** 等分布荷重の影響線

図 8.6 の C 点でのせん断力を求める．

$x > a$ のとき：$L \cdot R_A = 1 - x$ であるので $R_A = (1-x)/L$ となる．
$x < a$ のとき：$x = L \cdot R_B$，したがって $R_B = x/L$, $R_A = 1 - x/L$ となる．
この考え方と同じに考えると，C 点のせん断力と曲げモーメントの影響線は図 8.6 に示される．

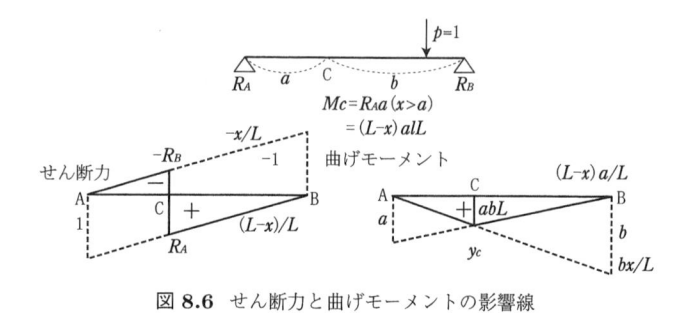

図 **8.6** せん断力と曲げモーメントの影響線

集中荷重のときの最大曲げモーメントは，次式で計算できる．

$$M_{C\max} = P \cdot y_C = \frac{ab}{L}P \quad \text{ただし，} \quad y_C = \frac{ab}{L}$$

中央点での最大曲げモーメントは，次式で計算できる．

$$a = b = \frac{L}{2}, \quad M_{C\max} = \frac{L}{4}P$$

図 8.7 の分布荷重のときの最大曲げモーメントは，次式で計算できる．

$$M_{C\max} = w \triangle \text{ABC の面積}$$
$$= w \cdot \frac{1}{2}Ly_C = \frac{w}{2}ab$$

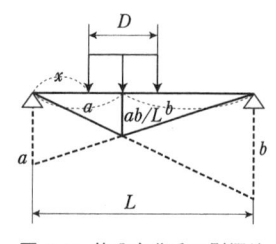

$a = b = L/2$ のとき生じるので

図 **8.7** 等分布荷重の影響線

$$M_{C\max} = \frac{w}{8}L^2$$

荷重が桁の一部に作用するとき曲げモーメントの最大値を与える x は，$x = a(L-D)/L$ で，このときの最大曲げモーメントは $M_{\max} = wF$ である．図 8.8 より，面積 $F = \frac{ab}{L}D\left(1 - \frac{D}{2L}\right)$ で計算できる．誘導はやや複雑であるが，F を求め，最大値が 2 次方程式となるから以下のように求まる．

図 **8.8** 荷重が桁の一部に作用するときの曲げモーメント

最大曲げモーメントの誘導は次式である．

$$F = \frac{a-x}{2}\left(\frac{b}{L}x + \frac{ab}{L}\right) + \frac{D+x-a}{2}\left\{\frac{ab}{L} + \frac{a}{L}(L-(x+D))\right\}$$
$$= \frac{a-x}{2}\frac{b}{L}x + \frac{a-x}{2}\frac{ab}{L} + \frac{D+x-a}{2}\frac{ab}{L} + \frac{D+x-a}{2}\frac{b}{L}(L-(x+D))$$

最大値を求めるため，

$$F'(x) = -\frac{b}{2L}x + \frac{a-x}{2}\frac{b}{L} - \frac{1}{2}\frac{ab}{L} + \frac{ab}{2L} + \frac{1}{2}\frac{a}{L}\{1-(x+D)\}$$
$$+ \frac{D+x-a}{2}\frac{a}{L}(-1) = 0 \quad \therefore \quad x = \frac{a(L-D)}{L}$$

このとき，最大値は次式となる．

$$F_{\max} = wF = \frac{a - \frac{a(L-D)}{L}}{2}\left\{\frac{a(L-D)}{L} + a\right\}\frac{b}{L}$$
$$+ \frac{D - a + \frac{a(L-D)}{L}}{2}\left\{b + L - \frac{a(L-D)}{L} - D\right\}\frac{a}{L} = \frac{ab}{L}D\left(1 - \frac{D}{2L}\right)$$

(2) T 荷重による 1–0 法

主桁は，横桁，対傾構，床版で連結されているが，計算を簡単にするため省略する．橋軸直角方向の桁に作用する荷重を求め，これより床版の主筋方向の曲げモーメント，せん断力を計算する．

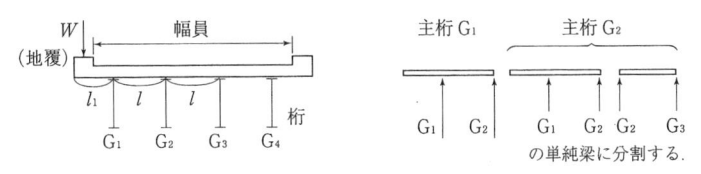

図 **8.9** 橋軸直角方向に荷重が作用する場合

1–0 法では，影響線で対象としている桁に 1 の単位荷重，隣接している桁に 0 の荷重をかける．G_1 桁に対して，$G_2 = 0$，$G_1 = 1$ とおき，影響線を考える．

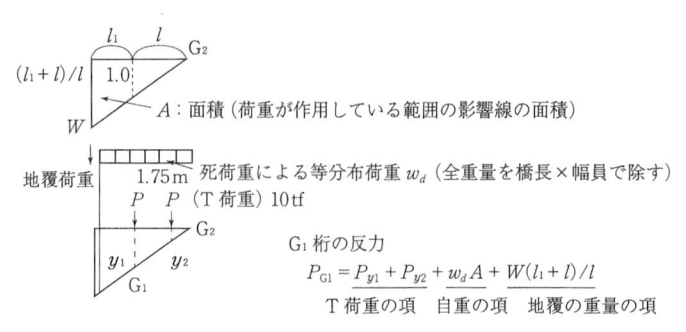

図 8.10 G_1 桁の影響線

A：面積（荷重が作用している範囲の影響線の面積）

地覆荷重　1.75 m　死荷重による等分布荷重 w_d（全重量を橋長×幅員で除す）

P　P　（T 荷重）10 tf

G_1 桁の反力

$$P_{G1} = \underbrace{P_{y1} + P_{y2}}_{\text{T 荷重の項}} + \underbrace{w_d A}_{\text{自重の項}} + \underbrace{W(l_1+l)/l}_{\text{地覆の重量の項}}$$

中央に 10 tf がくるとき反力は最大

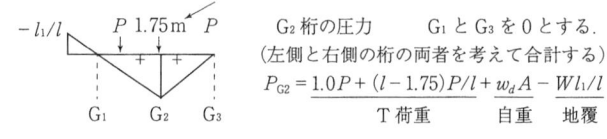

G_2 桁の圧力　G_1 と G_3 を 0 とする．
（左側と右側の桁の両者を考えて合計する）

$$P_{G2} = \underbrace{1.0P + (l-1.75)P/l}_{\text{T 荷重}} + \underbrace{w_d A}_{\text{自重}} - \underbrace{W l_1/l}_{\text{地覆}}$$

図 8.11 G_2 桁の影響線

G_2 桁に対して，設計では，$(l/1.75)P$ と T 荷重の分を簡略化して用いている．これより床版の軸直角方向の曲げモーメントやせん断力が容易に計算できる．

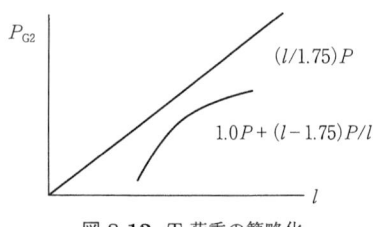

図 8.12 T 荷重の簡略化

(3) L 荷重による 1–0 法

活荷重と死荷重による断面力は，本来横構，対傾構の存在等のため計算は容易でないが，慣用法での設計では，床版を主桁で支持されている単純梁（張出し梁）と仮定し，影響線を使って桁反力を求める．これにより橋軸方向の桁の設計を行う．

5.5 m 幅に $P_1 + P_2$，これ以外の領域にこの半分を載荷する．

∴　G_1 桁が分担する荷重強度は次式で計算できる．

$$w = W(l+l_1)/l + (P_1+P_2)A + w_d A$$

図 **8.13** 橋軸方向の桁反力

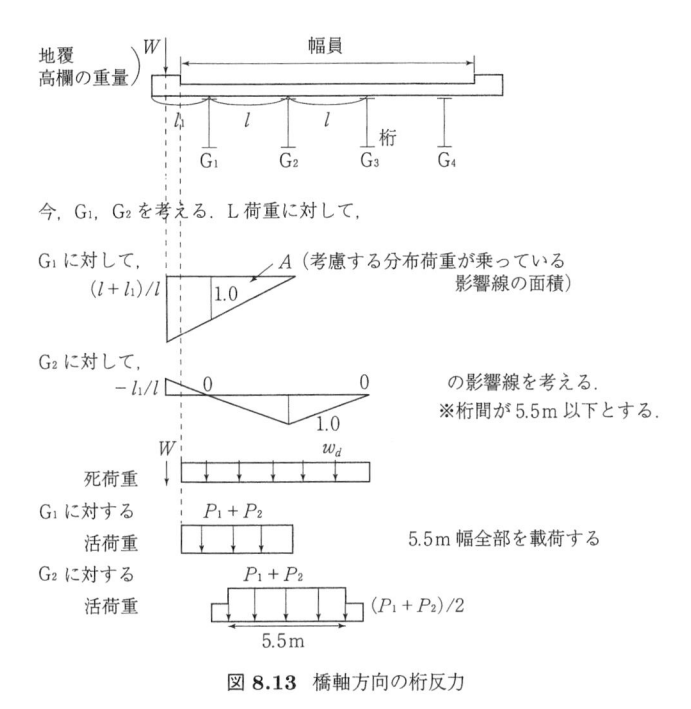

G_2 桁が分担する荷重強度は次式で計算できる．2つの影響線の合力とする．

$$w = -l_1 W/l + wA + W_d A$$
$$= -l_1 W/l + (P_1 + P_2)(2A_1 + A_2) + w_d A$$

A_1 は 5.5 m の範囲の半分の面積，A_2 は残りの半分の面積で，$A = (A_1 + A_2) \cdot 2$ である．

(4) 床版の設計最大曲げモーメントの計算

桁反力と荷重が求まれば橋軸直角方向（主筋方向）の1m幅の設計最大曲げモーメントやせん断力が容易に計算できる．これも計算を簡略して床版の支間 L が 4 m 以下，単純梁のとき T 荷重による主鉄筋方向（橋軸直角方向，車両進行直交方向）の曲げモーメントは次式で計算できる．

$$M = (0.12L + 0.07)P, \quad P : \text{片側 10 tf の荷重}$$

配力筋方向（橋軸方向）も次式で計算できる．

$$M = (0.10L + 0.04)P$$

T荷重による断面力（モーメント）は支間長により増加させる．
   支間長　4m以下　　係数は　　　1.0
   　　　　4m以上　　係数は　　　$L/32 + 7/8$
ただしB活荷重のみでA活荷重までは考慮しない．
連続梁は単純梁の80%の曲げモーメントとする．
L荷重と自重（分布荷重）による設計曲げモーメント：一方向のみ
   単純梁　走行軸直角方向　$M = wL^2/8$　走行平行方向　　0
   連続梁　主鉄筋方向　　　$M = wL^2/10$　配力筋方向　　　0

(5) 橋軸方向の主桁の曲げモーメント

T荷重と自重による主桁の曲げモーメントに関して，縦桁の橋軸方向の最大曲げモーメントとせん断力は，単純梁として計算できる．

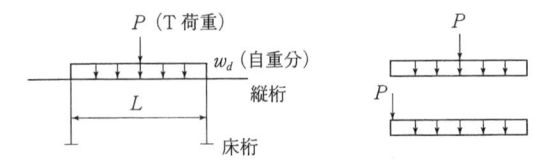

図 8.14 T荷重に対してする主桁の曲げモーメント

最大曲げモーメントは，$M_{\max} = PL/4 + wL^2/8$ で計算できる．

床桁の支間長 L で荷重が桁中央に載ると，最大せん断力は，$S_{\max} = P + wL/2$ で計算できる．

一般にはこれで決まらずL荷重となるが，影響線図を用いて主桁の着目点（c点）の最大になるようにL荷重を載荷する．L荷重と自重による主桁の曲げモーメントの検討で，最大曲げモーメントはB種の橋梁，載荷重10mのとき次式で計算できる．

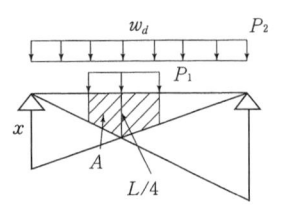

図 8.15 B種の橋梁，載荷重10mのときの最大曲げモーメント

$$M_{\max} = w_d F + P_1 A + P_2 F$$

ここで，F：全面積，A：載荷重10mの範囲の面積である．必要に応じてこれらの値に衝撃係数 $(1+i)$ を乗じる．

表 8.1 T 荷重（衝撃含む）による床版の単位幅 (1 m) 当りの設計曲げモーメント (kN·m/m)

床版の区分	曲げモーメントの種類		床版の支間の方向，曲げモーメントの方向，適用範囲 (m)	車両進行方向に直角の場合		車両進行方向に平行の場合	
				主鉄筋方向の曲げモーメント	配力鉄筋方向の曲げモーメント	主鉄筋方向の曲げモーメント	配力鉄筋方向の曲げモーメント
単純版	支間曲げモーメント		$0 < L \leq 4$	$+(0.12L+0.07)P$	$+(0.10L+0.04)P$	$+(0.22L+0.08)P$	$+(0.06L+0.06)P$
連続版	支間曲げモーメント	中間支間	$0 < L \leq 4$	+(単純床版の80%)	+(単純床版の80%)	+(単純床版の80%)	+(単純床版と同じ)
		端始間				+(単純床版の90%)	+(単純床版と同じ)
	支点曲げモーメント	中間支間		−(単純床版の80%)	—	−(単純床版の80%)	—
片持版	支点		$0 < L \leq 1.5$	$-\dfrac{PL}{(1.30L+0.25)}$	—	$-(0.70L+0.22)P$	—
	先端付近			—	$+(0.15L+0.13)P$	—	$+(0.16L+0.07)P$

ここに，L：T 荷重に対する床版の支間 (m)　P：T 荷重の片側荷重 (100 kN)

表 8.2 床版の支間方向が車両進行方向に直角の場合の単純版および連続版の主鉄筋方向の曲げモーメントの割増し係数

支間 L(m)	$L \leq 2.5$	$2.5 < L \leq 4.0$
割増し係数	1.0	$1.0 + (L-2.5)/12$

等分布死荷重による相伴の単位幅 (1 m) 当りの設計曲げモーメントは，表 8.3 に示す式で算出してよい．

表 8.3 等分布死荷重による相伴の単位幅 (1 m) 当りの設計曲げモーメント (kN·m/m)

床版の区分	曲げモーメントの種類		主鉄筋方向の曲げモーメント	配力鉄筋方向の曲げモーメント
単純版	支間曲げモーメント		$+wL^2/8$	無視してよい
片持版	支点曲げモーメント		$-wL^2/2$	
連続版	支間曲げモーメント	端支間	$+wL^2/10$	
		中間支間	$+wL^2/14$	
	支点曲げモーメント	2 支間の場合	$-wL^2/8$	
		3 支間以上の場合	$-wL^2/10$	

ここに，w：等分布死荷重 (kN/m^2)

8.3 海洋構造物の版の計算例

防波堤ケーソンの港外側の波浪を受ける外壁について，終局限界に対する断面力の計算手順を示す．外壁に作用する荷重は，波荷重と中詰め土による静止土圧である．ケーソンの構造は箱形で，内部が 4×3 室に分割され，砂が充填されている．図 8.16 に示すようにケーソンの高さは 15 m，幅 12 m，奥行き 19 m で，前壁の版の厚さは 40 cm である．図 8.17 にはその配筋図を示す．

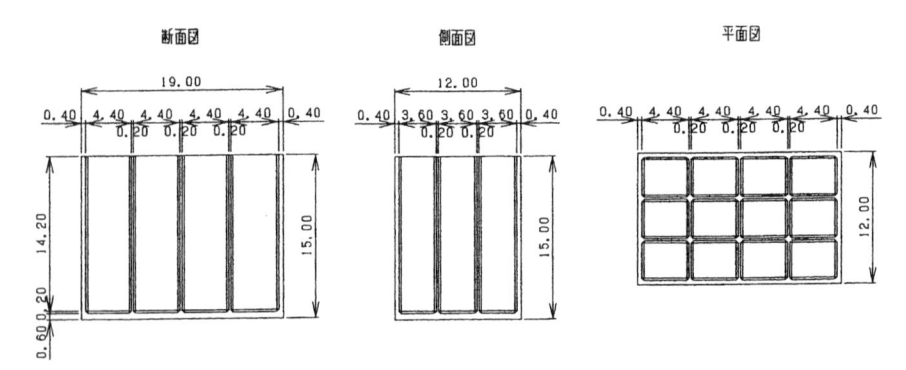

図 8.16 ケーソンの構造図（単位：m）

このケーソン前壁に合田式の波圧が作用すると設定する．最大波高 $H_{\max}$ は 13.1 m，波長 L は 161.2 m，波の最も危険な入射方向 β は 25 度，直立壁前面の水深 d は 16.5 m，根固め工の水深 h は 11.7 m，直立壁前面から有義波高の 5 倍離れた地点の水深 h_b は 17.03 m として波圧を計算する．合田の波圧式での係数 α_1，α_2，α_3 の値はそれぞれ 0.896，0.131 および 0.856 である．この結果，静水面での波圧強度 p_1 は 126.52 kN/m^2，海底面における波圧強度 p_2 は 104.21 kN/m^2，直立壁底面の波圧強度 p_3 は 108.30 kN/m^2，直立壁天端における波圧強度 p_4 は 89.34 kN/m^2 である．

終局限界状態で考える荷重の組合せを表 8.4 に示す．波が一番高くなった状態（波の山）では，波荷重から内部の土圧荷重を引いた荷重が，外壁に作用する．波が一番低い状態（波の谷）では，静水圧と土圧荷重の合計が内側から外側に作用する．いま波浪作用時の外側からについて計算を進める．この荷重の分布と合計を図 8.18 に示す．内部土圧は外壁から 45 度の線が隔壁との交点までの土圧は増

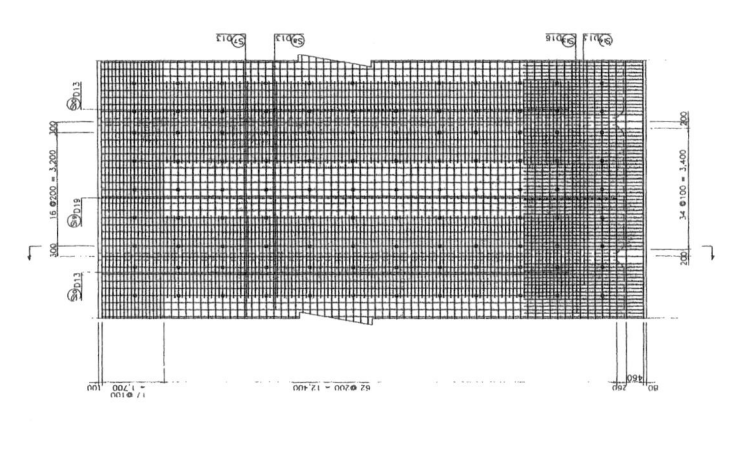

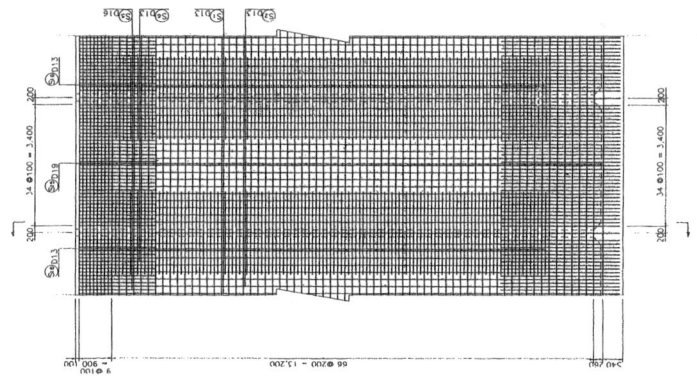

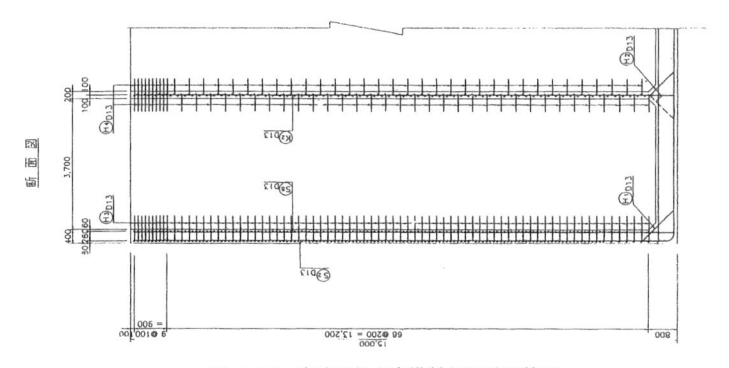

8.3 海洋構造物の版の計算例 / 235

図 8.17 法線平行方向港外側側壁配筋図

表 8.4 終局限界状態で考える荷重の組合せ

荷重の方向	検討状態	終局限界状態
外側からの荷重	波の山作用時	$1.3H - 0.9D$
内側からの荷重	波の谷作用時	$1.1D + 1.1S + 1.2\Delta S$

ここに，H：波力，S：永久荷重時内部水圧，D：内部土圧，ΔS：内部水圧変動分

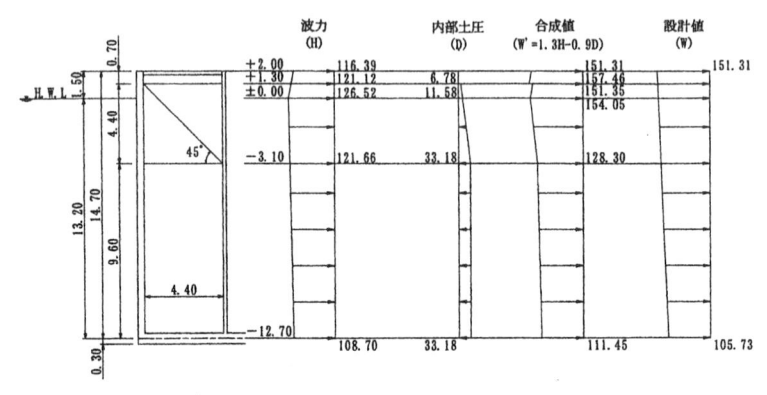

図 8.18 外の荷重の分布と合計

表 8.5 計算結果

		M_d (kN·m)	d (cm)	A_{sn} (cm²)	配筋径-ピッチ	A_s (cm²)	M_{ud} (kN·m)	$\dfrac{\gamma_i M_d}{M_{ud}}$
III	9	194.37	38.6	19.55	D19-10	28.65	304.75	0.70
	8	176.80	38.6	17.68	D19, D13-20	20.66	225.20	0.86
	7	167.51	38.6	16.71	D19, D13-20	20.66	225.20	0.82
	6	162.06	38.6	16.13	D19, D13-20	20.66	225.20	0.79
	5	157.29	38.6	15.64	D19, D13-20	20.66	225.20	0.77
	4	151.49	38.6	15.03	D19, D13-20	20.66	225.20	0.74
	3	140.19	38.6	13.86	D19, D13-20	20.66	225.20	0.68
	2	108.02	38.6	10.58	D19, D13-20	20.66	225.20	0.53
	1	0.00	38.6	0.00	D19-10	14.33	159.13	—

加しそれ以下は一定値とする．それぞれに荷重係数を乗じて荷重を合計する．この合計した分布荷重に対して外壁の曲げモーメントを計算する．外壁は 3 辺固定 1 辺自由の版とする．自由端は一番上の辺である．ここでは上部工としてコンクリートが打設されているだけで，構造体として一体化していないとして自由辺とする．

第9章 構造設計での意思決定

9.1 ベイズの理論

　各種提案された構造形式で最終的に何を選択するか，意思決定が必要である．意思決定の要因として以下の項目がある．①理論的な背景による意思決定．例えば最小重量，最適な安全システム等による評価．②不確定を考慮した意思決定．例えば確率論による破壊確率の考慮等．③機能性，美観，意匠等による意思決定．④地域特性，経済事情など政治的判断による意思決定．現状は前述したように多数の案や工法を出し，設計会議や委員会で比較検討を行い評価する．

表 9.1 通常の決定法

	案 1	案 2	……
工　期	○	○	○
費　用	◎	△	△
美　観	○	△	×
環　境	△	○	○
施工性	○	○	△
維持管理	△	△	△
投資効果	○	○	○
総合評価	◎	○	△

　表 9.1 に通常の意思決定法の方法を示す．この選択方法は，関係者が議論して，意見を集約して決定する．特別の条件がない限り，工費や施工の確実性（今までの実績）で決定されることが多い．客観性はありそうで，各項目の重みがわからない決定方法である．工費で決める場合の問題点として，積算根拠が実績主義で入札時になるとダンピング，政策的な価格があり，ややもすると不明朗な点がある．
　意思決定とは，可能な設計案の集合体 $A\{a_1, a_2 \cdots a_n\}$ から 1 個を選ぶことで，それぞれの案に対して価値（費用，安全性等）が最大となるものを選ぶのがよい．これを決めるのに決定樹形図がある．

図 9.1 決定樹形図

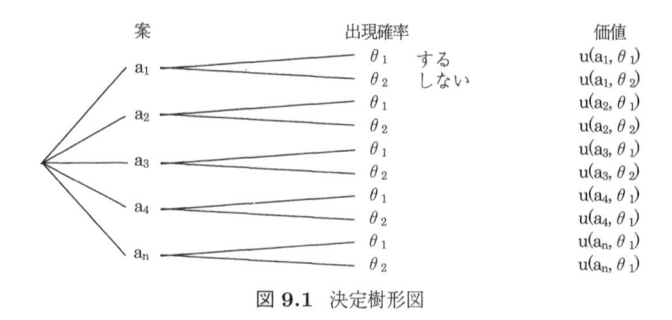

```
案            出現確率              価値
a₁ ─── θ₁  する      u(a₁, θ₁)
    ─── θ₂  しない    u(a₁, θ₂)
a₂ ─── θ₁            u(a₂, θ₁)
    ─── θ₂            u(a₂, θ₂)
a₃ ─── θ₁            u(a₃, θ₁)
    ─── θ₂            u(a₃, θ₂)
a₄ ─── θ₁            u(a₄, θ₁)
    ─── θ₂            u(a₄, θ₂)
aₙ ─── θ₁            u(aₙ, θ₁)
    ─── θ₂            u(aₙ, θ₁)
```

図 9.1 決定樹形図

ある案 a_i に対して，その出現確率は θ_j とすると，ある案 a_i に対する期待費用（価値）は次式で計算できる．

$$E[u|a_i] = \sum_{j=1}^{n} u(a_i, \theta_j) P_{rob}[\theta_j|a_i] \tag{9.1}$$

枝が多数ある場合，現象が連続であれば，上式は次式に変換できる．

$$E[u|a_i] = \int_{-\infty}^{\infty} u(a_i, \theta_j) f_\theta(\theta) \, d\theta \tag{9.2}$$

ここで，$f_\theta(\theta)$：出現確率密度関数である．

いま，p の破壊確率を選定する a_i の行動をとったとき期待損失は，構造物の初期建設費を C_I，破壊したときの損失を C_F とすると次の関係となる．

```
         破壊する : p        C_I + C_F     期待損失は  (C_I + C_F)p + C_I(1-p)
a_i ─┤                                              = C_I + C_F p   となる．
         破壊しない : (1-p)   C_I            これより最適なのは [E[u|a_i]] となる．
```

いま一例としてレベル 1 の地震とレベル 2 の地震で設計したときを考える．設計水平震度 k_h をそれぞれ 0.2 と 0.4 とする．レベル 1 で設計すると初期建設費は安くなるが被害に対する損失は大きくなる．レベル 2 で設計すると初期投資は高くなるが被害に対する損失は小さくなる．これを金額に換算し，生じる確率を考え，以下のような過程で決定を行う．

レベル 1 の方がレベル 2 より発生頻度が多く安全確率は低くなる．建設費はレベル 1 の方がレベル 2 より低いが，被害額は小さくなる．このような仮定で作成した決定樹形図が図 9.2 である．

この場合の期待損失を計算する．

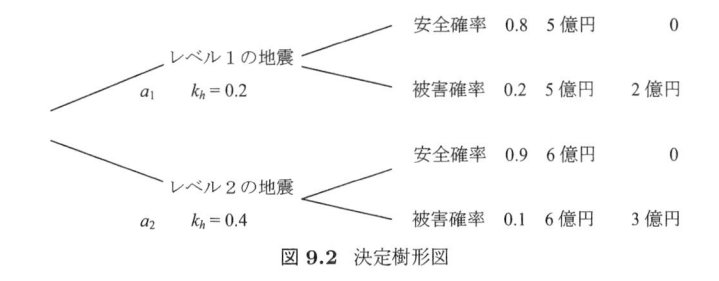

```
                          安全確率  0.8  5億円        0
           レベル1の地震
      a₁    k_h = 0.2
                          被害確率  0.2  5億円      2億円

                          安全確率  0.9  6億円        0
           レベル2の地震
      a₂    k_h = 0.4
                          被害確率  0.1  6億円      3億円
```

図 **9.2** 決定樹形図

$$a_1 \rightarrow 0.8 \times 5 + 0.2(5+2) = 5.4 \text{億円}$$
$$a_2 \rightarrow 0.9 \times 6 + 0.1(6+3) = 6.3 \text{億円}$$

損待規失は a_2 の方が大きい．よってレベル1で決める方が全体での投資金額は小さくなるので，選択をすることになる．ただしこの決定は一般論ではない．被害額などが正確に計算できること，金額や材料，工法が使用期間中大きく変わらないことが前提になるが，建設時点での判断方法としては合理性がある．

9.2 期待総建設費

各種の案の対建設費を最小にする．これを期待総建設費とし破壊確率 p_f を考えて，これを最小とする．

C_I：初期投資…破壊確率を小さくすると建設費が大
C_F：再建設費…経済状況と関連するので設定が難しい
p_f：破壊確率（ただし p_{fa} ではなく，実際の値で p_{fa} より少し小さい値とする）

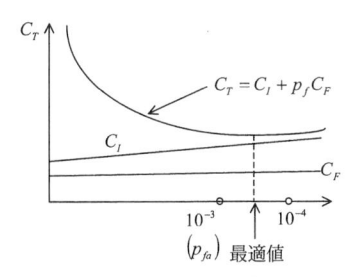

```
   C_T
    |
    |\
    | \        C_T = C_I + p_f C_F
    |  \____
    |        C_I
    |_____  C_F
    |      10⁻³  10⁻⁴
           (p_fa) 最適値
```

図 **9.3** 最適値の考え方

p_f が大きいと，C_T が大きい．逆に p_f が小さくなると，C_T は C_I に近づく．すなわち頑強に造られているので再建費は小さくなり，弱く造れば再建の費用は大きくなる．最終的には C_T の最小値が最適値となる．C_T の初期投資の内容は，土地代，設計費，施工管理費，施設・機器類，仮設工などで C_F の再建費の内容は，撤去・片付け代，被害調査費，損害補償費，施設の利用できない損失補償などである．実際にはこの計算は変動（確定しない）する項目が多くて正確には理念どおりに行われていない．また完全に破壊しないで半壊したときの取扱いが困難，破壊状況まで当初の設計では追跡できないなどの問題点がある．しかしながら，最近ではこの手法による意思決定がヨーロッパなどを中心に次第に行われるようになってきた．

9.3 費用対効果分析

事業評価では投資額に対してどの程度便益が得られるか費用便益分析を行う必要がある．分析方法には各種提案されているが，事業費用（Cost）と便益（Benefit）の比が費益比（B/C）である．この比が大きいほど経済的観点から効果が大きい事業といえる．図 9.4 にこの B/C の計算手順を示す．例えばある道路整備事業

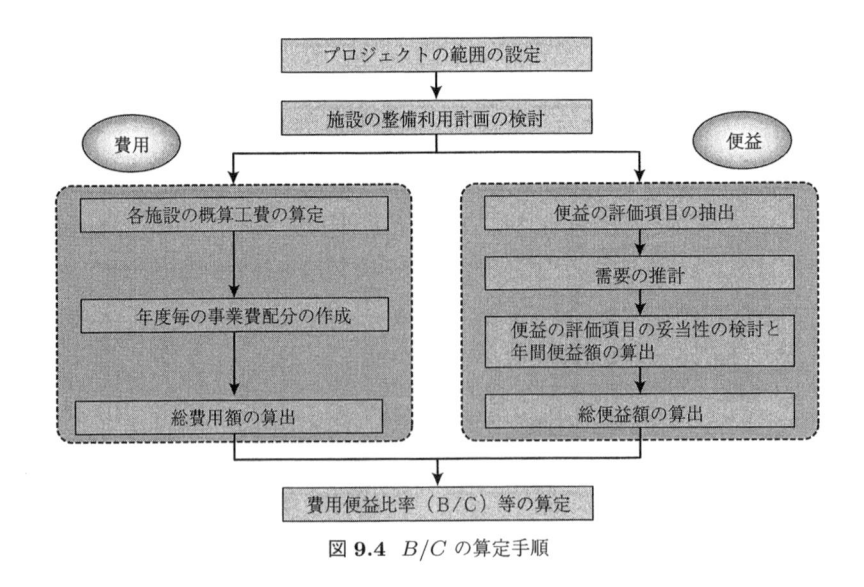

図 9.4 B/C の算定手順

表 9.2 便益と費用の計算例

便益 (B) 百万円		費用 (C) 百万円		B/C
走行時間短縮便益	4 000	事業費	2 000	4 120/2 080
走行経費減少便益	100	維持管理費	80	$= 1.98 > 1$
				$B - C$
交通事故減少便益	20			4 120 − 2 080
合計	4 120		2 080	$= 2 040 > 0$

の B/C を算定した概略事例を表 9.2 に示す．評価期間の便益費と事業費を社会的割引率を考慮して計算する．各年の便益 (C_i) と費用 (B_i) を引いて $(1+r)^i$ で割る．各年の $(B_i - C_i)/(1+r)^i$ を計算して全使用期間で累加する．この値を初期投資額 (C_I) で割った値が費益比であり，引いた値が純現在価値である．費益比が 1 以上，純現在価値が正なら事業が推進できるとする．複数案の事業がある場合は，費益比の大きい方から着手する政策の採用が可能である．ただし，費用だけの観点から，公共事業に優先順位を付けてよいかは議論のあるところである．

第10章

構造景観設計

10.1 景観の概要

　景観 (Aesthetic：エステ) とは，人や自然の美を理解した上で，構造物自体あるいは周囲と構造物の全体に対して美や情緒を感じることである．土木施設での美とは，感覚的な美しさ，特に視覚によるものが中心であり，音，味覚，嗅覚，感触による要素は比較的少ない．情緒的な美しさ，すなわち哀愁，郷愁，楽しさ，躍動感などもこの感覚的な美しさの中に入る．一方，デザインという言葉は，設計，意匠，設備など施設全体をどう製作するかの意思を表す用語であり，建築では意匠を，土木では構造設計をさすことが多い．ここでは土木構造物の造形デザインを景観設計と限定して呼ぶことにする．

　土木施設の建設の歴史的流れとして高度成長時代は，「早く・安く・大量に」と機能性と経済性が重視され，美しさ，快適性，環境性は軽視されてきた．現在では，良い風景を演出して後世に良い財産を残すことが求められる．土木施設周囲の風景と土地は人の生活と文化の基礎であり，土木施設を建造することにより新しい風景や文化を生むことができる．土木施設での景観設計の考え方では，公共性が最重要で，多数の一般の人に見られるという特徴があるので，一部の人だけが感じられるような特定の趣味に走らないことが重要である．

　具体的な景観設計では，構造物の美しさを演出し，空間透視性を確保する．この際，単純さと規則性を考え，芸術的な造形（形，色）を意識する．特に周囲の環境に合うことが必要で，機能の納得性としてそれらしい形をしている，構造的納得性として力学の理にかなっている，明快な構造であり，感覚的納得性として五感に心地よいことが求められる．

　また，日本の美と西洋の美とを意識し，日本の特徴を出すことによって，世界的に見て物真似にならない施設を独自に設計できる．近代的土木施設の景観は西洋的な美を追求する場合も多いが，日本的な美を忘れてはならない．日本的な美の特徴として，風光明媚な自然景観と温暖な風土の中に我々が生活していること，

簡素化，調和などが心情的に合い，繊細，共存，曖昧さ，細かな感情，優しさが基本となっていること，がある．時には木，竹，焼き物等の日本の伝統的な素材が意識して用いられることもある．

景観の種類として種々の分類方法があるが，土木では地域，構造物ごとに分類する．

都市景観：ビル群，昔の町並み，明治時代の煉瓦造りの町
街路景観：歩道，並木の整備，建物の統一など．広告板，電線などは悪印象
道路景観：擁壁，トンネル，橋梁など周辺の風景との調和
港景観　：船，倉庫群，岸壁など
河川景観：自然型の工法，親水性

さらに，橋梁景観，ダム景観というように個別の構造物ごとの分類もある．
景観設計をする際，技術者が基本的に考えておく原則がある．これを以下に示す．

① 応格の原則：構造物：周囲環境のレベルにふさわしいデザインをする．
　　道路：表通り，裏通り，高速道路などの特徴を考慮してその格に合わせる．
② 洗練の原則：ごてごてしない．極端に施設の特徴を出さない．奇抜にしない．
③ 背景の原則：主役と脇役の役割を考える．本来目立たない構造物を派手に演出しない．
　　良い自然環境の中に異質の構造物を持ち込まないようにする．
④ 首尾一貫の原則：コンセプト（設計思想）を統一する．周囲環境との調和の考え方を示す．構造物がばらばらに存在しないようにする．
⑤ 他力本願の原則：土木施設は自然の中に置かれる．自然の変化（季節，時間），気候の違い，地域の進展に合わせ，自然素材の利用や周囲環境を取り込む．

10.2　景観設計の流れ

(1) 景観設計のプロセス

景観設計の段階には3つのステップがある．ステップ1では建設する地点と施設のコンセプトの調査を行う．地域特性として港町，城下町，工業地帯であって，建設地の景観特性が山並み，海岸地帯，田園風景であるとか，構造物特性として吊橋，斜張橋等が合うといったことを周辺整備との関連の中で調べる．

ステップ2では，基本デザイン，構造形式方針の決定を行う．いくつかの案を作成して比較選択を行う．この際，形状，色彩を考えデザインの方向性を明らかにする．デザインの独創性の有無を調べるとともに，利用者への配慮がなされているか，特にバリアフリー（老人，子供，身障への配慮）の考え方が入っているかを確認する．景観シミュレーションを行い，既存と提案モデルの比較を行い，最適案を選ぶ．

ステップ3では展開，詳細の検討を行い，提案に関して評価，確認を行うとともに景観にかかるコストを検討する．公共施設では景観に要する費用の増加分を総予算の1〜2割に押さえるのがよい．

(2) コンセプトのための調査

施設を作る地域特性についてまず把握する．町の大きさ，観光性，文化性，都市の性質（工業地域，港湾区域など）等，取り巻く自然と町の状況を調べ，次にどの地点に人が存在し，施設を見るかを特定する．図10.1に示すように人が見る点を視点，この場所を視点場という．ここでは，主対象，副対象，対象物の景観を構成する要素を整理する．主対象は，橋，ダム，換気所などのこれから建設する土木施設で，副対象は，次に視野に入るもので，既存の山，鉄塔などを指す．対象物は周囲に存在するものである．河川，町並み，河原等を挙げることができる．

図 10.1 景観の要素

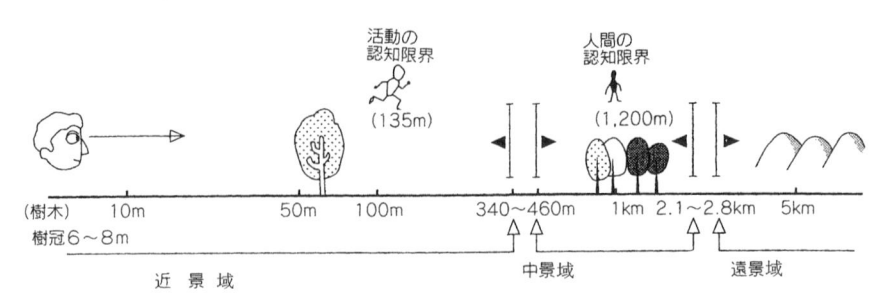

図 10.2 距離と景観との関係

　視点から主対象を見ると，距離との関係で雰囲気が異なる．図 10.2 に示すように距離の関係から近景，中景，遠景に分けられる．近景は，300 m 程度以内の構造物の部分が見える景色である．施設の模様，形状などが判別できる．橋の上の道路上などを例として挙げられる．中景は，0.5～2 km の範囲であり，構造物の全体や部分が見える．遠景は中景以遠の風景であり，構造物と周辺とが見える．ホテルや山の上，あるいは飛行機から見える地上の景色も遠景にあたる．
　また，視点の位置により内部景観と外部景観に分類できる．内部景観は，構造物の内部から見る景色であり，道路では車や歩道から見る景色となる．外部景観は，構造物から離れたところから見る景色である．
　景観は時間ごと，朝晩，季節，天気に作用されるので注意が必要である．人間の視覚は対象以外はぼんやりするが対象はよく見るので，写真のように全体が写るようには実際は見えておらず，強調されたものがあるとそこに目がいく．また見られる人の数で重み付けがある．多数の人に見られる視点場は観光ポイントになりうる．
　視点の能力，見える範囲は人間の視覚の能力に依存する．視距離として昼間で最大 15 km，雨天で 6 km，朝夕 3 km 程度である．1 km 離れると人間の大きさ規模は区別できない．また目の能力で上下 0.5 度，左右 5 度以上でないと認識できない．上下の視野としては俯角と仰角がある．仰角では，45 度以上の施設，建物だと囲まれた感じで圧迫感があり，18 度程度で囲み感覚を意識，14 度程度で囲み感覚が消失し開けた印象となる．図 10.3 に示すように俯角は高いところからの視野だが，8～10 度が中心領域で，45 度以上になると認知できず，絶壁をのぞき込む感じとなる．
　街路空間の感じ方は，D/H（街路幅員/沿道建物の高さ）により異なる．図 10.4 に示すように路地では $D/H = 0.5$ 程度で囲まれた感じになる．ヨーロッパでの

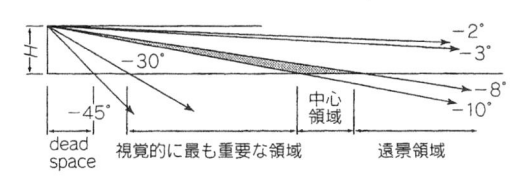

図 10.3 俯角と景観

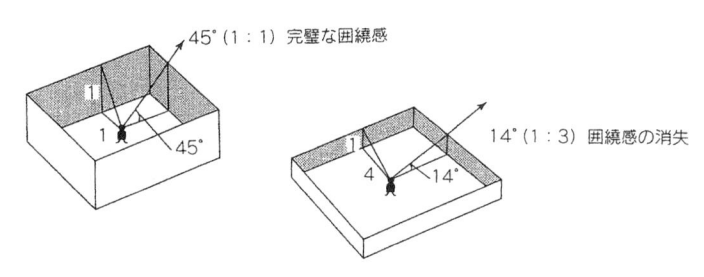

図 10.4 周囲の開放感の程度

旧市街，渋谷の繁華街がこの例である．1〜1.5 になると均整の取れた印象となる．低層の一般住宅の場合がこれに当たる．4 以上だと囲まれた感覚なくなる．ヨーロッパの広場，名古屋の大通りの状況である．

色に関しては，無彩色（白，灰，黒）と有彩色とがある．色の3属性として，色相，明度，彩度がある．色相は赤，青，緑など100程度の種類があり，明度は明るさと暗さで11段階（小数1位単位）がある．彩度は，くすんでいるか，鮮やかであるかを示し，同じく11段階（同じく小数1位単位）ある．普通の人間は100色程度色を区別できる．構造物を目立たせるためには明度と彩度を上げる．コンクリートは明るく目立つので，場合により表面に凹凸を付けたり，植生を交えたりすると目立たなくなる．またコンクリートは時間とともに劣化し，表面の明度が小さくなる．

(3) コンセプトの検討

調査に基づき考え方を整理する．例えば工業地帯では，近代的な形状，感覚を選択する場合が多い．田園風景では背景にとけ込む形状，色彩を選ぶ．これらをスケッチや文章，図で表現する．鉛筆などのデッサンが重要であるが，最近ではCG（コンピューターグラフィック）や三次元模型（紙や木で作製）で，設計者が発注者，地域の人に提案する機会が多い．構造デザインの基本は，機能，構造の必然性を主にしてシンプルな構造とすることである．動的な要素，透明感，緊張感を与えるとよいが，あまりに過度にすると違和感を与える可能性がある．

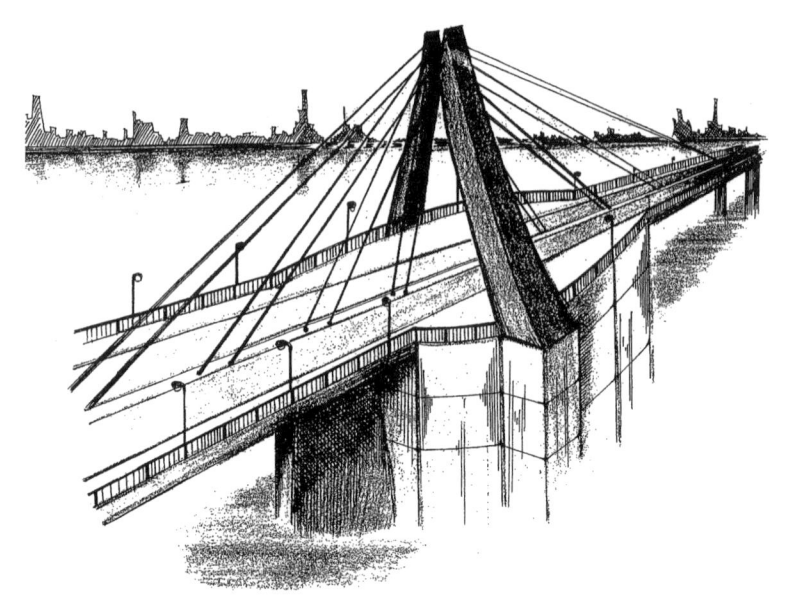

図 10.5 デッサンの一例（早稲田大学学生の作品）

10.3 橋梁での景観の考え方

土木施設には多くの種類があるが，ここでは橋梁に絞り議論する．橋梁景観の設計では，まず橋梁としての単体の美しさを追求する必要がある．橋梁などの構造物には技術美がなければならない．しかし美を優先するあまり安全性，経済性，機能性を損なってはならない．

橋梁では，力の流れを明快に見せる必要がある．桁橋，トラス橋，ラーメン橋では曲げによる安定感を演出し，アーチ橋では圧縮力による安定性を，吊橋や斜張橋ではケーブルの引張力により安定感を感覚的に確保している．この際，装飾は抑え，太陽光による照りと陰を意識し，スケール感，プロポーションを大事にする．

また，構造物が主役か脇役かを考える必要がある．主役では地域のシンボルとなり，時にはライトアップで夜も構造物を見せる．脇役では構造物を風景にとけ込ませ目立たなくする．広重の浮世絵やゴッホの絵画では橋梁は風景を構成して

表 10.1 橋の景観の考え方

	デザイン要素	重要構造物	普通の構造物
遠景 中景 （外部景観）	スケール感 全体の形態 色彩 周辺環境	大きく橋を意識させる シンボル性を重視 遠方から視認させる 強調法	経済性から簡単にする 一般的な形状 背景に馴染ませる 融和
近景 （内部空間も）	細部 舗装，高欄，照明 橋からの眺め 橋下からの眺め	視線を意識 快適性と美観， 近くからも快適 広場，高欄などを考慮 桁裏，橋脚，橋台の構造， 塗装を考える：公園など	配水管以外考慮しない 標準品，遠景を重視 立ち止まることを特に配 慮しない，人の寄りつき を考えない

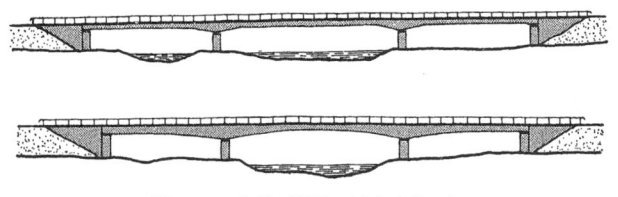

図 10.6 桁橋（視界の遮り少ない）

おり，良い景観をもつ橋梁は人の感性に訴えるものがある．橋の景観の考え方を表 10.1 に示す．

橋の種類には多くの形式があり，それぞれに景観上の特徴がある．

図 10.6 に示す桁橋では，水平に長いラインをつくられている．遠景は風景を遮ることが少なくすっきりしている．都市部ではこの形式がよく採用されている．河川や湖をわたる場合は多径間で長距離となる場合が多い．単純桁で構成されると等断面が多いが，片持ち桁では，支点部の断面が大きく曲線的になる．連続桁では，曲げモーメントが分散化され曲線と直線部が混じる．

図 10.7 に示すラーメン橋は，高速道路を横切る小規模な橋梁などに多く採用されており，外観がすっきりし安定感がある．剛節部をすっきりさせるとよい．

図 10.8 に示すアーチ橋では，種々の形式が可能で，曲線の美しさを見せることができる．曲線弦と桁とを結ぶタイ材が細いと，遠くから目立たなくなり，充実感がなくなる．代表的な形式としてランガー橋，ローゼ橋等がある．この形式の橋梁を連続させるとリズム感がでてくる．

方づえラーメン橋

道路横断陸橋ラーメンの例

(a) (b)
(c) (d)

ラーメン橋の例

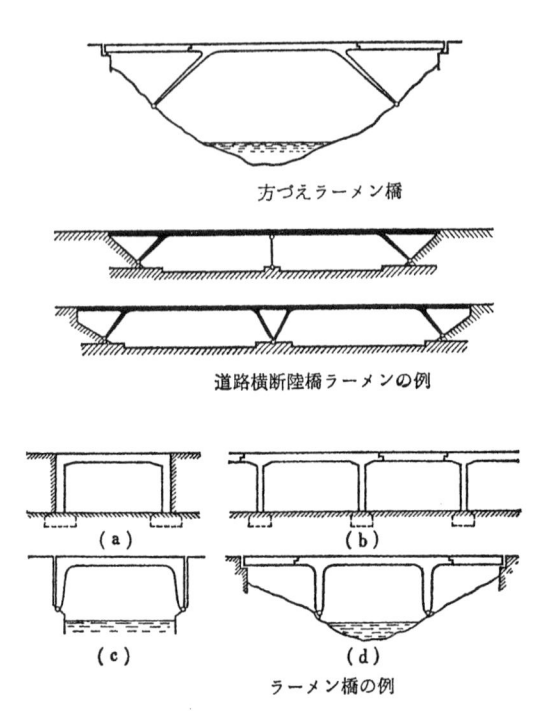

図 10.7 ラーメン橋（高速道道路）（近代的で視界の遮り少ない）

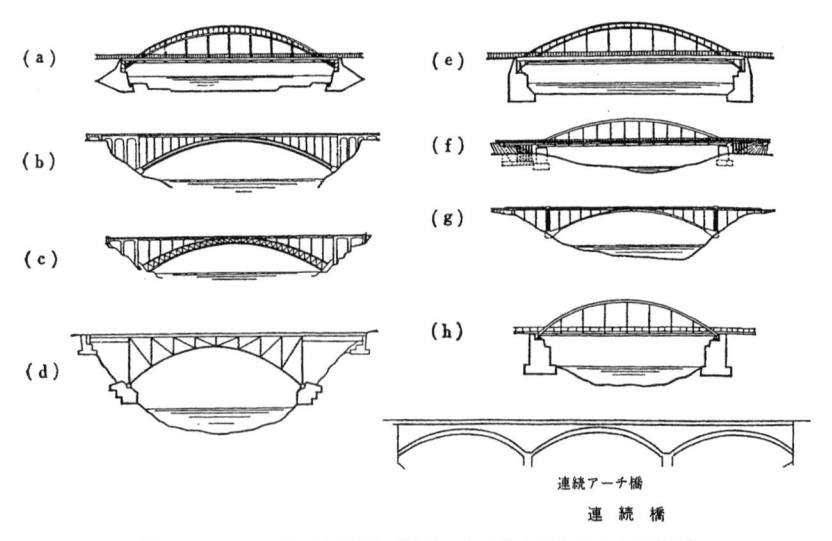

(a) (b) (c) (d) (e) (f) (g) (h)

連続アーチ橋

連続橋

図 10.8 アーチ橋（山間部）（風景に安定化と柔らかさを与える）

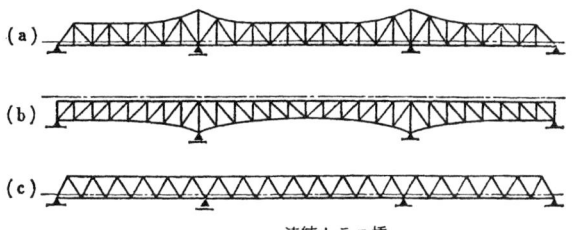

連続トラス橋

図 **10.9** トラス橋（新幹線標準），河川を横切る（工業製品的な標準品，印象は少ない）

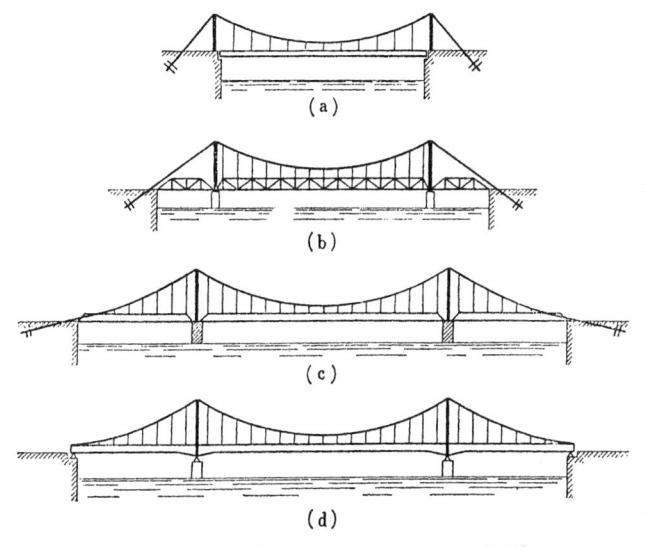

図 **10.10** 吊橋（直線と円弧との組合せ，軽快性）

　図 10.9 に示すトラス橋は，三角形の組合せで連続感，リズム感と繊細さが感じられるが，構造が繁雑な場合もある．また，旧式のトラス橋には重量感がある．トラスの構造は最近はワーレントラスが一般的である．トラス橋は，田園地帯の昔の鉄橋と思い出が重なり，詩的な雰囲気を醸す場合が多い．トラスの高さは連続トラスでは全長の 1/8～1/10 で，単純桁では 1/6～1/8 程度である．

　図 10.10 に示す吊橋はケーブルの曲線が優美だが，アンカレジが目立つ場合がある．現在の技術では，最大で長さ 3000 m の長大橋を架橋できる．主径間と側径間の比を 0.3～0.5 に，サグ比（ケーブルのたれ量/径間）はスパンの 1/9～1/12 とするのが力学的な理にかない，経済的となる．

(a) ラジアル

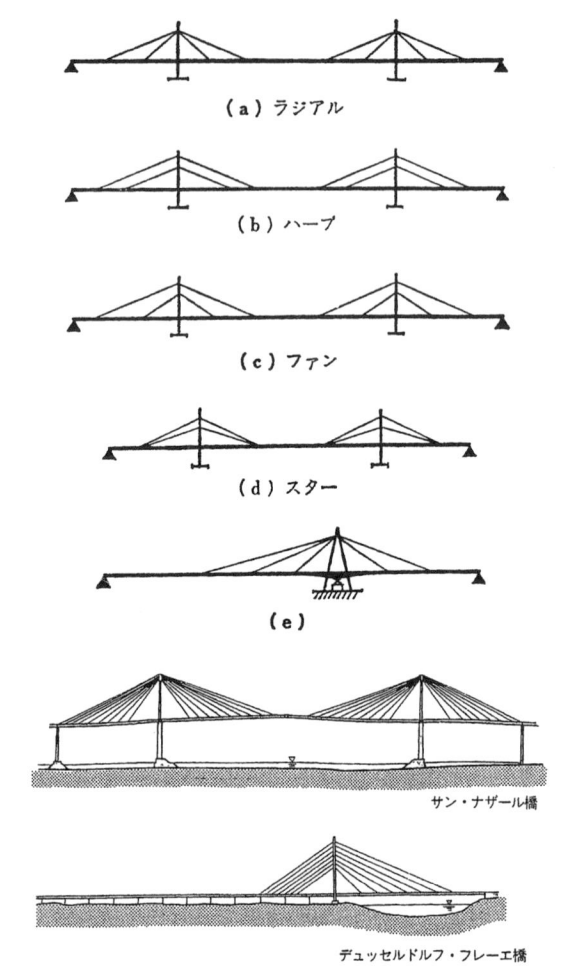

(b) ハープ

(c) ファン

(d) スター

(e)

サン・ナザール橋

デュッセルドルフ・フレーエ橋

図 10.11 斜張橋（直線で近代的．ケーブルが見える範囲で視野の遮りが多く，強調，目立つ構造）

　図 10.11 に示す斜張橋は多様の構造形式がとれ，直線的でスレンダー，近代的な感覚である．長さ 1000 m までと，適用範囲が広い．横断面の中央にケーブルを配置する一面張りと，両側に配置する二面張りとがある．また放射形式，ハープ形式，ファン形式などの複雑な形状のものが提案されている．

参考文献

第 1 章 構造設計の概要
1) 鹿島建設土木設計本部：「土木設計の要点」②地盤の安定/仮設構造物，鹿島出版会，1996

第 2 章 構造物の破壊状況，第 3 章 設計法の種類
1) 星谷 勝：力学の構造物への応用，鹿島出版会，1998
2) 土木学会 編：2002 年制定コンクリート標準示方書「構造性能照査編」，丸善，2002
3) 伊藤 学，亀田弘行：土木建築のための確率・統計の基礎，丸善，1997
4) 星谷 勝，石井 清：構造物の信頼性設計法，鹿島出版会，1995
5) 小西一郎，高岡宣善：構造物の安全性と信頼性，丸善，1984
6) ルジャニーツィン著，高岡宣善訳：構造物の信頼性解析，丸善，1980
7) 長 尚：基礎知識としての構造信頼性設計，山海堂，1996
8) 成岡昌夫：構造力学要論，丸善，1974
9) 岡村宏一：土木教程選書構造力学 (I)，鹿島出版会，1996
10) 岡村宏一：土木協定選書構造力学 (II)，鹿島出版会 1995
11) 崎元達郎：基礎土木工学シリーズ 2 構造力学 (下)，森北出版，1996
12) 小西一郎，高岡宣善：大学課程土木構造力学，オーム社，1996
13) 成井 信：コンクリート構造の限界状態と変形，鹿島出版会，1984
14) 田中 尚：骨組の塑性力学，コロナ社，1963

第 4 章 荷重
1) 日本道路協会：コンクリート道路橋設計便覧，丸善，2002
2) 日本道路協会：道路橋示方書 (I 共通編・II 鋼橋編)・同解説，丸善，2002
3) 日本道路協会：道路橋示方書 (I 共通編・IV 下部構造編)・同解説，丸善，2002
4) 宮本裕他：橋梁工学，技報堂出版，1997
5) 佐伯彰一：図解橋梁用語辞典，山海堂，1994
6) 菊池洋一，近藤明雅：大学課程橋梁工学 (第 6 版)，オーム社，1995
7) 中井博，北田俊行：例題で学ぶ橋梁工学，共立出版，1997
8) 片山恒雄，宮田利雄，国井隆弘：土木学会編新体系土木工学 10，構造物の振動解析，技報堂出版，1981
9) 吉原進：建設系のための振動工学，森北出版 1994
10) 鹿島建設土木設計本部：「土木設計の要点」③基礎構造物/地中構造物，鹿島出版会，1998
11) 日本道路協会：共同溝設計指針，丸善，1999
12) 運輸省港湾局：港湾の施設の技術上の基準・同解説 (上)，日本港湾協会，1999
13) 運輸省港湾局：港湾の施設の技術上の基準・同解説 (下)，日本港湾協会，1999
14) 合田良實：増補改訂港湾構造物の耐波設計波浪工学への序説，鹿島出版会，1997

第 5 章 材料の性質
1) 吉川弘道：鉄筋コンクリートの設計，丸善，1997
2) 大倉一郎：鋼橋の疲労，東洋書店 1994

第 6 章 構造モデル
1) 土木学会：構造力学公式集，丸善，1996

第 7 章 部材の設計法
1) 日本鋼構造協会：わかりやすい溶接の設計と施工，技報堂出版，1993
2) 倉西茂：鋼構造物の終局強度と設計，土木学会，1994
3) 倉西茂：鋼構造（第三版），技報堂出版，1998
4) 三木千壽：テキストシリーズ土木工学 10 鋼構造，共立出版，2000
5) 日本鋼構造協会：鋼構造物の疲労設計指針・同解説，技報堂出版，1993
6) 中井博，北田俊行：基礎土木工学シリーズ 8 橋梁工学（上），森北出版，1999
7) 運輸省鉄道局：鉄道構造物等設計標準・同解説－鋼・合成構造物，丸善，1996
8) 土木学会：鋼構造シリーズ 3A　鋼構造物設計指針 PART A 一般構造物，土木学会，1992
9) 土木学会：鋼構造シリーズ⑨B　鋼構造物設計指針 PART B 合成構造物「平成 9 年版」，土木学会，1998
10) 横道英雄：レオンハルトのコンクリート講座③鉄筋コンクリートの配筋，鹿島出版会，1985
11) 横道英雄：レオンハルトのコンクリート講座②続・鉄筋コンクリートの設計，鹿島出版会，1984
12) 横道英雄：レオンハルトのコンクリート講座⑥コンクリート橋，鹿島出版会，1983
13) 町田篤彦：大学土木鉄筋コンクーリーと工学，オーム社，1998
14) 藤井学，小林和夫：プレストレストコンクリート構造学，オーム社，1994
15) 木原博：現代溶接工学，オーム社，1995
16) 稲橋俊一，福地善明，村上生而：図解土木施工用語集（改定新版），東洋書店，1996
17) 鋼材倶楽部：土中鋼構造物の防錆技術 Q & A，技報堂出版，1997
18) 土木学会：コンクリート・ライブラリー第 73 号鋼コンクリートサンドイッチ構造設計指針（案），土木学会，1992
19) 土木学会：コンクリート・ライブラリー第 90 複合構造物設計・施工指針（案），土木学会，1997

第 8 章 計算例
1) 沿岸開発技術研究センター：沿岸開発技術ライブラリー No.1「港湾構造物設計事例集（上巻）」，1999
2) 沿岸開発技術研究センター：沿岸開発技術ライブラリー No.1「港湾構造物設計事例集（下巻）」，1999

第 9 章 構造物での意思決定
1) 松原望：現代人の統計 4 新版意思決定の基礎，朝倉書店，1999

第 10 章 構造景観設計
1) 篠原修編：景観用語事典，彰国社，1998
2) 大泉楯：橋はなぜ美しいのか，技報堂出版，2002
3) 鹿島建設：トンネル/土地造成/景観設計，鹿島出版会，1994

著者紹介

清 宮　　理（きよみや　おさむ）

1973年3月	東京工業大学工学部土木工学科修士課程修了
1973年4月	運輸省入省　港湾局第二港湾建設局
1974年3月	運輸省港湾技術研究所 構造部
1978年10月	港湾技術研究所 構造部構造解析主任研究官
1980年7月	米国カリフォルニア州立大学留学（総理府技官）
1982年4月	港湾技術研究所 構造部沈埋構造研究室長
1984年10月	工学博士（東京工業大学）
1988年4月	港湾技術研究所 構造部構造強度研究室長
1997年4月	早稲田大学理工学部土木工学科（現 社会環境工学科）教授
	現在に至る

著 書　「沈埋トンネルの設計と施工」（2002，技報堂出版，共著）
　　　　「地盤・基礎構造物の耐震設計」（2000，地盤工学会，共著），ほか

構造設計概論　　　　　　　　　　　　　定価はカバーに表示してあります

2003年12月20日　1版1刷　発行　　　　ISBN 4-7655-1656-3　C3051

著　者　清　宮　　　理
発行者　長　　　祥　隆
発行所　技報堂出版株式会社
〒102-0075　東京都千代田区三番町8-7
（第25 興和ビル）

日本書籍出版協会会員
自然科学書協会会員
工 学 書 協 会 会 員
土木・建築書協会会員

電　話　営業　(03) (5215) 3165
　　　　　編集　(03) (5215) 3161
F A X　　　　(03) (5215) 3233
振 替 口 座　　00140-4-10
http://www.gihodoshuppan.co.jp/

Printed in Japan

Ⓒ Osamu Kiyomiya, 2003

装幀　海保　透
印刷・製本　三美印刷

落丁・乱丁はお取り替えいたします．
本書の無断複写は，著作権法上での例外を除き，禁じられています．